本书得到广东省哲学社会科学规划一般项目（GD17CGL11）的资助

高管特征、制度环境对企业技术创新的作用机理研究

毛雅娟　著

暨南大学出版社
JINAN UNIVERSITY PRESS

中国·广州

图书在版编目（CIP）数据

高管特征、制度环境对企业技术创新的作用机理研究/毛雅娟著. —广州：暨南大学出版社，2023.3
ISBN 978 - 7 - 5668 - 3561 - 1

Ⅰ.①高…　Ⅱ.①毛…　Ⅲ.①企业管理—研究　Ⅳ.①F272

中国版本图书馆 CIP 数据核字（2022）第 236721 号

高管特征、制度环境对企业技术创新的作用机理研究
GAOGUAN TEZHENG ZHIDU HUANJING DUI QIYE JISHU CHUANGXIN DE ZUOYONG JILI YANJIU

著　者：毛雅娟

出 版 人：张晋升
责任编辑：高　婷
责任校对：孙劭贤　王燕丽
责任印制：周一丹　郑玉婷

出版发行：暨南大学出版社（511443）
电　　话：总编室（8620）37332601
　　　　　营销部（8620）37332680　37332681　37332682　37332683
传　　真：（8620）37332660（办公室）　37332684（营销部）
网　　址：http://www.jnupress.com
排　　版：广州市天河星辰文化发展部照排中心
印　　刷：广东虎彩云印刷有限公司
开　　本：787mm×1092mm　1/16
印　　张：16
字　　数：300 千
版　　次：2023 年 3 月第 1 版
印　　次：2023 年 3 月第 1 次
定　　价：65.00 元

（暨大版图书如有印装质量问题，请与出版社总编室联系调换）

前　言

　　企业是国家创新的主体，探寻企业技术创新的因素是提高国家创新能力、带动经济高质量发展的关键。对企业而言，创新是引领其持续发展的第一动力，企业通过技术创新赢得市场竞争力、创造新的利润增长点，是实现企业价值最大化的重要路径之一。因此，在国家将创新驱动发展战略列为转变经济发展方式这一宏观背景下，如何驱动企业进行技术创新，保证技术创新决策的科学性，从而提高技术创新绩效，赢得企业竞争优势，寻求从根本上提高企业价值、促进企业长远发展的途径，是企业管理者和学者共同关注的国之根本问题。

　　技术创新理论认为，创新不仅是经济发展的本质，也是企业获得竞争优势和核心竞争力的必要手段。众多学者认为，企业想要取得较好的经营绩效并获得长期的发展，就必须依靠内生性的技术创新能力。鉴于高层管理团队是企业重大战略的制定者，公司高管成为影响企业制定战略决策并实施技术创新的决定因素之一，在很大程度上决定着企业技术创新活动及其经济后果。因此，基于我国特殊的制度环境，从高管特征角度研究高管决策行为对企业技术创新及其经济后果的作用机理是一个极为重要的研究议题。

　　通过对现有国内外文献进行仔细梳理，可以发现管理者异质性研究非常之多，但基于我国特殊的制度环境，从高管特征角度研究高管决策行为对企业技术创新及其经济后果的作用机理仍然存在较大研究空间。于是，本书拟从高管性别的行为视角、高管从军经历的视角、高管薪酬激励的视角及高管捐赠行为的视角四个维度来对现有研究进行拓展和补充，获得了一些有价值的研究发现。

　　笔者多年来主要围绕公司财务与公司治理问题展开研究，对企业高管这一关键性群体的特征、决策动机及其经济后果展开了一系列研究，尤其是近几年主要选取企业高管作为切入点，围绕企业技术创新决策展开相关课题研究，获得了一些重要的研究积累。因此，此次根据"高管特征、制度环境对企业技术创新的作用机理研究"这一主题，将近年来的研究成果汇集起来，遂成此书，以飨读者。

本书的出版要感谢本人指导的研究生赖彩梅、范晓莹、杨娜、程怡洁和杨蕊华等所做的工作，她们也是企业技术创新研究团队及相关课题组的主要成员，还要感谢本人所在学院给予的大力支持和学科办董晓玲老师的帮助，正是有了大家的共同努力，本书才能与读者见面。

作　者
2022 年 11 月

目　录
C O N T E N T S

前　言　　1

1　绪　论　　1
　　1.1　研究背景　　1
　　1.2　研究意义　　3
　　1.3　基本研究思路　　18
　　1.4　主要研究内容及创新点　　18

2　文献综述　　23
　　2.1　高管性别结构与企业技术创新　　23
　　2.2　高管从军经历与企业技术创新　　32
　　2.3　高管薪酬激励与企业技术创新　　37
　　2.4　高管慈善捐赠行为与企业技术创新　　43
　　2.5　小结　　50

3　高管特征、制度环境对企业技术创新的作用机理研究——基于
　　高管性别的行为视角　　51
　　3.1　基本研究框架　　51
　　3.2　研究假设　　52
　　3.3　研究设计　　57
　　3.4　实证结果与分析　　63
　　3.5　结论与建议　　83

4　高管特征、制度环境对企业技术创新的作用机理研究——基于
　　高管从军经历的视角　　86
　　4.1　基本研究框架　　86
　　4.2　研究假设　　87
　　4.3　研究设计　　92
　　4.4　实证结果与分析　　97

5 高管特征、制度环境对企业技术创新的作用机理研究——基于
   高管薪酬激励的视角   120
   5.1 基本研究框架   120
   5.2 研究假设   121
   5.3 研究设计   130
   5.4 实证结果与分析   134
   5.5 研究结论   163

6 高管特征、制度环境对企业技术创新的作用机理研究——基于
   高管捐赠行为的视角   165
   6.1 基本研究框架   165
   6.2 研究假设   166
   6.3 研究设计   173
   6.4 实证结果与分析   176
   6.5 研究结论与启示   204

7 研究结论与局限   206
   7.1 基于高管性别的行为视角   206
   7.2 基于高管从军经历的视角   209
   7.3 基于高管薪酬激励的视角   211
   7.4 基于高管捐赠行为的视角   213

参考文献   215

1

绪　论

1.1　研究背景

创新（Innovation）作为经济学的概念，是 1912 年美籍奥地利经济学家熊彼特首次提出的。科技创新能力是引领经济增长的决定性因素之一，也是提高核心竞争力的关键点所在（Romer，1990）。对于中国而言，技术创新是我国改革开放以来经济高速增长的动力之一（鲁桐、党印，2014），企业技术创新体系在国家创新体系中处于核心地位，它将直接关系到国家创新体系的建设进度和质量，而近年以来，技术模仿便利程度的减弱是困扰我国经济发展的一个重大难题，因此寻求国内技术自主创新成为经济高质量发展的必由之路（林毅夫、蔡昉、李周，1995），加强企业的自主创新也是我国加快产业转型升级，建设创新型国家的内在要求。

在此背景下，2012 年 11 月，党的十八大报告明确指出要实施创新驱动发展战略，强调科技创新是提高社会生产力和综合国力的战略支撑，创新与发展必须摆在国家发展全局的核心位置。2016 年 8 月，国务院依据《中华人民共和国国民经济和社会发展第十三个五年计划纲要》《国家创新驱动发展战略纲要》以及《国家中长期科学和技术发展规划纲要（2006—2020 年）》，编制了"十三五"国家技术创新计划，明确了"十三五"科技创新发展的新蓝图，进一步强调了优化创业创新的市场环境，构建新的发展动力系统，以科技创新为核心带动全面创新，推动发展驱动力的根本转换，用创新为经济增长和社会繁荣提供新的动力。2017 年 1 月，中共中央、国务院印发了《国家创新驱动发展战略纲要》，再一次指出国家力量的核心支撑是科技创新能力，必须依靠创新驱动打造发展新引擎，培育新的经济增长点，持续提升我国经济发展的质量和效益，开辟我国发展的新空间。并且，纲要进一步强调，创新首先要抓科技创新，补短板首先要补科技创新的短板。2017 年 12 月，党的十九大报告中明确指出要加快建设创新型国家的步伐，建立技术创新体系，加大支持中小企业技术创新的力度，将科技成果转化为经济发展动力。

企业是创新的主体之一，探寻企业技术创新的因素是提高国家创新能力、带动经济高质量发展的关键。因此，在国家将创新驱动发展战略列为转变经济发展方式这一宏观背景下，如何驱动企业进行技术创新，保证技术创新决策的科学性，从而提高技术创新绩效，赢得企业竞争优势，寻求从根本上提高企业价值、促进企业长远发展的途径，是企业管理者和学者共同关注的国之根本问题。

迄今为止，国内外众多学者对影响企业技术创新的因素进行了研究。譬如，在创新投入方面，已有文献研究了如何通过非正式制度的保护（Luo，2003；梁强、李新春和郭超，2011）、企业所得税税率优惠（李华、宋常，2013）、财政政策（李苗苗、肖洪钧和傅吉新，2014）、市场环境（鲁桐、党印，2014）等来增加创新投入；在创新产出方面，已有文献研究了如何通过税收优惠（陈远燕、何明俊和张鑫媛，2018）、FDI（Pittiglio，Sica，2009）、企业博士后工作站（权小锋、刘佳伟和孙雅倩，2020）等促进创新产出；在创新绩效方面，已有文献研究了如何通过高管团队稳定性（Hirshleifer，2012；孔德议、许安心，2020）、供应商网络技术多元化（于茂荐、孙元欣，2020）、财务柔性（徐玲、冯巧根，2015）、网络联系强度和密度（宋耘、王婕，2020）等来提升创新绩效。

企业是创新的重要主体之一，创新是引领企业持续发展的第一动力，企业通过技术创新赢得市场竞争力、创造新的利润增长点，是实现企业价值最大化的重要路径之一，也是企业决策评价的重要指标之一。技术创新理论认为，创新不仅是经济发展的本质，也是企业获得竞争优势和核心竞争力的必要手段。企业想要取得较好的经营绩效并获得长期发展，就必须依靠内生性的技术创新能力（Zahra，Covin，1993；Ireland，Hitt，Camp & Sexton，2001；Yang，2012；陆国庆，2011）。鉴于高层管理团队是企业重大战略的制定者，公司高管成为影响企业制定战略决策并实施技术创新的决定因素之一，在很大程度上决定着企业技术创新活动及其经济后果。因此，基于我国特殊的制度环境，从高管特征角度研究高管决策行为对企业技术创新及其经济后果的作用机理是一个极为重要的研究议题。

自熊彼特 1912 年提出创新理论以来，国内外学者对企业技术创新做了大量的研究，取得了丰硕成果，其中重点考察了管理者异质性视角，大多学者从创新投入和创新产出两个维度探讨其影响因素。

关于创新投入的影响因素研究，刘运国和刘雯（2007）通过 2001—2004 年的 454 家上市公司，研究高管任期与 R&D 之间的关系，发现高管任期越长的公司，R&D 支出越高；高管年龄段的差异也会影响 R&D 支出；高管任期内是否持股与 R&D 支出显著正相关。股权激励强度和激励有效期对企业创新投入也具有显著的正向影响（Lin et al.，2011；侯晓红、周浩，2014），高管持股比例越大，研发投入越多，对国有企业和高新技术企业影响更显著（王燕妮，2011）。管理者过度自信则有助于企业加大对风险性创新项目的投入（王山慧、王宗军和田原，2013；林慧婷、王茂林，2014；陈宝杰，2015）；CEO 和研发负责人的学历水平对企业 R&D 投入的影响呈正相关关系（由丽萍、董文博和裴夏璇，2013）；海归高管能够显著促进企业进行创新投入，而高管持股显著降低了企业创新投入，且高管持股弱化了海归高管对企业创新投入的正面影响（周泽将、李艳萍和胡琴，2014）。

关于创新产出的影响因素研究，陈守明和戴燚（2015）基于高层梯队理论和关注基础时观，强调高管团队职能背景多样性与企业创新产出存在正相关关系，高管的创新关注也正向影响创新产出。Sunder 等（2017）将有飞行员执照作为 CEO 寻求刺激的代理变量，通过实证研究说明 CEO 的冒险行为能够有利于企业取得更高和更多样的创新产出。秦兴俊和王柏杰（2018）认为独立董事富有远见与专业精神，可以使公司决策更科学，带来更有效的创新产出。

一方面，一些学者从高管这一特殊群体的学历背景、性别结构、心理偏差和高管任期等角度对高管特征与企业技术创新的关联性进行研究。譬如，女性高管对企业技术创新有一定的抑制作用，这种抑制作用受到教育程度等因素影响（王清、周泽将，2015；顾群、吴宗耀和吴锦丹，2017；淦未宇，2018）；高管的学术资本会对企业技术创新能力产生积极影响（朱丽等，2017）；过度自信的管理者有助于企业加大对风险性创新项目的投入，抓住更多创新成长机会（林慧婷、王茂林，2014；陈宝杰，2015）；高管团队异质性与商业模式创新呈 U 形关系（刘刚、王丹和李佳，2017）；高管团队职能背景多样性与企业技术创新产出存在正相关关系（陈守明、戴燚，2015）。另一方面，高管通过增加 R&D 投入也能够推动企业技术创新（李苗苗、肖洪钧和傅吉新，2014）。总之，众多研究表明高管的异质性对企业技术创新及其后果发挥着至关重要的作用。

◆1.2 研究意义

在对现有国内外文献进行梳理之后发现，尽管关于管理者异质性的研究非常之多，但基于我国特殊的制度环境，从高管特征角度研究高管决策行为对企业技术创新及其经济后果的作用机理仍然存在较大研究空间。于是，本书将在相关研究基础上，从以下四个高管特征视角来拓展和补充现有相关研究的不足。

1.2.1 基于高管性别的行为视角

鉴于高层管理团队是企业重大战略的制定者，公司高管成为影响企业制定战略决策并实施技术创新的决定因素之一。近年来，随着社会、经济、文化的发展，女性逐渐从传统文化桎梏中解脱出来，越来越多的女性参与到企业高层管理团队中，甚至担任 CEO 或董事长等领导职位，从而对企业绩效产生影响。2019 年 3 月，致同会计师事务所发布《致同商业女性年度报告》，对全球 35 个国家的企业高管性别结构现状进行调查。从图 1 - 1 可以看到在全球范围内，企业在性别多样性方面正在取得进展，2019 年女性高管的比例达到 29%，比 2018 年的 24% 上升了 5 个百分点。从图 1 - 2 可以看到不同高管职位中女性的比例存在较大差异性，其中人力资源总监和首席财务官占比最高，分别为 43% 和 34%。以上分析表明，性别因素是从高管角度研究企业财务决策及公司价值等方面的一个新颖切入点。

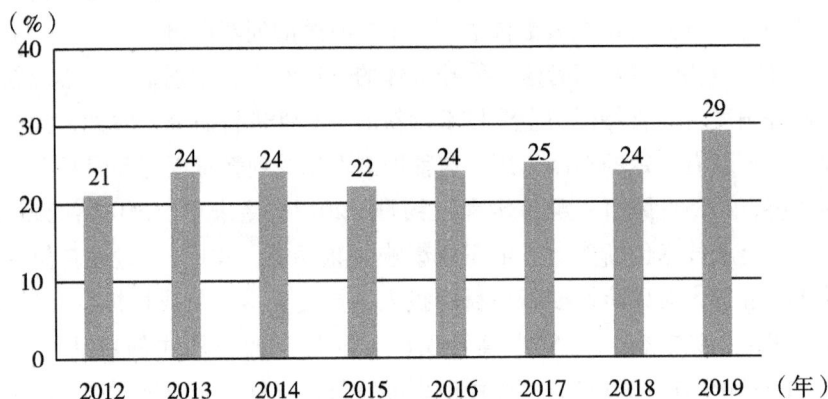

图 1 - 1　2012—2019 年全球企业高管女性的比例

数据来源：2019 年 3 月致同会计师事务所《致同商业女性年度报告》，http://www.grantthornton.cn/。

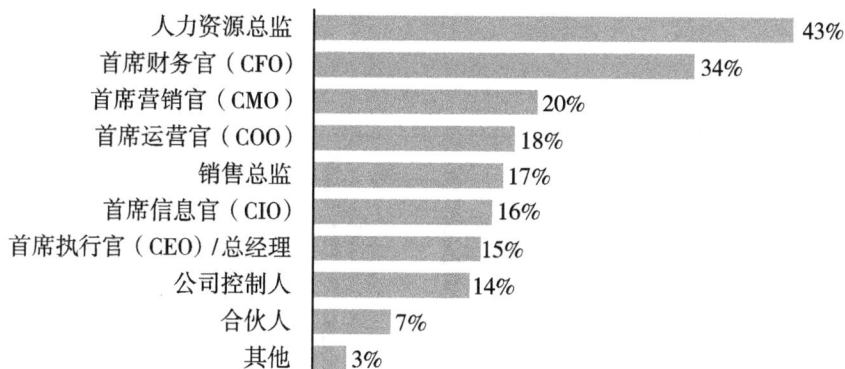

图 1-2　2019 年全球企业的高管职位中女性比例

数据来源：2019 年 3 月致同会计师事务所《致同商业女性年度报告》，http：//www. gra-ntthornton. cn／。

　　考虑到不同国家、地区和民族对女性领导在组织中的角色的认识存在较大差异，因而社会环境和制度情境因素可能成为影响高管团队性别多元化的重要方面。从图 1-3 可以看出，企业高管团队在性别多元化方面存在明显的区域差异，比如东欧的女性高管比例一路领先，非洲的女性高管比例逐年稳步增长等，这些差异往往植根于特定的国家文化、经济和政治因素，比如东欧为女性提供机会，使她们获得技术技能，并进入以男性为主导的行业；非洲则在确定性别多元化的优先顺序和采取行动方面处于领先地位；而拉丁美洲文化仍然认为女性应该关注家庭生活，限制了女性的职业发展等。陈霄和叶德珠（2017）探索性地基于四个直接的国家文化维度，即个体主义、阳刚气质、权力距离和不确定性规避，证实了国家文化能够显著影响公司董事会性别多元化水平，并且指出正式制度环境和金融发展会弱化国家文化对公司董事会性别多元化程度的影响。中国的传统观念认为"女子无才便是德"，在漫长的中国历史里，女性不能在社会上获得与男性同等的教育机会、职位机会，男性占据了绝大多数的社会资源，各行各业更多地是由男性主导，女性实现个人价值的正常途径受到严重的阻碍。刘绪光和李维安（2010）指出，性别多元化是公司治理制度安排对个体认知局限、公司治理伦理及外部制度环境的一个动态反应过程。随着我国社会的进步与女性权益的保障，越来越多女性在各个领域崭露头角，在社会全面发展中起着不可或缺的作用，在公司治理领域女性高管备受关注。因此，我国特有的社会环境与制度情境会影响企业高管团队的性别多元化程度，从而影响企业的技术创新决策。

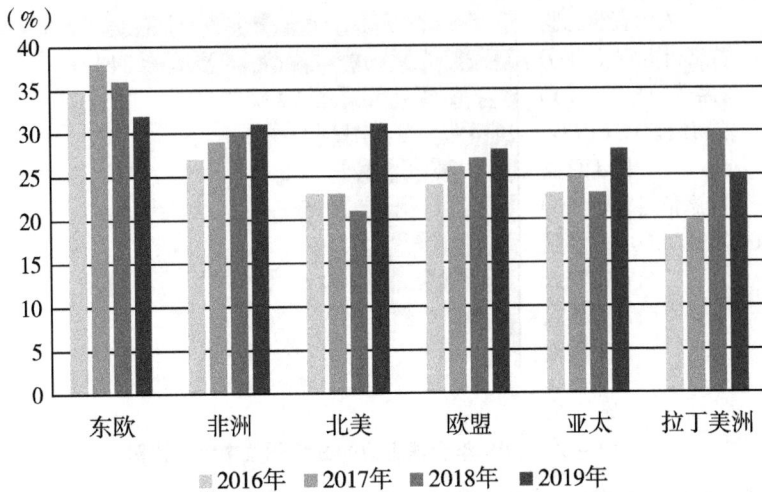

（%）

图1-3 2016—2019年全球部分区域女性高管比例

数据来源：根据致同会计师事务所2019年3月《致同商业女性年度报告》整理。

综上所述，本书基于心理学、公司治理及组织行为学的相关成果，嵌入女性所处的本土社会环境与制度情境因素，厘清女性高管在风险厌恶程度与过度自信水平上呈现的两种基本行为特质，明确可能对企业技术创新决策产生影响的关键性职位，进而对"高管团队性别结构—企业技术创新投入及绩效"之间的内在关联性进行研究。

迄今为止，高管性别多元化或高管团队异质性与企业价值的研究主要是在基于公司治理与组织行为学框架下展开的，并未形成定论。本书将丰富女性高管及企业技术创新的相关文献，为高新技术行业中高管性别多元化存在的争议提供实证依据，并且本书以企业技术创新决策作为观测视角，可丰富女性高管的公司治理研究，并完善高管团队异质性与组织绩效的相关理论。

具体而言，本书具有如下重要的理论意义：

（1）厘清女性高管在做企业技术创新决策时的两种基本行为特质，即女性在风险厌恶程度与过度自信水平上呈现出有别于男性的行为和个性特征。基于心理学、公司治理及组织行为学的相关研究，嵌入女性所处的本土社会环境与制度情境因素，从上述两种行为特质的视角出发，厘清"高管团队性别结构—企业技术创新投入及绩效"之间的内在关联性。

（2）要明确女性在高管团队中发挥的职能作用，需细化可能对企业技术创新决策产生影响的关键性职位，从而对女性高管的不同决策类型展开深入研究。可能对企业技术创新决策产生影响的关键性职位如图1-4所示，具体覆盖企业

"董、监、高"三个层面,其中,女性在董事会中担任的董事长、独立董事与董事,在监事会中担任的监事长与监事,在管理层中担任的首席执行官或首席财务官等关键性职位,分别对应了执行与指挥、监督、管理三种企业决策类型。全方位地把握上述关键性职位所对应的企业决策类型,进一步厘清"高管团队性别结构—企业技术创新投入及绩效"之间的内在影响机理。

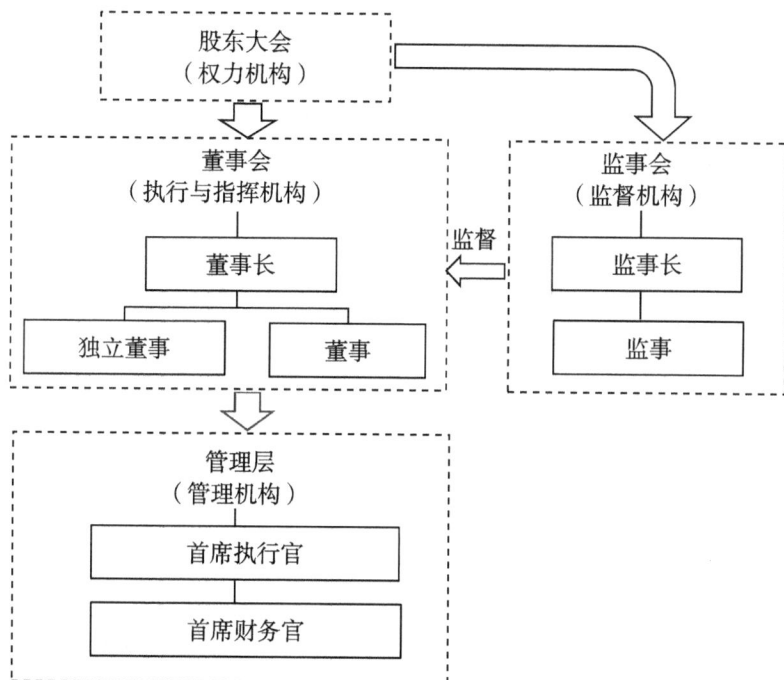

图1-4 可能对企业技术创新决策产生影响的关键性职位

就应用前景而言,本书具有如下重要的实践意义:

(1) 在国家将创新驱动发展战略列为转变经济发展方式这一宏观背景下,应驱动企业进行技术创新,保证技术创新决策的科学性,从而提高技术创新绩效。本书从企业高管团队的微观视角来研究企业技术创新投入及绩效,对于落实国家创新驱动发展战略具有深刻的现实意义。

(2) 当今中国社会女性力量逐步崛起,相对于西方企业而言,我国企业的高层管理团队中还存在着性别结构不协调、关键性职位分配不当等一系列问题,在经济转轨过程中国家要保证市场公平竞争、健全女性社会保障(潘锦棠,2002)。本书对提高女性社会地位,进一步实现男女平等,优化高管团队结构具有重要的现实意义。

1.2.2 基于高管从军经历的视角

退役军人担任企业高管已成为一种普遍现象，且社会各界对军人高管都有着较高的评价。《美国商业年鉴》的统计显示，"二战"以来，世界五百强企业中从西点军校毕业的公司董事长有 1000 多名；Korn/Ferry 公司调查发现，标准普尔 500 公司中 8.4% 的 CEO 有从军经历（Griesedieck，Wardell，2006）；近年来沃尔玛、通用电气甚至专门招募从伊拉克和阿富汗战场归来的退役军人担任高管（O'Keefe，2010），因此美国也流传一种说法，美国最优秀的商学院不是哈佛或斯坦福，而是西点军校（晏艳阳、赵民伟，2016）。同样，在梳理我国现代企业管理一百余年历史后，张建华（2014）认为对中国企业管理贡献最大的是军人和军校，并非企业家和商学院。据《中国企业报》2011 年的报道，中国前 500 强企业中，有军人背景的总裁、副总裁多达 40%，本土企业家中有军人背景的占 30%，在珠三角和长三角地区，这一比例更是高达 60% 以上，其中包括任正非、王建林、王石、张瑞敏、王中军、任志强、徐泽宪等一批成功的军人企业家，为中国的经济发展做出卓越贡献。

2015 年，习近平首次提出把军民融合发展上升为中国国家战略，十九大报告明确军民融合是统一富国和强军两大目标的国家战略。中国有着数量庞大的军人群体。1982 年至今经过 5 次大裁军，并顺利完成百万大裁军期间的安置任务。为解决退役军人安置问题，截至 1996 年，在中央财政和军队拨款支持下，各省、区、市相继建立了 200 多个军转培训中心；2004 年发布《国务院办公厅转发民政部等部门关于扶持城镇退役士兵自谋职业优惠政策意见的通知》，2011 年 11 月 29 日发布《退役士兵安置条例》；2018 年 4 月 16 日，退役军人事务部挂牌成立；2020 年 11 月 11 日，全国人民代表大会通过了《中华人民共和国退役军人保障法》并自 2021 年 1 月 1 日起施行。退役军人的安置方式主要包括转业、复原和自主择业（赖黎、巩亚林和马永强，2016）。表 1 - 1 是我国 2008—2017 年部分退役军人的安置情况，可以看出有一部分退役军人进入企业，进而成为高管，从军经历高管是军队人才资源与地方经济发展深度融合的事实样本。参军是高管的人生重要经历之一，部队生活不仅对高管性格产生一定作用，而且会对其价值观产生重要影响。因此，从军经历可以作为高管的一种特质。

表 1-1　我国 2008—2017 年退役军人安置情况

年份	安置军官（万名）	计划分配（万名）	自主择业（万名）	党政机关和参公单位（%）	事业单位（%）	国有企业（%）	重点安置（万名）	照顾安置（万名）
2008	5.60							
2009	4.20							
2010	3.90			80.20	18.30	1.50	0.90	0.16
2011	4.30			81.50	17.10	1.40	1.00	0.38
2012	4.60			82.10	16.10	1.40	1.20	0.41
2013	4.00			82.70	15.70	1.60	1.20	0.30
2014	4.00	3.10	0.90	82.90	15.20	1.90	0.85	0.45
2015	3.70	2.40	1.30					
2016	5.80	2.90	2.90					
2017	8.00	4.50	3.50					

资料来源：中华人民共和国人力资源和社会保障部。

传统金融理论以理性人假设和有效市场假说（Efficient Market Hypothesis）为基础，假定资本市场完全有效，投资者和管理者都是理性的（李炜，2008）。随着金融研究的逐渐深入，传统金融理论受到越来越多的质疑。Burrel 在 1951 年最先提出行为金融理论（Behavioral Finance）；1985 年 Deobndt 和 Thaler 发表题为"股票市场过度反应了吗？"的文章，引发了行为金融理论研究的复兴，被学术界视为行为金融研究的正式开端。随着心理学、行为学和社会学的引入，理性人假设被放松；1984 年，Hambrick 和 Mason 提出"高阶梯队理论"（Upper Echelons Theory），强调复杂的内外环境使得管理者不可能对其所有方面进行全面认识，管理者特质影响着他们的战略选择，并进而影响企业的行为，开创性地将管理者特质与企业技术创新决策研究联系在一起。2003 年 Barberis 和 Thaier 在研究管理者非理性投融资决策的基础上，进一步提出了行为公司金融理论，丰富和完善了前人的研究。

高管作为企业的稀缺资源，其特质决定着企业经营、投资、并购等风险活动（Bertrand，Schoar，2003；张兆国、刘亚伟和亢小林，2013）。近些年来，对管理者异质性的研究从未间断且由表及里，其中包括性别异质性（Bardasi，Sabarwal & Terrel，2011；王清、周泽将，2015）、年龄异质性（Wiersema，Bantel，1992；Baker，Muller，2002；郝清民、孙雪，2015）、任期异质性（刘运国、刘雯，2007；李海燕，2017）、教育水平异质性（周晓惠、田蒙蒙和聂浩然，2017；杨栋旭、张先锋，2018）等。管理者的性格特征和经历也会对决策产生一定影响，比如过度自信（姜付秀等，2009；王德鲁、宋学锋，2013；孙慧、张娇，2018）、海外背景（杨栋旭、张先锋，2018）、早期经历（Graham，Narasimhan，2014；赵民伟、晏艳阳，2016）等。另有学者则从管理者团队异质性角度进行研究（吕文栋、刘巍和何威风，2015；周虹、李端生，2018），也取得了一些具有理论意义和实践价值的研究成果。近几年来，有部分学者开始对管理者的从军经历异质性进行实证研究（赖黎、巩亚林和马永强，2016；赖黎等，2017；权小锋、醋卫华和徐星美，2019），为管理者异质性研究提供了新的方向。

企业是创新的重要主体之一，创新是引领企业持续发展的第一动力，通过技术创新赢得市场竞争力、创造新的利润增长点，是实现企业价值最大化的重要路径之一。管理者作为技术创新的决策者，在很大程度上决定着企业创新活动，管理者异质性对企业技术创新发挥着至关重要的作用。尽管关于管理者异质性的研究非常之多，但鲜有人研究高管从军经历特质；关于企业技术创新的研究同样广泛且影响深远，将管理者异质性和技术创新结合的研究也不在少数，然而研究高管从军经历与企业技术创新之间关系的文献少之又少，尤其是以风险承担作为中介变量。因此，在我国存在大量退役军人需要安置的社会现实、军民融合发展战略和创新驱动发展战略的制度背景下，研究高管从军经历和企业技术创新具有一定的理论意义与实践意义。

2020年10月29日，《中共中央关于制定国民经济和社会发展第十四个五年规划和二〇三五年远景目标的建议》指出"坚持创新驱动发展，全面塑造发展新优势"以及"加快发展现代产业体系，推动经济体系优化升级"，2021年3月全国人民代表大会和中国人民政治协商会议（以下简称"两会"）提出，我国"十四五"时期主要目标任务之一就是坚持创新驱动发展，加快发展现代化产业体系，明确了坚持创新在我国现代化建设全局中的核心地位。企业作为创新的主体，在塑造发展新优势方面起到举足轻重的作用，而高管是企业决策主体，主导着企业的技术创新活动，因此研究高管特质对创新具有现实意义。我国现阶段正处于加快形成全要素、多领域、高效益的军民融合深度发展格局的关键时期，退役军人进入企业成为高管进而参与经营活动已成为常见的安置方式。基于此，本书从多方位深入探索从军经历高管对企业技术创新的影响机制，旨在充分发挥军人高管的潜在优势，在一定程度上促进经济和社会效益最大化。

本书以国家创新驱动发展战略和军民融合发展战略为宏观背景，基于管理者异质性理论、高层梯队理论和烙印理论等，嵌入军人所处的本土社会环境和制度情境因素，梳理高管从军经历和企业技术创新之间的内在关联性。同时，细致考察从军经历高管团队和企业产权异质性。另外，还从风险承担视角分析作用机制，新颖地考察了高管从军经历、风险承担与企业技术创新之间的相关性。

近年来，高管军人特质逐渐受到国内外学者的高度关注，但关于高管从军经历与企业风险承担水平的相关性存在争议，尚未形成定论；与技术创新之间的内在关联性研究不够充分，因此研究空间较大。本书将进一步为军人高管所在企业风险承担水平的争议提供实证证据，并丰富已有的关于高管从军经历与企业技术创新的文献，以完善其中内在作用机制。

具体而言，本书具有以下重要的理论意义和研究价值：

（1）丰富了管理者异质性的相关研究成果。现有文献对高管从军经历的研究较少，本书以军民融合发展战略为宏观背景，以管理者异质性理论和烙印理论为基础，研究结果有助于加深理解军人特质。

（2）完善了高管从军经历与企业技术创新的研究成果。以往研究关于军人高管对技术创新影响的结果存在两种分歧，一部分学者认为军人高管可以促进创新，另一部分则认为不利于创新。本书以创新驱动发展战略为宏观背景，基于以往研究，将企业技术创新进一步细分为创新投入和创新产出两个维度进行论证，考察军人高管与企业创新投入和创新产出之间的内在关联性。

（3）突破了以往对军人高管进行个体研究的局面，开创性地从军人高管团队视角切入，既细致考察国有企业和非国有企业中的军人高管对风险承担与技术创新的影响存在何种差异，又研究军人高管团队对企业技术创新是否存在显著影响作用。

（4）加深了对从军经历特质与技术创新的理解。本书首次加入了风险承担因素，深入考察风险承担的中介作用和调节作用的双路径机制研究，进一步厘清二者之间的内在关联性，是对管理者异质性与企业技术创新的新颖探索，也对高管从军经历特质方向上的前沿成果进行了拓展，有利于完善现有研究。

就应用前景而言，本书具有如下重要的现实意义：

（1）在我国存在大量退役军人需安置的现实以及军民融合发展战略的制度背景下，研究军人高管的特质可以为我国退役军人的安置提供新思路，也为企业选聘人才提供部分参考价值，合理依据军人的特点来安置退役军人，以促进资源的高效利用进而产生更大的社会价值。

（2）在我国提出坚持创新驱动发展战略的时代背景下，研究影响企业技术创新投入和绩效的因素是实务界普遍关注的问题。企业技术创新的提升有助于提升竞争优势，从根本上提高企业自身价值以促进长远发展。因此，本书从管理者异质性的微观视角研究企业技术创新对坚持创新驱动发展战略具有深远的现实意义。

1.2.3 基于高管薪酬激励的视角

高管薪酬的激励问题一直是公司金融领域的一个重点研究课题。根据委托代理理论，由于股东与高管之间的信息不对称，高管会根据自己的利益选择次优决策，导致严重的代理问题。薪酬可以激励和约束高管的行为，使他们的决策符合公司整体利益最大化的目标。

2009 年，《关于进一步规范中央企业负责人薪酬管理的指导意见》（即"限薪令"）出台，国有企业的高管薪酬管制政策逐步升级。2014 年，中央政治局会议通过了《中央管理企业负责人薪酬制度改革方案》，该方案于 2015 年正式实施，标志着新一轮的"限薪令"正式启动。然而，虽然"限薪令"似乎越来越严格，但国有企业的高管年薪仍在逐年上升。而非国有企业对高管并无相关薪酬管制政策，其高管薪酬虽仍未赶上国有企业，但也同样一路飙升（见图 1 – 5）。另外，根据界面发布的《2018 中国 A 股上市公司高管薪酬榜》，去年有 4987 位超百万年薪的高管，人数同比增长 38%。因此，可以知道上市企业的高管薪酬水平每年都在不断上升。

（万元）

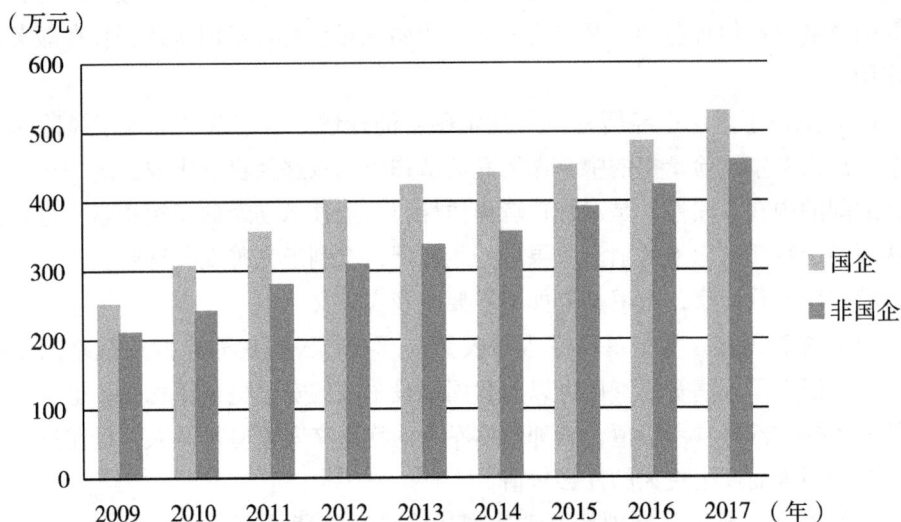

图 1 – 5　2009—2017 年国企/非国企高管年度报酬总额中位数

数据来源：万得资讯。

本书的研究重点是企业技术创新。由于企业技术创新的投资周期长、风险高，收入不确定，一旦失败，将给企业带来巨大损失。自熊彼特提出创新理论以来，大量的文献从不同角度研究企业的技术创新，例如股权结构（Francis，Smith，1995）、高管特征（Kashmiri，Nicol & Arora，2017）和制度环境（蔡地、罗进辉和唐贵瑶，2016）等，其他在此不一一列举。目前对高管薪酬与企业技术创新关系的研究也很多，但比较集中在货币薪酬和股权激励上，研究在职消费与技术创新之间联系的甚少。虽在不同情境下可能效果略有差异，但大部分中国学者均认可并验证了货币薪酬对技术创新有正向的激励作用（何玉润、林慧婷和王茂林，2015；张越艳等，2017）。而对于股权激励对技术创新的影响，意见并不完全统一，有学者认为确实存在积极的激励效应（黄淙淙，2011；乐怡婷、李慧慧和李健，2017），但也有许多学者的研究得到了非线性的结果，即两者关系存在"区间效应"（徐宁，2013；沈丽萍、黄勤，2016）；少数学者发现，股权激励与技术创新之间的关系为负或根本不显著（杜剑、周鑫和曾山，2012；韩亚欣、文芳和许碧莲，2017）。还有更多更详细的文献综述将在第三章展开。

高管薪酬通常包括三个重要组成部分：货币薪酬、在职消费与股权激励。学者们从各个角度对货币薪酬展开了大量的研究，研究成果可谓汗牛充栋。虽然关于高管薪酬与企业技术创新的研究成果已经很多，但仍然存在可以补充的地方：第一，作为薪酬重要组成部分的在职消费与技术创新的关系研究相对较少。第二，过去大多数关于技术创新的文献只考虑技术创新的投入和产出，忽视了创新投入的产出水平，即对创新效率的考虑。第三，许多文献只是在静态层面研究高管薪酬与企业技术创新之间的关系，忽视了企业处于不同生命周期、不同行业、不同地理区域时两者关系可能存在较大差异。第四，大多研究是把薪酬三个组成部分割裂开来研究各个部分对技术创新的影响，并没有深入探究货币薪酬、在职消费和股权激励之间的相互作用是否会影响每个组成部分对技术创新的激励作用。

第十九次全国代表大会明确提出，有必要加强创新型国家的建设。企业是技术创新的支柱，在提高中国自主创新能力方面发挥着不可或缺的作用。高管作为企业的决策主体，对企业技术创新活动的开展和提升起着主导作用，因此完善高管激励机制对企业技术创新有着重大意义。基于此，本书从各方面深入探究了高管薪酬激励对技术创新的影响作用，旨在帮助企业建立更为完善的激励机制，从而推动企业技术创新可持续发展。

本书从高管薪酬激励视角出发，基于委托代理理论、关系契约理论和高管权力理论等相关成果，嵌入高管所处的本土社会环境与制度情境因素，明确高管薪酬对企业技术创新水平的激励作用，对"高管薪酬结构—企业技术创新投入及绩效"之间的内在关联性进行研究。同时，细致考察企业特征、行业特征与地理区域特征等多个维度对"高管薪酬结构—企业技术创新投入及绩效"影响机理的交互作用。最后，突破了以往大多文献将三种薪酬形式割裂研究的局面，新颖地考察了货币薪酬、在职消费和股权激励三者的相互作用与企业技术创新的相关性。

迄今为止，关于高管薪酬与企业技术创新的研究成果已经很多，但尚未形成定论，仍然存在一些可以补充的地方。本书将丰富有关高管薪酬与企业技术创新的文献，为高管薪酬与企业技术创新之间关系的争议提供实证依据，同时本书将企业技术创新作为观测视角，可丰富高管的公司治理研究，并完善高管薪酬与组织绩效的相关理论。

具体而言，本书具有以下重要的理论意义和研究价值：

（1）厘清高管薪酬（包括货币薪酬、在职消费和股权激励）对企业技术创新的激励作用。基于委托代理理论、关系契约理论和高管权力理论等相关成果，嵌入高管所处的本土社会环境与制度情境因素，厘清高管薪酬对企业技术创新水平的激励作用，对"高管薪酬结构—企业技术创新投入及绩效"之间的内在关联性进行研究。

（2）细致考察企业特征、行业特征与地理区域特征等多个维度对"高管薪酬结构—企业技术创新投入及绩效"影响机理的交互作用。第一，企业特征重点关注企业的不同生命周期阶段，进而探讨处于不同生命周期的企业中高管薪酬对企业技术创新的影响是否存在显著差异；第二，行业特征重点考察企业所处的不同行业或领域，基于上市公司技术密集型企业的行业分类，探讨不同行业或领域的企业的高管薪酬与企业技术创新之间的关系是否存在显著差异；第三，地理区域特征重点考察科技创新型企业所处的不同地理区域因素，进而探讨不同地理区域的企业的高管薪酬对企业技术创新的激励效应是否存在显著差异。

（3）突破了以往大多文献将三种薪酬形式割裂研究的局面，创新性地审视了货币薪酬、在职消费和股权激励三者的相互作用与企业技术创新之间的相互关系，从而构建最优高管薪酬激励的动态组合策略。目前，研究货币薪酬、在职消费与股权激励三者的系统激励效果的文章很少，将企业技术创新作为观察视角的相关文献更为罕见。为了更为系统深入地、更为细致地识别"高管薪酬结构—企业技术创新投入及绩效"之间的内在关联性，本书重点关注货币薪酬、在职消费与股权激励的相互作用对企业技术创新的推动产生的影响。

就应用前景而言，本书具有如下重要的现实意义：

（1）在国家实施创新驱动的经济转型和发展战略的背景下，如何促进企业的技术创新决策，确保技术创新决策的科学性，从而提高技术创新绩效，赢得企业的竞争优势，从根本上提高企业价值，促进企业长远发展，越来越引起政策决策者与企业实务界的共同关注。因此，本书从企业高管团队的微观视角研究企业技术创新的投入和绩效，对实施国家创新驱动发展战略具有深远的现实意义。

（2）人才是企业发展的基石。作为公司的决策主体，高管在公司未来发展中起着主导作用。解决股东和高管之间的委托代理问题一直是企业的关注焦点，而高管的薪酬激励是公司治理机制的重要组成部分。本书不仅细致地考察了每一种单一的高管薪酬形式，而且对高管薪酬激励配置方案进行了全盘考虑和分析，因此对完善薪酬激励机制，进一步优化公司治理体系具有重要的现实意义。

（3）本书考察高管薪酬结构对技术创新的影响在企业不同生命周期、行业和地理区域可能存在的差异，有利于企业根据自身情况选择更具体有效的薪酬激励配置方案，进一步完善高管激励机制。其中，对企业注册地是否在创新型城市试点的区域特征进行考量，可以为创新型城市试点的政策效果提供一定的实验证据。

1.2.4 基于高管捐赠行为的视角

虽然有众多影响企业创新的因素，但创新资源的获取仍是影响企业创新的关键和基础（张振刚、李云健和李莉，2016）。基于利益相关者理论，企业处于社会网络中，履行相应的社会责任可从内外部利益相关者处获得创新资源，从而利用资源进行创新，获取竞争优势。因此，越来越多的企业管理者将社会责任作为公司的重要战略决策，有必要基于高管捐赠行为，对其与企业技术创新的关联性展开深入研究。

企业社会责任（CSR）这一概念由 Oilver Sheldon 于 1924 年提出，学术界也对企业是否应该承担社会责任进行了大量理论研究。主要是探讨企业承担社会责任对企业绩效的影响。对于这二者之间的关系，大致存在两种观点：支持论（Brammer et al.，2006）、反对论（Zhang，Wang & Fung，2014）。

慈善捐赠相比其他社会责任，在企业中具有特殊的地位，能传递给外界，特别是资金提供者有更加充足的信息（彭镇、戴亦一，2016）。战略慈善理论认为，企业履行慈善捐赠责任，能获得更多资源，促进企业创新。战略性慈善行为能吸引更多的外部资金，对民营企业的研发投入起到正向作用（孙红莉，2019）。研究企业的战略性慈善行为对企业经营的影响，让我们更能理解企业慈善背后的真正动机。企业对外履行社会责任，进行慈善捐赠可以获取更多资源，尤其是与政府建立关联，获得科技资源（张振刚、李云健和李莉，2016），带来融资便利（戴亦一、潘越和冯舒，2014），提高企业和管理者的声誉，从而增加企业价值。然而，慈善捐赠造成了企业的现金流出，这部分资源在短期内并不能带来直接的收益，而是进一步减少了企业的资金。那么在资金有限的情况下，企业的慈善捐赠是否会占用企业创新活动所需的资金，从而产生挤出效应？《2020 年度中国慈善捐赠报告》指出 2020 年来自中国企业的捐赠总额为 1218.11 亿元。同时，2020 年企业对研发活动的投入力度显著增强，企业的研发经费为 18673.8 亿元，比去年增长 10.4%。这说明，企业在实现大额慈善捐赠的同时仍然进行了高强度创新活动。另外，基于慈善捐赠的动机可以发现，慈善捐赠行为可以建立良好的政企关系，传递企业声誉良好的信号，降低企业与政府和金融机构的沟通成本，获取政府提供的经济补助、科技资源以及银行等金融机构的贷款等；也可将信号传递给资本市场，助力企业获得创新资金，这对企业的技术创新产生了促进效应。所以，首先得解决慈善捐赠对企业创新是具有促进效应还是挤出效应这一问题。

McWilliam（2006）曾表明，在不同的条件下，企业进行慈善捐赠后所获得的收益往往不相同，所以企业异质性对企业行为会产生很大影响。在我国制度背景下，产权性质会影响企业经营管理的决策。由于国有企业和非国有企业的控制人性质不一样，所以在许多经营策略方面存在着差异，这对融资约束会产生影响（李四海，2012），也对企业慈善捐赠与技术创新的关系产生影响（刘慧龙，2010）。

熊彼特指出相比小企业，大企业具有规模和经济优势，能够承担创新项目的昂贵费用，并且能承担失败所带来的风险。后续有很多学者的研究支持了熊彼特假说，但也有学者（Shefer et al.，2005；戴西超、谢守祥和丁玉梅，2006）研究表明小规模企业的技术创新水平要高于大规模企业。另外，企业规模的差异决定了企业在资源分配上的不同。相比其他投资活动，创新是需要前期大量投入资金和人力等资源，规模大、盈利水平高的企业往往具有购买大量设备和招揽优秀技术员工的能力，其创新的投入强度将较为稳定（易靖韬、张修平和王化成，2015；孙晓华、翟钰，2021）。因此，本书将从企业异质性角度出发，研究产权、规模、盈利状况对慈善捐赠与技术创新之间关系的影响。

尽管已有文献关于企业社会责任与企业绩效的研究很多，但以创新视角研究企业社会责任对企业创新活动的影响较少，尤其是研究慈善捐赠责任和技术创新之间关系的较少，并且少有对其内在的影响路径融资约束进行分析。慈善捐赠作为企业履行社会责任的一种方式，不仅能够战略性地积累企业的声誉资本、提升品牌形象（Morris，Bartkus & Glassman，2013），还能帮助企业有效获得内外部利益相关者的利于企业创新的关键资金（Morgeson，Aguinis & Waldman，2013）。因此，本书将慈善捐赠、融资约束与技术创新三者相结合，探讨"慈善捐赠—融资约束—技术创新"这条作用路径是否发挥了实际作用。

随着经济的不断发展，科技创新是赢得未来发展的关键，也是助力我国提升国际竞争力的关键。十九大指出，科技创新至今甚至以后都将是国家发展的重点，要意识到技术创新在创新型国家建设中的重要位置。企业作为建设创新型国家的重要主体，应通过技术创新为建设创新型国家做出应有的贡献，这也是企业社会责任的体现。因此，研究企业的社会责任对技术创新具有现实意义。企业践行社会责任的方式多种多样，慈善捐赠是最直观的一种方式。慈善责任作为最高表现形式，相比于其他责任更容易被新闻媒体等外部所知，给企业带来品牌效应，获取更多资源。整体来说，捐赠规模在增加，企业的研发投入也在增加。基于此，本书从多方位深入探索慈善捐赠对企业技术创新的影响机制，旨在让企业承担社会责任，提升企业技术创新水平，为建设创新型国家做出努力。

　　本书基于国家创新驱动发展战略的宏观背景，选择慈善捐赠这一社会责任视角，探索企业承担慈善捐赠责任与技术创新之间的关系。同时，考察了企业规模、产权性质以及盈利状况等企业异质性对其关系的影响。另外，考虑了融资约束的中介效应，以探索慈善捐赠影响企业技术创新的重要路径。

　　近年来，关于企业社会责任对技术创新的影响成为学术界关注的热点，尽管已有很多学者对二者之间的关系进行了探讨，但尚未形成定论。对慈善捐赠责任影响其技术创新的路径机制的研究也不够充分，因此研究的空间较大。本书将进一步为企业承担慈善捐赠责任进而影响技术创新提供实证依据，也丰富了影响的路径机制研究。

　　具体而言，本书具有以下重要的理论意义：

　　（1）完善了慈善捐赠责任与企业技术创新的研究成果。在之前的研究中对慈善捐赠与企业技术创新之间的关系还存在争议，一部分学者认为具有挤出效应，另一部分学者认为具有促进效应。本书将从创新投入和创新产出两个方面考察企业的创新水平，以及慈善捐赠与技术创新的关联性。

　　（2）加深了对慈善捐赠与技术创新的理解，本书从融资约束角度，研究了企业慈善捐赠对技术创新的具体影响路径。有利于完善企业社会责任与技术创新之间的研究成果，对于理解捐赠背后的行为动机和实际效果也具有一定的意义。

　　就现实意义来说：

　　（1）企业履行慈善捐赠责任不仅是其义务所在，也是扩大声誉和品牌价值的重要战略，可以为商业创新充分赋能，给企业带来更多的融资机会。坚持履行社会责任，企业才能发展得更快更好。本书检验了慈善责任对企业创新的影响，使企业在进行社会责任战略规划时，更有效地配置资源以促进企业创新。最后，从融资约束角度探讨了企业慈善行为对企业创新的作用机理，并进一步对融资渠道如何缓解企业研发资金不足提供了借鉴。

　　（2）在我国坚持创新驱动发展战略，建设创新型国家的背景下，研究影响企业创新的因素是学术界普遍关注的问题。企业技术创新有助于提升企业的市场竞争力，巩固自己的地位，企业的社会责任也是参与市场竞争的优势之一。因此，本书从慈善捐赠视角来研究企业技术创新对提升企业竞争优势，为创新型国家做出努力具有现实意义。

1.3　基本研究思路

如前所述，根据现有国内外文献，关于管理者异质性的研究非常之多，但基于我国特殊的制度环境，从高管特征角度研究高管决策行为对企业技术创新及其经济后果的作用机理仍然存在较大研究空间。于是，本书拟从以下四个高管特征视角来对现有研究进行拓展和补充。本书的基本研究框架如图1-6所示：

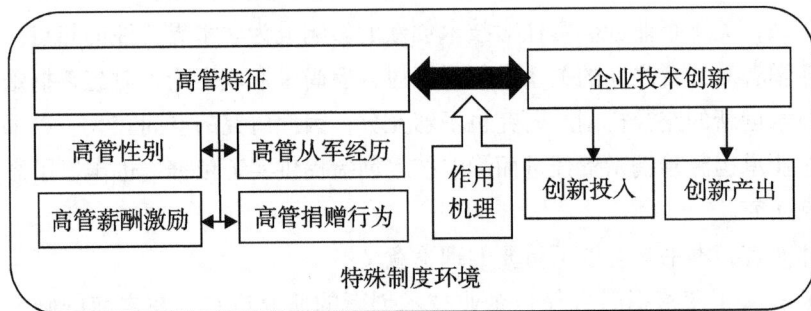

图1-6　本书基本研究框架

1.4　主要研究内容及创新点

基于图1-6的基本框架，下面逐一简要阐述高管特征四个视角的主要研究内容及创新点。

1.4.1　基于高管性别的行为视角

概括而言，本视角的研究内容为：基于心理学、公司治理及组织行为学的相关成果，嵌入女性所处的本土社会环境与制度情境因素，厘清女性高管在风险厌恶程度与过度自信水平上呈现的两种基本行为特质，明确可能对企业技术创新决策产生影响的关键性职位，进而对"高管团队性别结构—企业技术创新投入及绩效"之间的内在关联性进行研究。具体来说，研究内容包括以下三个方面：

（1）高管团队性别结构对风险厌恶程度和过度自信水平是否产生影响，产生怎样的影响？当女性处于不同的关键性职位时，这种影响是否存在差异？

（2）从女性高管的两种基本行为特质（风险厌恶程度高、过度自信水平低）视角出发，高管团队性别结构对企业的技术创新投入、创新产出和创新效率是否存在影响？分别存在怎样的影响？

（3）当考虑不同关键性职位的职能特点时，高管团队性别结构对企业的技术创新投入、创新产出和创新效率的影响是否存在差异？且处于特定关键性职位上的女性高管对这一关系是否具有强化作用？

可能的创新之处在于：

（1）高管性别多元化或高管团队异质性与企业价值的研究主要是在组织行为学与公司治理框架下展开的，迄今为止并未形成定论。本书以企业技术创新行为作为观测视角，从高管性别的行为特质角度进一步讨论其中深层机理，试图对此领域的理论基础进行补充，为高管性别多元化或高管团队异质性与组织绩效的相关理论提供实证证据。

（2）本视角从高管性别的行为特质角度研究女性高管与企业技术创新决策之间的内在关联，通过借鉴心理学、公司治理及组织行为学的相关成果，融合了女性高管的性别与心理特征，探究高管团队内部制衡及互动性的作用机制，尤其是对风险厌恶程度与过度自信水平等行为和个性特征的分析，丰富高管团队性别结构与企业技术创新决策的相关文献，并对高管团队性别差异存在的争议提供实证依据。

（3）本视角将充分考虑高管团队性别因素的多个维度及其内部制衡关系，包括企业"董、监、高"三个层面的七种关键性职位。其中，对女性高管的度量方法包括虚拟变量法、比例法，同时还兼顾物种或群落多样性概念的"种类"与"平衡"两个属性，分别采用 Blau 指数（Blau，1977）和 Shannon 指数（Pielou，1966）等评价指标。本视角关注的企业技术创新行为涵盖企业技术创新投入（R&D）及创新绩效，后者不仅考虑了企业技术创新产出（发明专利数），还将纳入创新效率（新增专利发明数/R&D）等评价内容。因此，对研究内容与研究设计的细致周密考虑也是本视角的创新之处。

1.4.2　基于高管从军经历的视角

本视角以沪深 A 股上市企业为研究对象，基于其组织机构内部高管从军经历背景，分析其风险承担，并深入挖掘高管从军经历与企业技术创新之间的关系，将从军经历作为高管特质，进一步补充和丰富管理者异质性以及企业技术创新方面的研究成果。

综上所述，本视角旨在研究以下问题：①从军经历高管所在企业的风险承担水平是显著更高还是更低？②高管从军经历如何影响企业技术创新，具体表现在创新投入和创新产出方面是怎样的？③考虑产权视角异质性，高管从军经历对风险承担和技术创新的影响在国有企业与非国有企业的表现是否存在显著差异？④考虑风险承担的中介作用和调节作用，高管从军经历会对企业创新投入和创新产出存在何种作用机制？⑤进一步考虑有从军经历高管团队企业在技术创新方面与无从军经历高管团队企业相比有何不同？

可能的创新之处在于：

（1）绝大部分关于管理者异质性的研究主要集中在年龄异质性、性别异质性、任期异质性、教育背景异质性、团队规模异质性、过度自信水平、风险承担等方面，对高管从军经历这个特质的关注从近几年才开始，研究成果较少，需要补充的空间较大。

（2）大部分关于高管从军经历和风险承担的研究存在很大分歧，有一部分学者认为从军经历使高管偏好风险，另一部分学者则认为从军经历使高管规避风险，从而使企业表现出不同的风险承担水平。考虑到中西方治军原则不同和文化差异等因素，本视角以我国沪深 A 股上市公司为样本进行深入分析，得出属于中国本土的研究结论，对以往文献进行补充。

（3）以往几乎没有关于从军经历高管团队的文献，只是关注了军人高管个体本身，但实际上高管团队在企业经营决策中发挥了更大的作用。此外，由于国有企业和非国有企业在经营风格与经营目标方面存在较大差异，军人在部队接受的观念使其更崇尚道德和顾全大局，因此本视角也将嵌入企业产权异质性进行分析。

（4）在关于高管从军经历和企业技术创新的少量研究中，大部分只考察了创新投入维度，很少关注创新产出，有些文献仅从财务视角进行研究，有的只研究了中国家族控股企业，比较片面且样本量较小，本视角拟弥补以上不足。此外，尚未有从企业风险承担水平角度分析，本视角则从这个角度出发深入分析，同时从调节效应和中介效应双路径机制考察三者之间的相关性。

1.4.3 基于高管薪酬激励的视角

基于创业板上市企业的高管激励现状，为了深入挖掘高管薪酬与企业技术创新之间的内在作用机理，本视角认为有必要从三个方面展开相关研究。首先是检验高管薪酬（包括货币薪酬、在职消费和股权激励）对企业技术创新（投入、产出和效率）的直接影响。其次是基于企业、行业和地理区域特征三个维度分组探究高管薪酬与技术创新的关系差异。最后，分析了高管薪酬结构的内在关系与技术创新，即不同薪酬组件的相互牵连对技术创新的影响。

那么，本视角旨在研究的问题包括：①高管薪酬（货币薪酬、在职消费和股权激励）是否显著地影响企业的技术创新（投入、产出和效率）？②企业层面，处于不同生命周期阶段的企业高管薪酬对技术创新的影响是否存在显著差异？③行业层面，按企业是否属于技术密集型行业分组，两组的高管薪酬对技术创新的激励效果是否存在显著差异？④地理区域层面，按企业注册地是否为创新型城市试点分组，考察受不同区域环境影响，高管薪酬的激励效果是否显著不同？⑤薪酬的某一组件水平提高，其他组件对技术创新的激励效果是否受到影响？

可能的创新之处来自：

（1）作为薪酬重要组成部分的在职消费与技术创新之间的关系研究相对较少。本视角全面考察了货币薪酬、在职消费与股权激励对技术创新的影响。

（2）过去大部分技术创新相关文献只考虑技术创新的投入和产出两个部分，忽略了对创新投入的产出水平即创新效率的考量。本视角在创新投入和产出的基础上，还考量了高管薪酬对创新投入的产出水平的影响。

（3）许多文献仅停留在静态层面研究高管薪酬与企业技术创新的关系，忽略了企业处于不同生命周期、不同行业、不同区域时两者关系可能存在较大差异。本视角从企业、行业与地理区域三个维度出发深入探究高管薪酬与技术创新之间的关系。

（4）大多研究是把高管薪酬三组件割裂开来研究各个组件对技术创新的影响，并没有深入探究货币薪酬、在职消费和股权激励之间的相互作用是否会影响每个组件对技术创新的激励作用。本视角重点研究了薪酬结构内部关系与技术创新之间的相互关系。

1.4.4　基于高管捐赠行为的视角

本视角以 A 股上市企业为研究对象，尝试从融资约束的角度，探讨其在慈善捐赠与技术创新之间有何作用，进一步丰富慈善捐赠和技术创新的相关研究。要厘清慈善捐赠与企业技术创新之间的作用机理，需重点研究以下问题：①慈善捐赠属于社会责任的范畴，对企业技术创新投入及产出是"挤出效应"还是"促进效应"？②如果是"促进效应"占主导，企业进行慈善捐赠的目的是不是缓解企业的融资约束，进而促进企业技术创新？③如果是，那么当企业进行慈善捐赠时，在缓解融资约束的外部渠道效应上是否有所差异？④此外，企业异质性是否对"慈善捐赠与企业技术创新投入及产出"的关联性施加影响？

可能的创新之处在于：

（1）大多学者在研究慈善捐赠与技术创新的关系时存有一定的争议，有一部分学者认为慈善捐赠会对企业技术创新具有挤出效应，另一部分学者认为慈善捐赠会对企业技术创新具有促进效应。本视角以 2008—2020 年的 A 股上市企业为样本进行深入分析，对以往文献进行补充。

（2）企业进行慈善捐赠具有多种动机，如出于战略动机以及政治动机，通过慈善捐赠来提升企业形象、积累企业声誉，获取外部融资以缓解企业创新所面临的融资困境。本视角旨在补充慈善捐赠的动机研究。

（3）虽然有学者研究了"慈善捐赠—融资约束—研发投入"这条作用路径，但未对外部融资渠道的差异做检验。本视角将从股权融资、债权融资以及政府补助着手，检验不同融资渠道的差异性。

（4）本视角从企业异质性的角度，具体探讨了在不同的产权性质、规模以及盈利能力的情境下，慈善捐赠对创新投入及产出的作用。样本也将扩展为我国 A 股上市企业。

（5）虽然有大量学者研究慈善捐赠对企业技术创新的影响，但是很少有文献同时考虑融资约束与创新投入、创新产出的关系，本视角旨在补充相关研究成果。

2

文献综述

如前所述，本书拟从四个高管特征视角，即高管性别、高管从军经历、高管薪酬激励及高管捐赠行为来对现有研究进行拓展和补充。鉴于现有国内外文献中关于管理者异质性的研究汗牛充栋，若要基于我国特殊的制度环境从高管特征角度研究高管决策行为对企业技术创新及其经济后果的作用机理，首先需要对各个研究方向上的重要文献进行仔细梳理，下面展开逐一述评。

2.1 高管性别结构与企业技术创新

2.1.1 相关概念界定

1. 行为特质

Nguyen，Locke 和 Reddy（2015）认为，女性高管与男性高管在行为和个性特质上的根本差异能够解释高管性别对企业绩效存在的差异化影响。基于心理学、公司治理及组织行为学的相关研究，将行为特质界定为风险厌恶程度和过度自信水平两方面。

2. 企业技术创新决策

国内外对企业技术创新决策的相关研究涵盖企业的创新投入和创新绩效，而对创新绩效的界定又包括两个方面，一是通过绝对数指标衡量的企业创新产出（党建民、李强和邹鸿辉，2017），二是通过相对数指标衡量的企业创新效率（乐菲菲、张金涛，2019）。

3. 高管团队性别多元化

通常采用高管团队女性占比衡量高管团队性别多元化，另外，兼顾物种或群落多样性概念的"种类"与"平衡"两个属性，分别采用 Blau 指数（Blau，

1977）和 Shannon 指数（Pielou，1966）衡量高管团队性别多元化。指标数值越大，性别多元化的程度越高，当指标达到最大值时，系统中男女人数相等。

高管团队性别结构与企业绩效的理论基础

1. 组织行为学的视角

从组织行为学的视角来看，阐释高管团队性别结构与企业绩效关系的理论主要有资源依赖理论和高层梯队理论。

资源依赖理论（Pfeffer，1979）强调组织中的生物有机体依赖从周围环境中获取的资源，它们相互依赖并与环境相互作用以实现生存目的。主导的董事资源选择偏好会影响董事资源的构成（Hillman，Dalziel，2003；黄文锋、黄亮，2016）。和同质性程度高的团队相比，异质性团队给组织带来的创造性和判断力更强，为组织提供的资源也更为丰富。具体来说，女性董事是企业的重要资源，她们的加入有助于提高董事会的声誉和董事会决策的质量（Liu，Wei & Xie，2014）。一方面，女性董事由于具有不同于男性董事的经验、知识以及价值观，可能会给董事会带来不同的认知框架，扩展董事会的知识广度，提高决策质量（Post，Byron，2015；纪成君、邹菡，2016）；另一方面，相比于男性，女性对于消费行为、消费需求，乃至如何最大限度地满足消费者的需求有着更为深刻的了解，有利于企业打开消费市场，获取更大的经济利益（周泽将、修宗峰，2014）。

高层梯队理论（Hambrick，Mason，1984）认为，商业决策战略的核心在于高层管理团队。由于企业所在的商业环境复杂且不断变化，公司决策的类型也尤为复杂。高管团队作为战略决策的制定者，其自身的团队结构、行为习惯及认知方面的差异性成为决策制定的重要影响因素（王雪莉、马琳和王艳丽，2013；周泽将、胡琴和修宗峰，2013）。具体到高管性别多元化，由于人是有限理性的，性别不同的高管在思维、认知等方面存在异质性，这将导致决策行为的巨大差异，进而影响组织的决策行为并导致公司业绩的差异（Hambrick，1984；Post，Byron，2015）。

2. 公司治理的视角

从公司治理的视角来看，阐释高管团队性别结构与企业绩效关系的理论主要有委托代理理论、利益相关者理论和象征主义理论。

委托代理理论关注委托人与代理人之间基于自身利益而引发的代理冲突（Saeed，Sameer，2017）。董事会在缓解代理冲突方面起着至关重要的作用。多元化的董事会对于更好地发挥其职能有益，而性别多元化作为董事会多元化的一方面，有助于促进董事会的多元化，可以减少与代理问题相关的成本，增加公司价值（Hillman，Dalziel，2003；Adams，Ferreira，2009；黄志忠、薛清梅和宿黎，2015；Reguera，Fuentes & Laffarga，2015）。一方面，董事会中女性董事可以提高董事会的独立性，因为女性董事更倾向于向经理提出男性董事不愿意提出的问题和疑虑，可降低 CEO 对董事会的控制（Carter，Simkins & Simpson，2003）；另一方面，和经理层注重短期成就不同，董事会需要考虑股东的长远利益，否定经理层过于冒险的规划，敏感、体贴和谨慎的特质使女性董事变得更重要（孙亮、周琳，2016；纪成君、邹菡，2016）。

利益相关者理论（Freeman，1984）认为，企业与其各利益相关者之间的关系具有一定的风险相关性，与利益相关者保持良好的关系可以提高公司的合法性，降低公司风险（Sila，Gonzalez & Hagendorff，2016）。性别多元化以及将女性纳入董事会和高级管理职位可以被理解为企业社会责任的重要指标，也是利益相关者导向企业的一个标志，社会责任意识高的公司会被认为管理有方，投资者不太可能对公司特定的不利事件做出负面反应（Godfrey，2005）。在内部，多元化的员工可以更好地促进团队成员之间的协同合作，在其他条件相同的情况下，实施利益相关者管理的公司将会更支持女性成员的管理（张娜、彭苏勉，2011）。在外部，性别平衡的董事会可以更好地代表消费者利益，并为消费者提供更满意的商品和服务，从而提高企业经济效益（Francoeur，Labelle & Sinclair – Desgagne，2008）。

象征主义理论认为，企业在任命女性担任高级管理职位时，可能仅仅是想通过"女性"这一信息来向社会传达一个信号，女性成员对高层管理团队的行为和效率的影响其实很有限（王明杰、朱如意，2010；Liu，Wei & Xie，2014；Low，Roberts & Whiting，2015）。张梅和汪佑德（2017）研究发现，在中国企业的董事会中，女性所担任的高级管理职位有很大一部分是独立董事，且超过一半的女性董事会成员是不领薪酬的，这充满象征主义的意味。即使女性付出更多的辛劳，成功晋升为高管，"象征主义"依然会使她们的处境比同级别的男性成员更为艰难。除非在高管团队中女性足够有"分量"，拥有实质性的话语权，这一现象才有可能得到缓解，否则形单影只的女性高管仅仅只能是一个象征而已（胡琦、周端明，2016）。

3. 性别的行为特质视角

从性别的行为特质视角来看，女性与男性在风险厌恶程度和过度自信水平上有明显的不同。

首先，女性的风险厌恶程度高。研究表明，女性与男性在大脑结构、荷尔蒙分泌等方面有显著的不同。具体来说，女性和男性在大脑神经元的连接结构上具有十分明显的不同，进而使女性和男性在行为表现上具有显著的差异性，其中女性更擅长记忆和社交，而男性则更适合与运动相关的活动（Ingalhalikar，Smith & Parker，2014）。人体内的激素水平也会影响人的行为特征以及社会地位（Metha，Jones & Josephs，2008），睾酮素是一种与男性主导地位有关的激素。Levi，Li 和 Zhang（2010）研究发现，在公司并购活动中，分泌高睾酮素的男性 CEO 倾向于拒绝低报价，这是一种条件反射式的生理反应，即使他们内心不愿意拒绝这一报价。更进一步的研究表明，面部特征也会显著影响个体的行为，具有更多男性面部特征的高管与企业重大财务错报风险存在显著的正相关关系（Jia，Lent & Zeng，2014）。综合起来看，在行为特征方面，男性通常被认为更具有攻击性、成就取向、支配性、自制性、坚韧性，他们更为激进也更爱出风头。而女性恰好相反，她们更为温和，好胜心弱于男性，对风险能避则避，在组织中通常被赋予"服从"的角色。因此，当企业高管团队中女性的数量增加，使企业高管团队性别多元化提高时，女性化的性别角色会占据上风，女性个体的行为特征随之强化（Nelson，Julie，2015），促使企业做出更为稳健的战略方针（Charness，Gneezy，2012）。

其次，女性的过度自信水平低。根据"优于平均效应"的心理学研究结果，人们更有可能将好的结果归因于自己，而将糟糕的结果归因于运气不佳（郝颖、刘星和林朝南，2005）。将这一研究成果映射到公司治理上，过度自信的管理者的最显著特点是高估了收益，且低估了风险（Heaton，2002），所以当这种类型的管理者做出决定时，更多基于盲目乐观，"下意识"地忽视可能的困难和风险，导致公司进入高速扩张等异常发展轨道（姜付秀、张敏、陆正飞和陈才东，2009）。从性别行为特征的角度来看，人们在做出经济决策时并不理性，他们往往会高估信息的准确性，甚至当真实的预期净收益为负时他们也会进行交易，这就导致了男性 CEO 的表现比女性 CEO 要差（Barber，Odean，2001）。将高管的过度自信这一特质与企业创新绩效联系起来时，两者也存在正相关关系，且这一关系在高新技术企业中更为显著（易靖韬、张修平和王化成，2015）。

2.1.3 高管团队性别结构与企业绩效

迄今为止，高管性别多元化或高管团队异质性与企业绩效关系的研究主要是在公司治理与组织行为学框架下展开的，并未形成定论。

1. 高管团队性别多元化对企业绩效存在积极影响

大量的相关研究表明，企业高管团队中女性的加入有利于企业绩效的提升。有研究表明，董事会性别多元化的增加不仅降低了企业风险（Khan，Vieito，2013；Sila，Gonzalez & Hagendorff，2016；Green，Homroy，2018），提高了企业绩效（Erhardt，Werbel & Shrader，2003；Huang，Kisgen，2013；Conyon，He，2017），而且在降低高管工资差距方面发挥了作用（Perryman，Fernando & Tripathy，2016）。性别多元化甚至可以解决企业效率低下的问题，并使企业接近最佳绩效（Sabatier，2015）。从女性董事的数量上讲，有研究发现，当董事会有三名或更多的女性董事时，公司价值的提高更大（Gyapong，Monem & Hu，2016）。但也有学者发现女性董事比例较低的企业，企业价值增长依然显著，即女性参与高管团队可以带来除象征主义之外的好处（Carter，Simkins & Simpson，2003；Jyoti，Mahadeo，Soobaroyen & Hanuman，2012）。

进一步研究发现，董事会性别多元化对公司绩效的影响是不均匀的，即相对于表现不佳的公司，女性董事对高绩效公司的正面影响要大得多（Conyon，He，2017）。CEO 为女性以及组织积极招聘女性，与公司管理层中女性的比例正相关（Ng，Sears，2017）。同时，一个国家对女性工作越支持，董事会性别多元化越能实现，且国家对女性参与工作的态度在一定程度上也会对公司业绩产生影响（李树祥、梁巧转，2015）。但是国家对女性参与高管团队的支持力度过大也会带来一定的负面影响，有研究发现，强制执行董事会的性别配额制度可能会降低公司价值（Adams，Ferreira，2009）。

2. 高管团队性别多元化对企业绩效存在消极影响

也有研究发现，女性参与企业高管团队对公司价值产生负向影响。国家实施性别配额制度可以提升女性在管理层任职的比例，但也可能导致企业业绩不佳（Ahern，Dittmar，2012）。

有学者指出，由女性领导的企业，其企业价值将低于由男性领导的企业，具体体现在公司的规模、成长性、持续经营能力等方面。在公司规模方面，女性领导的企业在销售业绩、员工数量和资产增长等方面表现不佳（Fairlie，Robb，2009）；在成长性方面，CEO 为女性的企业，其成长性要低于 CEO 为男性的企业（Bardasi，Sabarwal & Terrell，2011）；在持续经营能力方面，Zwan，Verheul 和 Thurik（2012）通过实证研究发现，欧洲转型经济体中以女性为主导的企业，其持续经营能力相对较低；一些研究还指出，董事会中女性的存在与"基于股票的主观表现"之间存在负相关关系，女性在公司董事会中被认为表现不佳（He，Huang，2011）。

3. 高管团队性别多元化与企业绩效存在 U 形关系

另一项研究发现，女性高管与企业绩效之间存在 U 形非线性关系（朱晓东、吴冰冰，2018），董事会性别多元化对公司业绩有积极影响，当女性董事数量增加时，这种影响更加明显，但是当女性董事的比例达到 20% 时，董事会性别多元化的边际积极效应就会停止（Joecks，Pull & Vetter，2013；Nguyen，Locke &

Reddy，2015）。

4. 高管团队性别多元化与企业绩效不存在显著关系

还有研究发现，高管团队性别多元化与企业绩效之间不存在显著关系。Albanesi，Olivetti 和 Prados（2015）的研究显示性别差异对公司绩效没有显著影响。Isidro 和 Sobral（2015）以及 Kochan，Bezrukova 和 Ely（2003）的研究也得出相似结论。

Rose（2007）研究发现董事会中女性比例与以托宾 Q 衡量的公司业绩之间没有显著的相关性，可能原因在于董事会由男性主导，女性高管只是用来"装点门面"的，使得少数派的女性优势难以有效发挥，影响团队决策的可能性降低。

在董事会性别多元化与企业风险的关系上，Sila，Gonzalez 和 Hagendorff（2016）研究发现女性董事的加入与企业股权风险之间并不存在相关关系。虽然风险较低的公司女性董事比例较高，但并没有稳健的证据证明这种因果关系，虽然有证据表明董事会在任命女董事时会考虑公司的现有风险，但一些不可观测的因素，比如企业文化或者公司管理能力等，会对董事会性别多元化与企业股权风险的关系产生内在影响，所以说，我们普遍认同的"女性董事会降低企业风险"的结论可能是虚假的。

2.1.4　高管团队性别结构与企业技术创新投入

1. 高管团队性别多元化对企业技术创新投入存在积极影响

女性和男性在思考问题与解决问题的方式上具有异质性，女性的心思细腻，善于从以往的工作中积累经验，与男性在情感偏好和价值观念等方面具有显著不同，可以给企业带来创新性的新观点、新方法，拓宽高管团队的整体思路，为企业进行技术创新提供机会。曾萍和邬绮虹（2012）的研究表明，女性参与高管团队决策显著增强了企业对技术创新的投入。Horbach 和 Jacob（2018）在对德国企业的研究中也发现，拥有高素质女性的企业的创新活动较多。且女性董事与企业创新水平之间的积极关系也会受到一些调节变量的影响，如区域经济发展水平、认知冲突的程度以及董事会会议的准备和参与程度等（李长娥、谢永珍，2016；Torchia，Calabrò，Gabaldon & Kanadli，2018）。除此之外，从数量的积累性上来看，高管团队性别多元化程度的提升可以促使团队氛围更加和谐，提升团队工作的效率，在创新能力的改善、创新强度的提高等方面起到了积极作用（卫旭华、刘咏梅和岳柳青，2015；杨萱、罗飞，2016）。

2. 高管团队性别多元化对企业技术创新投入存在消极影响

女性高管由于自身受到性别因素的影响，经常感到风险存在，工作中相对低调，事事谨慎，强调"规则"的重要性。相比于风险度高、创造性强的复杂性质的工作，她们更愿意接受标准化和定型化的工作，对安稳环境的需求远远高于男性（聂志毅，2010），这在一定程度上削弱了企业进行创新投入的愿望。顾群、吴宗耀和吴锦丹（2017）的研究发现，女性高管的参与度越高，企业对技术创新的投入越少，然而，女性 CEO 可以显著调节女性高管对技术创新投入的抑制作用（王清、周泽将，2015）。淦未宇（2018）的研究也表明高管团队性别多元化与企业技术创新投入具有显著的负相关关系，当 CEO 或 CFO 为女性时，企业会降低对技术创新投入的力度，另外，在企业董事会中，随着女性董事数量或占比的增加，对技术创新的投资强度也显著降低。

另有研究表明，董事长—TMT 性别垂直对差异与创新投入显著负相关（张秋萍、盛宇华和陈加伟，2018）。雷辉和刘鹏（2013）也证实，执行团队的性别异质性与企业技术创新投入显著负相关。但是，在考虑产权性质时，发现在非国有企业中，执行团队中女性高管的比例与技术创新投入显著负相关，但在国有企业中，女性担任企业高管反而会显著增强企业对技术创新的投入强度。根据作者的解释，出现这一差异是因为国有企业的和谐合作的氛围能够使得高管团队追求团队的共同目标，促进不同观点和视角之间的真正沟通，使执行团队异质性对技术创新投入产生积极影响。

3. 高管团队性别多元化与企业技术创新投入不存在显著关系

还有研究发现，高管团队性别多元化与企业技术创新投入之间不存在显著关系。究其原因，一方面，当今社会中，女性高管的行为特征逐渐趋向于男性化，她们面对高度不确定的风险，不再因追求安稳而一味进行规避，也更愿意直面各种挑战，勇于进行探索、创新和变革，使性别因素在企业技术创新决策中变得不那么重要（刘亚伟、翟华云，2017）；另一方面，由于技术创新通常发生在高新技术企业中，而高新技术企业的高管基本为男性，女性的身影很少，受样本规模的限制，无法证明高管性别对研发投入的影响（康艳玲、黄国良和陈克兢，2011）。

2.1.5 高管团队性别结构与企业技术创新绩效

1. 高管团队性别多元化对企业技术创新绩效存在积极影响

首先，企业之间的固有差异以及企业在面对变化时的应变能力对企业技术创新绩效有重要影响。在企业高管团队中加入适当数量的女性成员对调节其性别结构十分有益，能够形成一个性别异质化的高管团队（党建民、李强和邹鸿辉，2017）。不同性别的高管往往会从自身社会认知的角度考虑问题，对同样一个问题有着多元化的见解，这将有利于提升高管团队的创造力（欧阳辰星、游达明、李龙和潘攀，2017）。另外，高管团队中加入女性可以提高信息来源的多样性，从社会学的角度来讲，异质性高管团队可以提升社会多样性，帮助企业更好地了解并开拓市场，开发出更多满足消费者需求的新产品，使企业技术创新投入得到更好的转化，提升创新绩效（Cristian，David，2012）。

其次，高层管理团队成员的受教育程度和教育水平对企业技术创新绩效具有重要意义。企业对技术创新的投入如何转换为实际生产力，从而提升技术创新的效率，在很大程度上依赖于创新决策的科学性和有效性。而决策团队成员的受教育程度在一定层面上反映了其知识储备状况、分析问题的能力和深入程度，这些因素直接影响着创新决策的制定，并且团队成员的受教育水平也可以帮助其更好地获得、分析和利用海量数据与信息，发现并评估创新过程中的风险，设计、执行和维护必要的风险控制程序，从而增加公司创新成果的转化（何强、陈松，2011；周建、李小青，2012）。而现有研究已表明，在企业高管团队中，相比男性，女性通常获得更多的大学学位，并具有更高的学历水平（Carter，Souza，Simkins & Simpson，2010）。陈宝杰（2015）的研究表明，企业高管团队中加入女性成员对提高中小型上市公司的创新绩效有着显著的积极影响。

除此之外，Ruiz-Jiménez 和 Fuentes-Fuentes（2016）从女性高管的调节作用考虑，首先确认管理能力对公司的产品和流程创新产生积极影响。再加入高管团队中性别多元化的调节因素，研究证实女性高管的加入正面地调节着这种关系，并且当管理团队的男女比例较为平衡时，管理能力对产品和流程创新会产生更大的影响。

2. 高管团队性别多元化对企业技术创新绩效存在消极影响

从企业技术创新自身的特征来看，进行创新活动充满着不确定性，失败的风险很高。与男性高管相比，由于性别影响，女性高管倾向于更大的风险规避，她们承受风险的能力要低于男性（Khan，2013）。因此，女性高管更倾向于追求安稳的环境，在制定战略决策时，乐于接受确定性更强的项目，而对高风险的技术创新项目具有天然的抵触心理，从而对其采用规避的方式（Croson，Gneezy，2009）。另外，性别多元化所带来的影响不一定是完全积极的，过度的异质性可能会对研发团队的表现造成不利影响（Marian，Ferdaous & Marco，2017）。因此，一般来说，女性高管的参与会减少企业的创新投入，进而影响企业的创新绩效。

从社会对女性的刻板印象看，由于受到"男尊女卑"封建文化的影响，导致我国的社会环境对女性的偏见更大。一些十分传统的观念，如"男主外，女主内""重男轻女""养儿防老""女子无才便是德"等依然占据着主要地位，这些观念对于女性的创新创业发展产生了十分不利的影响（高凌江，2015）。并且在高管当中，女性进入最高领导岗位的全球化比率远远低于男性，这意味着女性成长为 CEO 的过程尤其困难（Oakley，2000）。此外，性别就业差距意味着女性获取工作的机会要少于男性，面临的障碍要多于男性（Carrasco，2014）。在一定程度上，这些因素对女性的自我发展形成了制约，对企业创新绩效产生负面影响（王清、周泽将，2015）。

谢霏和后青松（2017）以 2007—2014 年为限，以全部 A 股上市公司为研究对象，对所选择的样本进行实证分析后发现，女性担任高级管理职位与企业技术创新绩效显著负相关，主要是因为与男性高管相比，女性高管更愿意追求稳定，坚守规则，不愿意承担研发风险，因此创新产出较低。

3. 高管团队性别多元化与企业技术创新绩效存在阈值效应

基于康特的关键众人理论（Critical Mass Theory），如果高管团队中女性的比例过低，那么女性只能被视为"符号"。符号是焦点，但它们经常被忽略，然而，存在一个临界值，使女性对整个团队的绩效产生的影响跨越这种"符号"，或者说，当团队中的女性比例超过这一临界值，女性的加入就可以对团队互动的内容和过程产生重大的实质性影响。已有文献证实了这种观点，例如，有研究表明，随着女性董事数量或占比的增加，企业创新投入呈现出先上升后下降的演变趋势（严若森、朱婉晨，2018）。也有学者指出，"当公司有三名或更多女性担任董事时，将会发生魔力"（Kramer，Konrad，Erkut & Hooper，2006）。一些学者已经发展出三个代表女性影响力的维度，即一个女性、两个女性、三个女性——他们认为三个或更多女性是"正常化"门槛，此时性别不再是沟通的障碍（Konrad，2008）。这一结论得到实证研究的证实，Torchia（2011）、李长娥和谢永珍（2016）等学者的研究发现，公司董事会中女性成员的数量对公司技术创新绩效的影响存在阈值效应，董事会中至少存在三名女性成员才能够对公司技术创新绩效的提升产生显著的影响。

2.1.6 文献评述

近年来，多学科交叉和融合的研究已经成为学术界寻求理论突破的主要切入点，在财务管理领域，性别因素成为从高管角度研究企业财务决策及公司价值等方面的一个新颖切入点。通过对国内外相关文献的梳理发现，第一，现有文献针对性别多元化与公司绩效的研究成果较为丰富，但由于理论基础不同，相关的研究结论并不统一。西方学术界探讨性别多元化与组织绩效时采用的主要理论依据包括组织行为学与公司治理，而国内研究基本上是围绕公司治理框架展开的，国内研究成果相对滞后于国外。第二，目前国内外直接对高管性别多元化和企业技术创新展开研究的文献较少，与此相关的部分国外研究多是基于高管特征展开的，而研究高管性别因素与企业技术创新的文献并不多见，已有的文献也多是从女性高管的单一角度研究其对企业技术创新的影响，且高管团队性别结构的评价方式较为单一，欠缺对企业技术创新投入及绩效的全面考察，研究结论也并不统一。第三，高管性别多元化或高管团队异质性与企业价值的研究主要是基于公司治理和组织行为学框架展开的，目前尚未有研究基于性别行为和个性特质角度，对高管团队性别结构与企业技术创新决策的关系展开研究。第四，现有研究高管性别因素与企业技术创新的文献尚未基于高管团队这个决策群体内部的性别结构因素及其他因素与其的互动关系展开深入分析。

因此，在以往文献研究的基础之上，本书提出以下深入思考的方向：①从女性高管在风险厌恶程度与过度自信水平上呈现的两种基本行为特质入手，基于高管团队性别结构与企业技术创新决策的内在关联性展开深入分析，全面考察其对企业技术创新投入及绩效的影响机理；②采用"高管团队"这一范畴，全方位地把握不同关键性职位所对应的企业决策类型，进一步厘清"高管团队性别结构—企业技术创新投入及绩效"之间的内在影响机理。

2.2 高管从军经历与企业技术创新

2.2.1 管理者异质性

自1984年Hambrick和Mason提出高层梯队理论以来，管理者异质性越来越多被国内外学者所关注和研究。高管作为企业的稀缺资源，彼此之间的差别可能会导致异质性，如年龄异质性、性别异质性、任期异质性、教育背景异质性、团队规模异质性、过度自信水平、风险承担等，这些差别使高管具有不同的思维方式和感知能力，从而影响其决策过程中搜集和整理信息的能力，进而做出不同的企业战略决策。

在年龄异质性方面，刘运国和刘雯（2007）发现，年龄段不同的高管，任期内对R&D支出的影响存在显著差异；杨扬（2015）指出高管年龄越大，企业创新绩效越好。在性别异质性方面，曾萍和邬绮虹（2012）发现女性高管能够显著促进企业进行技术创新；但也有部分研究发现，女性高管在一定程度上抑制了企业创新（王清、周泽将，2015；顾群、吴宗耀和吴锦丹，2017；淦未宇，2018）；Bardasi，Sabarwal和Terrel指出以男性为CEO的企业的成长性高于以女性为CEO的企业。在任期异质性方面，刘运国和刘雯（2007）认为高管任期与研发支出正相关；张兆国、刘永丽和谈多娇（2011）则发现，高管任期会对企业的会计稳健性产生显著影响。在教育背景异质性方面，杨栋旭和张先锋（2018）分析结果显示，管理者的海外背景对企业对外直接投资倾向存在显著正向影响，教育背景和财经类专业背景则对企业对外直接投资倾向存在显著负向影响。此外，李海燕（2017）发现，管理者教育水平越高、任期越长，就越愿意采取创新战略，而且可以显著正向影响技术创新对企业价值的提升效应；从盈余管理程度来看，高管年龄和教育水平异质性会增强盈余管理程度，而任期异质性则会减弱盈余管理程度（周晓惠、田蒙蒙和聂浩然，2017）；管理层的教育水平、平均年龄与过度投资之间存在显著的相关性（姜付秀等，2009）。

Roll（1986）提出傲慢假说，系统阐述了过度自信问题，打开了研究管理者过度自信异质性的大门。Malmendier 和 Tate（2005）探讨了管理者过度自信与投资现金流敏感性之间的关系，认为过度自信管理者倾向于高估投资回报率，还认为外部融资成本相对较高，这样在内部资金出资时会导致管理者的过度投资；姜付秀等（2009）研究后发现，管理者过度自信和企业的总投资水平及内部扩张显著正相关，但与外部扩张关系不显著，指出过度自信高管实施的扩张战略可能会使企业陷入财务困境；陈收、段媛和刘端（2009）从行为金融视角出发，得出在过度自信条件下投资与现金流敏感性正相关，而在过度悲观条件下负相关的结论；而王德鲁和宋学锋（2013）从所有权的角度分析企业绩效，强调管理者过度自信对国有控股公司绩效具有显著的正向作用，但对民营控股公司绩效具有显著的负向作用；Banerjee，Humphery‒Jenner 和 Nanda（2015）认为过度自信的 CEO 会减少投资和风险敞口，增加股息，提高收购后的业绩，并拥有更好的经营业绩和市场价值。

综上，可以看出管理者异质性渗透到企业经营的方方面面，即便是在基本情况类似的上市公司之间，甚至是在同一家公司中，不同 CEO 的管理特征也会显著影响上市公司的诸多行为。因此，研究管理者异质性对企业的经营活动起到至关重要的作用。

2.2.2 管理者异质性与企业技术创新

创新是引领企业持续发展的第一动力，企业是创新的重要主体之一，通过技术创新赢得市场竞争力、创造新的利润增长点，是实现企业价值最大化的重要路径之一。自熊彼特 1912 年提出创新理论以来，国内外学者对企业技术创新做了大量的研究，取得了丰硕成果，其中重点考察了管理者异质性。纵览各类研究技术创新的文献可以发现，大多学者从创新投入和创新产出两个维度探讨其影响因素。

关于创新投入的影响因素研究，刘运国和刘雯（2007）通过2001—2004年的454家上市公司，研究高管任期与R&D之间的关系，发现高管任期越长的公司，R&D支出越高；高管年龄段的差异也会影响R&D支出；高管任期内是否持股与R&D支出显著正相关。股权激励强度和激励有效期对企业创新投入也具有显著的正向影响（Lin et al.，2011；侯晓红、周浩，2014），高管持股比例越大，研发投入越多，对国有企业和高新技术企业的影响表现得更显著（王燕妮，2011）。管理者过度自信则有助于企业加大对风险性创新项目的投入（王山慧、王宗军和田原，2013；林慧婷、王茂林，2014；陈宝杰，2015）；CEO和研发负责人的学历水平对企业R&D投入的影响呈正相关关系（由丽萍、董文博和裴夏璇，2013）；海归高管能够显著促进企业创新投入，而高管持股显著降低了企业创新投入，且高管持股弱化了海归高管对企业创新投入的正面影响（周泽将、李艳萍和胡琴，2014）。

关于创新产出的影响因素研究，陈守明和戴燚（2015）基于高层梯队理论和关注基础观，强调高管团队职能背景多样性与企业创新产出存在正相关关系，高管的创新关注也正向影响创新产出。Sunder等（2017）将有飞行员执照作为CEO寻求刺激的代理变量，通过实证研究说明CEO的冒险行为有利于企业取得更高和更多样的创新产出。秦兴俊和王柏杰（2018）认为独立董事富有远见与专业精神，可以使公司决策更科学，带来更有效的创新产出。

综上，可以看出，高管的多种特质均对企业的创新投入和创新产出有显著的影响，它们促进或者抑制企业的技术创新活动。高管作为决策者，在技术创新的过程中发挥着主导作用，助力企业掌握核心竞争力来提升价值，进而推动经济的转型升级。

2.2.3 烙印理论与军人特质

烙印理论起源于生物学，随着学者们认识的不断深入，烙印理论逐渐被应用于包括经济学在内的各个学科。Marquis和Tilcsik（2013）总结出烙印效应主要表现在以下三个方面：①个体存在对外部环境高度敏感的时期，主要指个体状态发生转换的时期；②在敏感期内，个体会逐渐发展出与环境相适应的特征；③即使后期环境发生了改变，该影响也会一直持续下去。个体早期在特定组织环境中工作形成的思维惯式和行为规范会持续影响个体在职业生涯后期的工作表现（Dokko，Wilk & Rothbard，2009）；管理者早期所处的社会阶层和经历过的灾难性事件的经历也会对后期的认知、风险承担和行为习惯产生显著影响，进而影响企业的经营决策（Locke，1974；沈维涛、幸晓雨，2014；Kish – Gephart，Camp-bell，2015；许年行、李哲，2016）。从军经历也是高管早期经历的难忘而重要的事情，其间形成的性格和价值观也会对其后期行为有决定作用（Elder，1991；Malmendier，Nagel，2011）。

从组织文化视角来看，军队有着铁的纪律，赋予军人坚忍不拔的毅力、勇往直前的勇气以及有品德有血性有信仰的灵魂，主要表现如下：第一，遵守纪律，注重规则。纪律事关军人的荣誉，无论是在战争年代还是在和平年代，对纪律的严守都是军人核心价值观的重要组成部分和军队建设的基本要求（王越霞，2010）；付超奇（2015）认为，有过军队服役经历的 CEO 恪守严格的纪律，习惯将杠杆率控制在较低水平；基于"伦理导向"视角，军旅生活使得军人具有极强的荣誉感、责任感以及严守纪律的行为规范（陈柯甫，2017）；此外，服役经历使军人拥有更强烈的爱国主义精神，这使得他们所在企业在响应国家"一带一路"倡议时表现更积极主动。第二，无私奉献，顾全大局。我国军队通过理想、人生观等的教育修正和优化个体利益偏好（陈俨、杨建军，1996）；军人把军队组织的目标放在首要位置，把经济效益和晋升等个人利益放在较低等级，强调个人利益服从整体利益（Daboub，1995；Soeters，1997）；邵剑兵和吴珊（2018）的研究结果证明，从军经历高管能通过慈善的路径显著促进政府补助，这有利于企业承担社会责任并建立良好的政企关系，而且从军经历对高管所产生的积极正向影响使其降低在企业经营活动中对私人收益的追求；从军经历管理者更容易建立政治关联，但不倾向于进行慈善捐赠，认为慈善捐赠并不真正是道德行为，而是企业的一种战略行为（Luo，Xiang & Zhu，2015）；朱沆、叶文平和刘嘉琦（2020）基于本土制度特征和思想观念研究我国从军经历高管的管理思想，所得结论与国外学者截然相反，认为军人服役过程中形成的无私奉献观念促使高管在企业经营管理中主动履行社会责任，慈善捐赠也更多。第三，崇尚道德，善于管理。从军经历 CEO 在投资活动中不太可能参与企业欺诈活动，并且在企业低迷期间表现更好（Benmelech，Frydman，2015）；Law 和 Mills（2017）的研究结果表明，从军经历管理者相对于其他管理者而言有着较低的避税倾向；Griesedieck 和 Wardell（2006）研究结果显示，从军经历 CEO 在军事训练中学到的领导技能可以提高企业的成活率，在领导力方面表现得更出色；Özlen（2014）指出军事服务经验有利于个体对环境的适应，还会对企业绩效产生重要影响；从军经历 CEO 有助于减缓现金过剩和治理不善对并购收益与长期协同效应的负面影响（Lin et al.，2014）；从军经历管理者能够显著提高公司的盈利能力，并且财务报告真实可靠（孟俊龙，2014）；从军经历高管所在公司审计费用更低（权小锋、徐星美和蔡卫华，2018）；而廖方楠、韩洪灵和陈丽蓉（2018）的研究则显示，高管从军经历能通过影响管理层对内部控制的讨论与分析从而显著提高内部控制质量；此外，从军经历高管还能有效降低股价崩盘风险（曹雅楠、蓝紫文，2020）、提高公司治理水平（王元芳、徐业坤，2010）等。

综上，从军经历会使个体留下持久而深刻的烙印，不仅影响其生活的各个方面，而且作为一种特质影响高管的经营决策，对企业长远稳定发展起到不可忽视的作用。

2.2.4 高管从军经历、风险承担与企业技术创新

近年来，有部分学者着手从理论和实践的角度来探索高管从军经历与企业技术创新之间的作用机理。如罗进辉、李雪和向元高（2017）以中国家族控股上市公司为研究样本，从高管早期从军经历产生的长期影响出发，研究结果显示，家族企业中，从军经历高管管理的企业避免进行研发投资活动，其研发投资概率和水平都显著较低；相比外聘高管，控股家族成员担任公司高管时这种负向影响更强；在终极所有权比例较高时，从军经历高管对企业研发投入的负向影响则较弱。邵剑兵和吴珊（2018）考察了我国2010—2015年A股上市企业，同时考虑地域因素，基于财务决策视角研究管理者从军经历与企业创新投入的关系，发现从军经历与企业创新投入显著负相关，企业资产负债率和现金持有量在两者关系中均起到部分中介作用，且这种关系在中心城市的上市公司中尤为显著等。陈伟宏等（2019）则证明了高管从军经历与企业研发投入呈显著正相关关系，且这种正向作用随着市场竞争程度的增加而增加，冗余资源还会对此起到增强效应，而经营期望落差则会使高管从军经历对企业研发投入的正向作用减弱。此外，权小锋、醋卫华和尹洪英（2019）还详细分析了高管从军经历特质，认为高管服役年限越长、军衔越高，企业创新程度就越高，并且在经济下行时这种效应更显著。

迄今为止，有不少学者从风险承担视角探讨了管理者异质性与企业技术创新之间的作用机制。中介效应体现的是作用路径，自变量通过中介变量影响因变量，而调节效应强调"影响自变量和因变量关系的方向与强度"，这两种研究方法属于心理学中非常重要的研究方法（温忠麟、侯杰泰和张雷，2005）。基于中介效应的研究中，张峰和杨建君（2016）从股东积极主义视角梳理大股东参与行为与技术创新的相关性，证明了经理人的风险承担完全中介大股东战略干预行为对企业创新绩效的影响，同时还部分中介大股东战略共享行为与创新绩效之间的关系；何瑛、于文蕾和杨棉之（2019）手工收集CEO多维职业经历，指出CEO丰富的职业经历能够促进企业风险承担，表现出更高的创新投入水平，进而提升企业的价值创造能力；王飞绒、赵鑫和李正卫（2019）则通过问卷调查方式进行

实证研究，将企业家情怀纳入创新研究，并发现企业风险承担水平在二者之间起到部分中介效应；顾海峰和卞雨晨（2020）从教育背景、金融经历、董事联结、政治关联、科研任职五个维度对董事会资本进行测度，研究结果发现风险承担在董事会资本和创新投入之间起到部分中介作用；此外，安素霞和赵德志（2020）基于潜意识理论用 CEO 签名大小衡量其自恋程度，证明了 CEO 自恋程度越高，风险承担越高，进而推动企业加大研发投入。尽管有部分文献研究了高管从军经历和企业技术创新之间的内在关联性，但二者之间的作用机制并未被完全挖掘出来。可以发现，管理者异质性对创新投入和创新产出的影响需要通过高管创新决策时的态度和行为来实现，由于风险承担反映了高管寻求和把握外部机会的意愿与努力（Balkin，Markman，2000），本书认为它同样能够中介高管从军经历与企业技术创新之间的关系，也就是说，从军经历对高管风险偏好产生烙印，进而影响企业创新投入和创新产出。

与此同时，基于调节效应的研究中，郝盼盼、张信东和贺亚楠（2020）以 2002—2015 年 A 股主板上市的制造业和信息技术业为样本，创新地探索了高管的改革开放经历，并讨论风险承担的调节作用，发现风险承担会正向调节高管改革开放经历与创新投入和创新产出之间的关系。企业创新具有高风险的特性，而高管对创新活动有着重要的决策权，高管的风险承担态度影响着企业创新的成败。

2.3 高管薪酬激励与企业技术创新

2.3.1 相关概念界定

1. 高管薪酬

高管薪酬一般包括货币薪酬、在职消费和股权激励。顾名思义，货币薪酬是用货币形式支付的薪酬，这是企业最常见的薪酬形式。在职消费指企业高管除了工资报酬外可获得的额外非货币福利，在"限薪令"的背景下在职消费在国有企业中更常见。股权激励是企业赠予高管本公司的股票或股权，使管理者和所有者的利益趋向一致，从而努力实现企业利益最大化目标的一种长期激励形式。

技术创新概念源于熊彼特的创新理论。企业技术创新是指以市场为导向，以提高企业核心竞争力为主要目标，投入资金和人才等各种可用资源，从而推动企业技术进步，降低成本，实现产品和服务的差异化，最终获得更大经济利润的活动（张思磊，2010）。企业技术创新可以通过新技术的开发，或现有技术的改进，包括创新技术成果的拓展性应用，或已有技术的新组合来实现。

2. 货币薪酬与技术创新

首先，根据现代委托代理理论，由于创业板公司股东与高管之间的信息不对称，管理者会根据自己的利益选择次优决策，例如过度投资或投资过于保守、追求短期利益和损害股东利益等，从而造成严重的代理问题。Wright 和 Awasthi（1996）认为，代理问题的存在导致管理者的关注点集中在个人财富、工作保障、权力声望和个人效用最大化上，这将严重影响和削弱他们对创新的追求。而合理的货币薪酬激励可以减少管理者的短视行为，使高管从公司长远利益最大化出发，激励高管更勇于承担技术创新活动失败的风险，以求未来获得更稳定、更高昂的货币薪酬。王建华等（2015），韩亚欣、文芳和许碧莲（2017），张越艳等（2017）发现高管货币薪酬对企业的创新能力具有正向促进作用。

其次，根据关系契约理论，当正式的公司治理制度未能发挥治理作用时，非正式制度是必要的补充。在这个时候，高管的个人声誉起着重要的作用（孙元欣、于茂荐，2010）。方政、徐向艺和陆淑婧（2017）提出，高管作为社会资本网络的一部分，为了维系社会资本纽带和维护自己的正面形象，他们必须表现出与货币薪酬相匹配的能力和业绩，所以会倾向于追求企业技术创新。徐宁、张晋和王帅（2017）证实企业创新绩效对高管的声誉有显著的积极影响。在中国"圈子文化"的背景下，高管由于担心破坏自己的良好声誉而自我约束的行为更为常见。因此，货币薪酬能够在促进企业技术创新的过程中发挥积极的激励作用。

3. 在职消费与技术创新

一般来说，在中国企业，特别是国有企业中，高管的在职消费是一个普遍现象。关于在职消费对高管的激励作用，理论界存在两种截然不同的观点："代理观"和"效率观"。"代理观"认为在职消费纯属高管自利行为，会导致公司资源浪费和股东利益遭到侵害（陈晓珊，2017）。罗宏和黄文华（2008）利用 A 股上市公司 2003—2006 年的数据研究发现，国有企业高管的在职消费越高，公司业绩越差。卢锐、魏明海和黎文靖（2008）利用中国上市公司 2001—2004 年的数据作为基础研究，发现当经理人权力过大时，在职消费成为他们获取私利的手段。而"效率观"认为，在职消费是对高管的有效激励。Rajan 和 Wulf（2006）提出单纯把在职消费当作管理者的超额薪酬的看法是不正确的，它反而可以提高生产率。一方面，在中国企业"限薪令"的背景下，特别在国有企业，董事如果是政府高官，在直接的公众舆论压力下，他们更不太可能给予高管高昂的货币薪酬（Cambini et al.，2018），而在职消费不为公众所知晓，是薪酬契约不完备时的必要有效补充，这可以成为管理者自我激励的一种方式（陈冬华、陈信元和万华林，2005）。另一方面，由于中国自古以来的等级文化背景，高管的在职消费可以作为其身份象征，为其带来较高的社会地位和关系网络，除此以外还能合理避税，这同时满足了他们的精神需求和物质需求，从而激励高管努力工作（孙凤娥、苏宁和温晓菲，2017），此外，还能帮助高管开拓和维护客户关系，提高工作效率（黎文靖、池勤伟，2015）。李焰、秦义虎和黄继承（2010）基于2003—2008年上市公司的数据，实证研究发现在职消费对中国上市公司的业绩具有激励作用，但随着员工工资的增加，这种影响会减少。Adithipyangkul，Alon和Zhang（2011）则表示，在职消费与企业绩效的正相关性在现金薪酬较低而绩效较高的企业中最为强烈。

国内外众多学者都对在职消费的经济后果做了大量的研究，并得到了许多有贡献的结果，但是甚少有关于在职消费与技术创新之间关系的研究。孙早和肖利平（2015）根据2010—2012年中国战略性新兴产业A股上市公司的相关数据进行了实证研究，发现只有非国企高管的在职消费对研发投入强度有抑制作用，在国企中两者并不存在显著相关性。刘张发和田存志（2017）考察了在职消费对企业技术创新的影响。他们把技术创新拆分成创新产出、创新投入和创新投入产出水平，同时把样本细分为中央国有企业、地方国有企业和民营企业，研究发现，地方国企和民企的高管在职消费不仅促进了创新投入，还提升了创新产出。而央企的高管在职消费与创新投入、创新产出以及创新投入产出水平都不相关。

在大多数情况下，在职消费的积极影响和消极影响可能共存，但这两种影响的作用力在不同情境下有所不同，并显示出不同的结果。孙世敏、柳绿和陈怡秀（2016）指出，中国企业的在职消费包括三种经济性质成分：货币薪酬补偿、正常工作消费和自娱消费。其中货币薪酬补偿和正常工作消费部分对高管有激励作用，而自娱消费则产生代理成本。多年来，为了增强在职消费的正向效应，国资委、财政部等部门积极推进规范国企高管的在职消费行为的政策，这些政策有效遏制了高管的自娱消费，使得在职消费中的货币薪酬补偿和正常工作消费占据主导地位。杨蓉（2016）、梅洁和葛扬（2016）利用双重差分模型实证检验了"八项规定"能有效遏制管理层在职消费对公司主营业务收入的侵占。

4. 股权激励与技术创新

2005年，中国证券监督管理委员会颁布的《上市公司股权激励管理办法（试行）》正式拉开了中国企业股权激励的序幕。时至今日，上市公司越来越重视对管理层实施股权激励，Chaigneau（2018）发现赠予高管股权，可以使其更有动力根据股东的喜好，最大化公司的利润。事实上早在1976年，Jensen和Mecklin（1976）提出，实施与当期绩效相关的股权、股票期权和其他激励安排可以使管理者与所有者的利益保持一致，它可以有效地改善管理者对技术创新的支持，这被称为"利益趋同效应"。近年来，国内外许多学者通过实证检验证明了股权激励在促进技术创新中的作用，譬如：Xue（2007），Lin 等（2011），黄淙淙（2011），Wu 和 Tu（2007），翟胜宝和陈紫薇（2016），乐怡婷、李慧慧和李健（2017）等。

然而，在股权激励的研究体系内除了"利益趋同效应"外，还有著名的"堑壕效应"（Fama，Jensen，1983）：管理者大量持股会授予他们足够的权力，使其受到的内外部监管压力变小，就算管理者进行机会主义行为也不会受到负面影响，因此，他们可能不会选择技术创新这样的高风险活动。杜剑、周鑫和曾山（2012）与周泽将、李艳萍和胡琴（2014）等学者发现了高管持股会抑制企业创新投入。在"利益趋同效应"和"堑壕效应"这两种假设的基础上，Morck、Shleifer 和 Vishny（1988）验证了管理者持股和公司价值之间的"区间效应"。从那时起，企业技术创新领域的学者们也开始研究股权激励与技术创新之间的非线性关系。翟淑萍和毕晓方（2016）提出当高管持有股权过多导致自身权力足够大时，一方面可能会追求自身利益而不顾公司收益，另一方面因为高管需要承受创新投资失败带来的巨大风险，所以此时高管会放弃追求企业技术创新。陈修德等（2015）运用随机前沿分析模型对高管持股与研发效率之间的倒 U 形关系进行了实证检验。同样，朱德胜和周晓珮（2016）关注 2010 年前上市的高新技术企业，并选择 2010—2013 年的数据进行实证研究，也发现了高管持股与企业创新效率之间的倒 U 形关系。发现股权激励与技术创新之间存在非线性关系的还有徐宁（2013）、梅世强和位豪强（2014）、沈丽萍和黄勤（2016）等。

2.3.2 高管薪酬与技术创新的企业、行业、区域层面分析

1. 高管薪酬与技术创新的企业层面分析

Haire（1959）首先提出公司拥有类似生命有机体的"生命周期"。从企业生命周期理论的角度来看，企业不同生命周期的组织结构、企业战略、决策风格和环境特征是不同的（周建等，2017），大量的实证研究证实，企业处于生命周期的不同阶段，将对企业自身的许多方面产生显著不同的影响，如公司绩效（曾祥飞、林钟高，2017）、多元化并购（刘文楷、潘爱玲和邱金龙，2017）、盈余管理（王汀汀、李赫美，2018）等。但是，关于处于不同生命周期阶段的企业高管薪酬与技术创新之间的关系存在的差异，目前的研究尚少。谷丰、张林和张凤元（2018）以 2009—2016 年创业板公司为研究样本，实证结果发现处于不同生命周期的企业高管薪酬与创新投资的关系确实存在显著差异。

然而，此时在职消费对企业技术创新的激励作用却不能一概而论。一方面，

企业的官僚作风盛行，各种治理问题凸显，高管可能因职业防御而做出不利于投资者利益的行为从而谋取私利，此时的在职消费就是高管挖掘私利的工具（李云鹤、李湛和唐松莲，2011；王旭、徐向艺，2015）；另一方面，只有高管拥有较高的在职消费控制权，才能利用权力在关键时候进行组织改革和技术创新，以扭转危机使企业渡过难关，从而保住自己的职位（王旭，2016；谷丰、张林和张凤元，2018），因此他们会积极推动企业的技术创新活动。

2. 高管薪酬与技术创新的行业层面分析

从企业所处行业来看，不同行业拥有不同的创新重点。行业的特质决定企业对技术创新的需求程度。Frenkel 等（2001）对比以色列和德国的工业公司，发现无论是哪个国家，高科技行业的创新研发支出都远高于传统行业。国内学者皮永华和宝贡敏（2005）调查结果显示电子业、环保业、计算机软件开发等行业的企业的研发强度显著更高。关于高管薪酬与技术创新之间的关系，从行业层面考虑的文献并不少，但大多是基于某一行业进行实证研究，如李春涛和宋敏（2010）、陈胜蓝（2011）、鲁桐和党印（2014）以及尹美群、盛磊和李文博（2018）等。

作为公司的人力资本，高管在促进企业技术创新方面发挥着重要作用。因此良好的薪酬激励有利于技术创新活动的开展。一方面，在技术密集型行业中，技术是公司的核心"产品"，技术创新是企业发展的动力。创新投入的产出效益更为明显，公司的章程制度也会以技术创新的推动为指导方向（鲁桐、党印，2014；尹美群、盛磊和李文博，2018），因此技术密集型企业的高管薪酬激励机制更加完善。徐海峰（2014）证实，高新技术企业的股权激励措施越来越广泛，激励措施的激励强度也逐年提高。另一方面，在技术密集型行业中，产品和技术的更新速度更快（刘运国、刘雯，2007），公司面临更激烈的市场竞争和更复杂的环境，这进一步刺激了高管的冒险意识，进一步推动技术创新活动的展开（皮永华、宝贡敏，2005）。

3. 高管薪酬与技术创新的区域层面分析

不同区域的制度环境有所不同，制度环境反映的是当地在基础设施、金融支持、产权保护及交易活动等方面的水平，这最终会影响当地企业内部的财务决策和财务行为。一方面，地理位置会显著影响高管薪酬，一般来说企业越接近中心城市，其 CEO 的薪酬越高（薛胜昔、李培功，2017）。另一方面，学者们已经证实不同地理区域的企业的技术创新水平存在差异。肖仁桥、陈忠卫和钱丽（2018）发现中国高技术制造业创新效率总体偏低，东部地区企业效率最高，其次是中部地区，而西部地区最为落后；秦青（2018）得到了与肖仁桥、陈忠卫和钱丽（2018）一样的结果；吴士健、张洁和权英（2018）发现东部地区企业的技术创新效率值比中部地区企业更高。然而关于高管薪酬与企业技术创新两者之间的关系是否会受到地理区域的调节影响，并无太多文献涉及。

科技部、国家发展改革委制定的《建设创新型城市工作指引》选择的区域分组指标是企业注册地是否为创新型城市试点。为了深入贯彻落实科学发展观，加快战略部署的实施，提高自主创新能力，建设创新型国家，充分发挥城市在推动自主创新、加快转变经济发展方式中的核心作用，国家科技部和发改委提议建立创新型城市。根据《关于进一步推进创新型城市试点工作的指导意见》，创新型城市被定义为具有较强自主创新能力、在科技支撑方面发挥主导作用、经济社会可持续发展水平较高、具有显著区域辐射带动作用的重要城市。2008年，深圳成为全国第一个国家创新型城市试点，后来陆续有更多的城市加入，截至2016年底，全国创新型城市试点已达61个。

2.3.3 高管薪酬结构内部关系与技术创新

如上述，高管薪酬一般由货币薪酬、在职消费和股权激励三个部分组成。本书关注的核心问题是不同薪酬形式之间的组合和安排如何系统地、共同地影响企业的技术创新。

现有文献的研究重点大多聚焦在货币薪酬与在职消费的相互关系上。然而对于货币薪酬、在职消费与股权激励三者的相互作用以及系统激励效果，目前的研究尚少。周仁俊、杨战兵和李勇（2011）研究了薪酬结构与经营业绩之间的相关性，包括货币薪酬、持股比例与在职消费。当货币薪酬高，在职消费低时，高管薪酬对绩效的激励作用最强，反过来货币薪酬低而在职消费高的薪酬结构的激励作用最弱。刘振（2012）基于2007—2010年A股上市公司1256份样本数据，研究结果如下：提高高管的持股比例可以鼓励高管增加投资，减少在职消费行为，从而提高公司业绩；而增加货币薪酬的效果恰恰相反。孙凤娥、苏宁和温晓菲（2017）认为，当高管显性激励（包括货币薪酬和高管持股）较低时，在职消费作为弥补，能对企业绩效产生正向的激励作用；但是，如果管理层权力增加，管理人员可能会通过在职消费的方式来获取个人利益，并损害股东的利益。

而关于高管薪酬结构内部关系与企业技术创新之间关联的文献更是少之又少。徐宁和徐向艺（2013）基于2007—2010年高科技上市公司的数据，发现货币薪酬、在职消费和股权激励的协同作用对企业技术创新产生了影响，而不是单一激励机制的作用。股权薪酬与货币薪酬互补，与在职消费之间却存在显著的替代关系。谷丰、张林和张凤元（2018）不仅对高管薪酬激励体系进行了整合思考，还新颖地以企业生命周期为观察视角，研究发现，不同生命周期的企业特征不同，高管薪酬与创新投资的关系也存在差异。在成长期阶段，以货币薪酬和在职消费为主导的薪酬形式，在促进创新投资上具有互补效应；成熟期企业三种薪酬两两互补，均对创新投资具有正向激励作用；而当企业处于衰退期时，在职消费能促进企业增加创新投资，三种薪酬之间仍然两两互补。

2.4 高管慈善捐赠行为与企业技术创新

2.4.1 相关概念界定

1. 企业社会责任

企业社会责任这一概念由奥利弗·谢尔顿（Oilver Sheldon）于 1924 年首次提出。但是，学术界认为对于这一概念最早进行系统性定义的是美国学者 Bowen。Bowen（1953）提出，企业管理者不仅对股东负责，也对员工、供应商、消费者、社区及普通大众负责，其应平衡企业相关群体的利益，代表企业积极回报社会，为社会大众创造福利，履行企业社会责任。

企业要成为社会责任担当者的观念在 20 世纪中期不断发展，慢慢形成了社会共识。其理论框架也在不断补充和完善，其中最具代表性的是 Carroll 的金字塔理论。Carroll（1979）提出的企业社会责任金字塔模型包括经济责任、法律责任、伦理责任和慈善责任四个方面。

2. 慈善捐赠

企业的慈善捐赠行为被定义为，企业在与他人没有明确利益牵扯的条件下，企业将经营所得自愿无偿赠予他人，以实现社会公益的目的（Bartkus，Morris，2015）。这种决策会直接给社会带来有利影响，并且可以让企业在自身利益与社会责任的良性互动中获取长远利益（Gautier，Pache，2015）。虽然企业的慈善捐赠行为具有社会公益的目的，但不能仅定义为是企业的公益表现，而应该允许企业将慈善社会责任作为追求经济长期利益目的所在（陈守明、周洁，2018）。

慈善捐赠作为企业社会责任的一部分，是帮助企业构建"亲社会"形象，获得利益相者支持的重要工具（Peloza，Hassay & Hudson，2015），为企业积累声誉（Godfrey，2005）、政治关系（Wu et al.，2021）等无形资源。

3. 融资约束

根据新古典经济学的 MM 理论，在理想的情况下，企业的融资方式不会影响企业的价值，不存在融资约束。但实际上的情况远没有那么理想，融资优序理论扩宽了 MM 理论的假定，基于信息不对称理论，并考虑到交易成本的存在，认为外部融资成本要高于内部融资成本，一些企业因外部融资成本过高而受阻，产生了融资约束。另外，Bernanke 和 Gertler（1990）指出外部投资者会因为代理成本，而要求公司给予更多承担风险的价格补偿，造成了企业的融资困境。

4. 企业技术创新

自熊彼特于1912年首次提出"创新理论"后，20世纪80年代，我国学者也开始研究企业技术创新（周璐、王前锋，2013）。周亚虹、贺小丹和沈瑶（2012）将创新投入、创新产出及创新绩效总结为企业的创新活动过程。首先，企业要投入研发资金和技术人才，不断积累各种知识和配套各种设备；其次，创新产出主要是产品的更新换代或生产技术的变化，以形成企业的专利产出；最后，创新绩效主要体现在企业价值增值上。

2.4.2 慈善捐赠与企业技术创新的理论基础

1. 声誉信息理论

Shapiro（1983）指出声誉信息理论注重声誉的传送功能，认为声誉通过信号传递形成，是企业重视的无形资产之一。声誉信号具备了降低信息不对称和交易成本等特点。企业承担慈善捐赠责任，一方面会为其建立良好的声誉，树立良好的企业形象（Ali，Danish，2020），释放财务状况良好的积极信号，提升企业财务透明度，进而获取外部投资者和金融机构的资金（Brammer et al.，2006）；另一方面当企业面临负面消息时，也可以利用声誉保险机制尽可能挽救企业的声誉损失，充分发挥声誉保险作用，给企业带来间接利益（傅超、吉利，2017）。

2. 资源依赖理论

资源依赖理论是组织理论的延伸，该理论强调了组织的生存依赖于环境。Pfeffer 和 Salancik（1978）认为企业存在于一个开放的环境中，其重要目标是生存。企业为了避免来自外部环境变化的影响，常常会使用交换的方式获得关键性资源。基于资源依赖理论，慈善捐赠往往被当作企业获得政府补助、税收优惠的一种方式（徐顽强，2012），并且政府补助具有积极和监督信号功能，能传递给投资者，在一定程度上帮助投资者避免可能出现的道德风险，助力企业吸引股权融资和债权融资，缓解融资困境（郭玥，2018）。除此之外，学者们还探究了慈善捐赠如何获得其他内部利益相关者的资源（陈守明、周洁，2018）。企业创新活动周期长、风险大，有安全感的员工能克服创新带来的不确定性，从而有利于企业创新活动的开展（吴迪、赵奇锋和韩嘉怡，2020）。

3. 战略慈善理论

战略慈善理论同时关注社会责任和经济目标，认为企业慈善捐赠是一种双赢的战略，助力企业提升市场战略地位，获得企业声誉及其他社会资本等战略性资源，并最终增强企业市场竞争力（Zhang，Zhu，2010；Rui，Zeyu，2021）和其企业绩效（Godfrey，2005）。在以往学者的研究中，企业在进行慈善捐赠后，都直接或间接地获得利益，这样的经济结果会促使企业将慈善捐赠作为企业的战略考虑。Smith（1994）研究发现战略性慈善捐赠能够提高品牌认知度和研发人员的研发效率，减少研发成本。资源依赖理论为战略慈善理论提供了基础。战略慈善的核心就是企业通过慈善捐赠能从外部利益相关者中获取人力资本、财力资本、政府资源等来巩固企业的资源基础，进而缓解资源约束。

2.4.3 慈善捐赠与企业技术创新

1. 慈善捐赠对企业创新存在促进效应

慈善捐赠作为企业社会责任的最高形式，受到了众多学者的关注。部分学者认为企业实施慈善捐赠有利于获得外界的支持，吸引更多的发展资源，进而促进企业技术创新。

一方面，是通过资源机制促进企业创新。企业积极履行社会责任，可以不断提升客户的满意度，保障政府等外部利益相关者的利益，有助于缓解融资约束。企业社会责任的履行会为企业建立良好的声誉，相关研究如：金宇、王培林和李田（2018），Saxton 等（2019），欧锦文、陈艺松和林洲钰（2021）。此外，根据资源依赖理论，企业还可以帮助政府负担一部分社会救助压力，以此获取政府在企业创新方面的帮助，进而降低企业的研发成本，促进企业创新投入及产出（戴亦一、潘越和冯舒，2014；Hong，2015）。

另一方面，是通过竞争机制促进企业创新。现有研究表明，慈善捐赠有助于企业提升自身的竞争优势（李文茜、刘益，2017）。根据战略慈善理论的观点，企业的慈善捐赠是作为其长期发展的一种战略手段，通过此行为树立企业良好的道德形象。企业承担慈善捐赠的行为经过信号传递后，更可能获得利益相关者信任、政府支持（戴亦一、潘越和冯舒，2014）等无形的战略资产，这些战略资源也会成为企业自身独特的优势，助其提高市场竞争力，进而影响企业的创新活动。

2. 慈善捐赠对企业创新存在抑制效应

也有研究发现，企业履行慈善捐赠行为会对企业的技术创新产生抑制作用。企业慈善捐赠与技术创新都是企业发展的重大决策，都需要企业的资金投入。鉴于信息不对称理论以及交易成本，企业的内部融资成本相对外部融资较低，使用灵活自主（Myer，Majluf，1984），而慈善捐赠是企业的一笔营业外支出，会使企业的内部现金流出，加剧其内部融资压力（Manso，2011）。所以慈善捐赠会侵占公司的内部资源，给企业的财务造成一定压力。此外，技术创新活动资金消耗大，收益具有不确定性的特点也会进一步加剧企业的财务压力。因此在资源不充足的条件下，企业的慈善捐赠行为会抑制企业的创新活动。沈弋、徐光华和钱明（2018）研究表明企业的慈善捐赠战略和创新项目都体现出对公司内部资源的竞争，所以二者之间呈现挤出效应。

另外，基于代理成本理论，企业管理者很可能将慈善捐赠作为一种提高自己社会声誉的手段，占用了企业的部分资源，导致代理成本的增加，抑制了创新产出（郭桂华、崔业成，2019）。

3. 慈善捐赠对企业创新存在倒 U 形关系

另一项研究发现，企业的社会责任与技术创新之间存在倒 U 形关系，企业要想实现声誉、创新资源双赢的局面，就要合理安排慈善捐赠活动，否则就会降低技术创新产出（陈钰芬、金碧霞和任奕，2020）。张振刚、李云健和李莉（2016）的研究也表明慈善捐赠在中等水平时，能够有效帮助政府分担社会救助等责任，进而从政府手中获取科技资源，提升企业创新产出。

2.4.4　慈善捐赠与融资约束

1. 慈善捐赠动机

企业社会责任具有多维度形式，慈善捐赠作为最高的表现形式，越来越受到企业的重视，可以助力企业改善绩效，获得自身发展所需的关键资源（张振刚、李云健和李莉，2016）。现有研究表明，企业从事慈善捐赠可能出于不同的动机。因此，本书将对以下四个捐赠动机进行梳理。

一是利他动机。持利他动机的学者认为慈善捐赠是一种不求外部奖励，体现良好社会公民形象的行为（Campbell et al.，1999；Armin Falk，2004）。富有社会责任感的企业会在满足相关利益者诉求和追求经济利益最大化目标后，再自愿承担慈善责任（Carroll，1991）。由于慈善责任并非强制承担，企业的慈善捐赠行为富含利他精神。而企业进行捐赠的决策也会受到高管特质的影响，比如企业高管的"性本善"思想会更倾向于利他行为，因此企业参与捐赠的可能性增加（张晨、傅丽菡和宝红，2018）。

二是政治动机。中国正处于制度变迁中，政府仍然对经济资源配置有着核心主导地位（沈弋，2020），而政府是企业重要的外部利益相关者。政治关联有助于触发政府的偏袒效应（张丹妮、周泽将，2017），可从政府手中获取更多补贴。慈善捐赠所形成的政企关联在国有企业中尤其突出（张敏、马黎珺和张雯，

2013）。企业进行慈善捐赠可以获取政府的科技资源，进而提升创新绩效（张振刚、李云健和李莉，2016）；可以分担政府压力，满足政策要求，获取更多的金融资源，带来融资便利（戴亦一、潘越和冯舒，2014；李维安、王鹏程和徐业坤，2015）。

三是战略动机。哈佛大学著名竞争战略学者波特于2006年提出"战略性企业社会责任"观点后，企业社会责任就成为提高企业市场竞争力的战略层次（陈莞和张烨桢，2020）。战略慈善理论认为捐赠有利于企业提升其在市场中的战略地位，积累企业声誉，以及获得财力资本等战略性资源，并最终增强企业市场竞争力（Zhang，Zhu，2010）和企业绩效（Godfrey，2005）。周虹、李端生和张苇锟（2019）指出当消费者了解到企业的战略性慈善活动时，将对企业绩效具有促进作用。张建君（2013）发现，慈善捐赠是增加市场潜在客户与社会大众的好感、树立企业良好形象、提升企业竞争力的一种战略方案和营销策略。

四是管理层自利动机。王娟和潘秀丽（2018）指出企业管理者可通过慈善捐赠行为，向社会大众展示企业的积极形象，获取大众的好感，以此达到一种利己行为的印象管理计划。王辉（2011）也表明企业管理者想要利用捐赠来扩大自己的知名度和号召力。

2. 慈善捐赠缓解融资约束的路径

Roberts（2010）发现企业是否具有强烈社会责任感，是影响银行放贷决策的因素之一。所以，企业社会责任意识越强，体现的社会责任担当越明显，受到的融资约束越少（沈艳、蔡剑，2009；刘柏、刘畅，2019）。其中企业承担的慈善捐赠责任对于缓解融资约束起到了重要作用。本书通过对相关文献的梳理，发现学者们认为企业履行慈善捐赠责任能缓解融资约束的主要路径有三条。

第一条是基于信息不对称理论。雷振华（2014）指出如果企业将社会责任信息披露作为公司治理机制之一，那么企业发布社会责任报告信息，使得投资者能更加了解企业的运营及发展情况等信息，并做出业绩预测，从而帮助投资者坚定投资信心，缓解企业的融资困扰（Hadlock，Pierce，2010）。进一步地，钱明等（2017）指出如果民营企业选择自愿性披露而非被动性披露，也可使外界获取企业更多信息，增加向政府、债权投资者及股权投资者融资的可能性。所以，企业披露慈善捐赠信息，有助于向投资者传递企业经营良好的信号，降低信息不对称，为企业带来融资便利（赵红建、范一博和贾钢，2016）。

第二条是基于声誉信息理论。Elkington（1998）发现承担社会责任是企业用来打造良好形象以及扩大企业品牌知名度的手段。信誉担保使得企业更容易获得融资（Saxton et al.，2019）。良好的社会声誉具有保险性质，是企业良好的防御策略，增强了企业抵抗负面风险的能力，避免企业陷入财务困境以及免于经营压力，从而缓解融资约束（Lee，Faff，2009）。而慈善捐赠作为企业社会责任表现之一（Godfrey，2005；Koehn，Ueng，2010），其传递出的声誉信号有益于增加民营企业获取银行贷款的可能性（Su，He，2010）。进一步地，胡浩志和张秀萍（2020）发现参加扶贫的企业提高了声誉并传递出财务状况稳健的信号，从而能够增强资本市场的信心，缓解融资困扰。

第三条是基于社会交换理论。金明伟（2006）提出企业是社会交换行为的参与者。从企业的经济目标出发，企业参加社会交换是想要达到增加企业价值的目的。顾雷雷、郭建鸾和王鸿宇（2002）发现企业想要获取战略资源时，可利用社会责任这一战略手段与利益相关者交换资源。例如，政府是企业的重要外部利益相关者，与政府建立政治关联的主要目的是获取资源来缓解融资困境（于蔚、汪淼军和金祥荣，2012）。而企业的慈善捐赠行为可被当作建立政企关系，进而达到资源互换目标的战略决策（戴亦一、潘越和冯舒，2014）。由此，企业可通过慈善捐赠与政府交换资源，获得政府的融资支持（Li，Zhang，2010；李维安、王鹏程和徐业坤，2015）。

综上，可以看出，企业可能出于不同的动机进行慈善捐赠。但不管动机如何，都是造福社会的。慈善捐赠体现了企业的社会责任担当，更容易获得大众的认可，增加自身的声誉优势和融资优势，从而更容易吸引外部融资，解决企业的融资约束难题。因此，研究企业的慈善捐赠行为对于缓解企业融资约束起到重大作用。

2.4.5 融资约束与企业创新

企业的经营活动离不开创新，创新作为一项资源消耗性活动，离不开大规模资金的长期投入支持，所以，相比于其他的投资活动，融资约束对企业的创新水平的影响可能更为关键。由于研发活动周期长，从产品原型开发、试生产，到市场检验，再到产品的销售，每个阶段都需要资金的投入，任一阶段得不到资金支持，可能会导致研发活动的中断（蔡地、万迪昉和罗进辉，2012）。面对大量的资金需求，单靠企业的内部融资无法满足，从外部融资成为企业创新的重要来源（Czarnitzki，Hottenrott，2011）。然而，由于创新模仿便利，企业不愿提供更多的技术创新信息给投资者，由此导致的信息不对称会影响投资者的决策，再加上创新项目具有难度，失败可能性极大，因此融资约束一直是困扰企业研发投资的难题（Hall，Lerner，2009；何瑛、于文蕾和戴逸驰，2019）。

在我国转型经济背景下，四大国有银行仍然具有非常多的金融资源。但由于以银行为首的债权人更偏好于将固定资产作为企业贷款担保，而企业研发成果是无形资产，可能会因为新技术的出现而使该资产慢慢贬值，所以企业想用这类无形资产作为抵押品会极大增加获得银行贷款的难度（严若森、姜潇，2019）。另外，银行对民营企业有着明显的信贷歧视（李广子、刘力，2009）；陈爽英、井润田和龙小宁（2010）也表明我国有很多中小民营企业，其可做抵押品的固定资产有限且信息不透明度高，造成了其外部融资难度高。由此看来，我国企业即使有意愿进行技术创新获取更高利润，提升竞争优势，也可能会因为融资约束而中断研发活动，这在一定程度上反映了抑制我国企业技术创新的重要因素就是融资约束。

2.4.6 慈善捐赠、融资约束与企业创新

从以上梳理的文献看，企业履行慈善捐赠能提高企业的创新能力，同时融资约束是影响企业创新的重要因素，从外部获取融资，能够给企业提供研发的资金。近年来，有部分学者研究了企业履行社会责任的行为对企业创新的影响路径。

吴迪、赵奇锋和韩嘉怡（2020）研究了企业社会责任对创新的三种影响机制，表明企业的社会责任行为能够让员工感知到企业的责任心进而增强其安全感，能使管理层更注重企业的长期发展以及能缓解融资约束，进而促进企业创新产出。朱永明和刘敏（2019）研究表明企业社会责任行为对研发投入的积极效应在一定程度上是通过融资约束实现的，且中介效应在民营企业中更加显著。冷建飞和高云（2019）发现中小板企业披露的社会责任信息质量越高，其创新持续性就越长，但只能在一定程度上缓解企业创新项目面临的融资困境。金宇、王培林和李田（2018）研究发现慈善捐赠主要是通过缓解融资困境来增加企业的研发投入，而竞争优势并不是有效促进企业研发投入的作用路径。郭桂华和崔业成（2019）则表明了政府补助在慈善捐赠促进创新投入这一作用路径上发出了利好的信号，容易吸引更多的资源。

2.4.7 文献述评

近年来，随着企业和国家对企业社会责任的重视，学者们也对企业社会责任进行了广泛研究，结合国家创新驱动发展战略背景，也有许多学者研究了企业社会责任与企业技术创新之间的关系。慈善捐赠责任作为最高表现形式，也越来越让企业认识到其重要性。

现有文献以声誉信息理论、资源依赖理论和战略慈善理论为基础，指出企业

进行慈善捐赠可通过获取资源、提高竞争优势来促进企业技术创新。但也有学者基于资源有限、代理成本理论指出企业进行慈善捐赠会抑制企业的创新活动。由于不同学者所基于的理论不同以及指标选取的多样化等因素，所得结论仍未达成一致。

创新活动资金投入大、投资收益不确定性高等特点导致了企业的创新活动相比其他投资活动更容易面临融资约束困境，抑制了企业的创新和竞争力的提升。而已有研究表明慈善捐赠的动机主要是政治动机和战略动机等，基于信息不对称理论、声誉信息理论，企业履行慈善捐赠责任能积累声誉。这种声誉信号更容易从金融机构融资，增强资本市场的投资意愿，降低了信息不对称所引起的投资决策风险。基于社会交换理论，慈善捐赠能加强与政府的关系，获取政府补贴等资源。综上，企业进行慈善捐赠在一定程度上可以缓解企业的融资约束，而融资约束又是影响企业创新的重要因素，因此履行慈善捐赠责任很可能通过缓解融资约束的路径对企业技术创新有间接促进作用。

以上的文献为本书的研究奠定了基础，但同时仍然存在以下思考：①现有文献虽对慈善捐赠责任对技术创新的作用机理进行探讨，但研究仍然较少。融资约束在慈善捐赠责任与技术创新之间是否发挥桥梁作用还需进一步研究。②已有研究表明慈善捐赠可以通过缓解融资约束进而促进企业创新，但并未对融资渠道的效应进一步分析，郭桂华和崔业成（2019）则仅研究了政府补助这一个外部融资渠道来反映这二者之间的关系。金宇、王培林和李田（2018）也只是表明了慈善捐赠可获得外部融资，进而促进企业创新投入。孙红莉（2019）也仅从债权融资和外部投资者渠道表明了二者之间的关联性。所以，本书将通过外部融资渠道细化这一研究，将慈善捐赠行为、股权融资、债权融资以及政府补助等外部渠道和技术创新放在同一框架内做进一步研究。

2.5 小结

根据上述国内外的现有文献，本书拟在管理者异质性的研究基础上，基于我国特殊的制度环境，从多维度的高管特征视角来对现有研究进行拓展和补充，试图厘清高管决策行为对企业技术创新及其经济后果的作用机理，从而丰富相关的研究成果。

3

高管特征、 制度环境对企业技术创新的
作用机理研究——基于高管性别的行为视角

基本研究框架

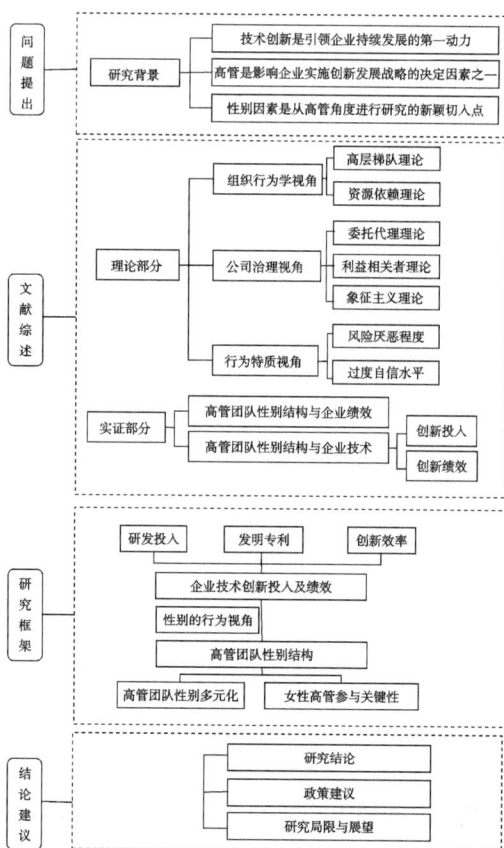

图 3-1 基于高管性别的行为视角的基本研究框架

3.2　研究假设

3.2.1　高管团队性别结构、关键性职位与风险厌恶程度

基于性别差异理论，男性与女性具有独立的性别角色，男性通常更具有攻击性、成就取向、支配性、自制性、坚韧性，他们更为激进也更爱出风头，而女性经常被认为更加恭顺、从属和自卑（Croson，Gneezy，2009）。女性高管自身受到性别的影响，经常感到风险存在，工作中相对低调、谨慎，对安稳环境的需求远远高于男性。因此，从总体层面上看，当高管团队中女性的绝对数量或相对比例增加时，女性化的性别角色会占据上风，女性个体的行为特征随之强化（Nelson，Julie，2015），提高企业的风险规避程度，促使企业做出更为稳健的战略规划（Charness，Gneezy，2012）。因此基于性别差异理论，女性参与高管团队及担任关键性职位会增强企业的风险厌恶程度。

然而，随着社会的不断进步和思维模式的逐渐进化，女性慢慢从"男主外女主内"的传统思想桎梏中解脱出来，商业世界中女性的身影频现，越来越多具有卓越实力的女性领导者凭借自身的努力攀登到了职业金字塔顶端，传统的性别感知、性别认同等理论已经无法适应时代的潮流。Constantinople（1973）提出了性别角色理论，认为一个人可能同时具有男性气质和女性气质，它摒弃了传统的与生理特征相关的观念，认为这种进化源于社会文化环境。性别角色的认知是影响女性人格特征塑造，进而影响高管决策偏好的重要前置因素（熊艾伦、王子娟、张勇和李宏毅，2018）。能够承担高级管理职务的女性与普通女性相比具有不同的品质和经历，特别是在经历过许多困难后成为高级管理人员的女性更具有男性特质，因为她们付出了更多的努力，更加辛勤地工作，练就了比一般女性更加坚韧和刚毅的性格，风险承担意识自然更强（Schein，1973）。可以这么说，风险承担水平更高的女性更容易成为高级管理人员，成为高级管理人员这一事实更进一步地加强了其风险承担水平（周泽将、刘文惠和刘中燕，2012）。除了这一因素之外，是否接受教育以及受教育程度也会影响女性的风险承受能力。Johnson和Powell（1994）将研究样本分为两类，一类未接受过教育，一类接受过教育，实验发现，在未接受过教育的这类群体当中，男性的风险承担能力显著高于女性，然而在另一类群体中，这种效应便不复存在。身居高位的女性管理者的受教育程度高是毋庸置疑的，因此风险承担能力会更强。李彬、郭菊娥和苏坤（2017）的实证研究也表明，CEO 为女性的企业，其高管团队的风险承担能力显

著高于 CEO 为男性的企业。因此基于性别角色理论，女性参与高管团队及担任关键性职位不会增强企业的风险厌恶程度。

综上所述，本部分提出假设 1：

$H1a$：基于性别差异理论，女性参与高管团队及担任关键性职位会增强企业的风险厌恶程度。

$H1b$：基于性别角色理论，女性参与高管团队及担任关键性职位会减弱企业的风险厌恶程度。

3.2.2 高管团队性别结构、关键性职位与过度自信水平

从性别行为特征的角度来看，人们在做出经济决策时并不理性，男性往往比女性更过于自信。在"人人贷"投资者中，男性换手率比女性高 167 基点，年化投资收益率低 24 基点（高铭、江嘉骏、陈佳和刘玉珍，2017）。通过梳理最新的心理学和社会学研究成果发现，影响个体自信水平的因素主要包括刻板印象和校准误差两项，相比于女性，男性的自信程度更高，原因之一在于，在一些相关领域中，与女性相比，男性通常被认为是强者；另一方面的原因在于，相比女性，男性更加不理性，这一不理性的行为将直接导致男性对其能力的估计更脱离其真实状况（Bordalo，Coffman，Gennaioli & Shleifer，2017）。与此同时，随着外部竞争环境的加剧，这种差异将会被放大。由于过度自信和较高的风险承受能力，男性可能会采取比女性更为激进的积极型策略，反而会放弃在某种程度上可能更适合于企业长远发展的稳健型策略，从而易使企业遭受损失（张琨、杨丹，2013）。因此，当企业的高管团队在性别上具有异质性时，由于男性成员和女性成员在过度自信水平上存在差异，女性高管可能会抑制团队决策的男性思维，女性高管的存在减少了上市公司高管团队整体过度自信的可能性。因此基于性别的刻板印象和校准误差，女性参与高管团队及担任关键性职位会降低高管团队的过度自信水平。

然而，基于象征主义理论，企业在任命女性担任高级管理职位时，可能仅仅是想通过"女性"这一信息来向社会传达一个信号，即女性被"符号"化了，此时女性成员对高管团队的行为和效率的影响实际上非常有限（王明杰、朱如意，2010；Liu，Wei & Xie，2014；Low，Roberts & Whiting，2015）。即使女性过度自信的程度低于男性，但是考虑到个体对群体的影响力问题，并结合女性管理人员在商业实践领域经常面临的"玻璃天花板"现状，除非在高管团队这个群体中女性足够有"分量"，拥有实质性的话语权，否则形单影只的女性管理者只会是一个象征（胡琦、周端明，2016），掌控话语权的依然是男性，女性高管的

存在并不会对高管团队整体的过度自信水平产生足够的影响。因此基于象征主义理论，女性参与高管团队及担任关键性职位不会降低高管团队的过度自信水平。

综上所述，本部分提出假设2：

H2a：基于性别的刻板印象和校准误差，女性参与高管团队及担任关键性职位会降低高管团队的过度自信水平。

H2b：基于象征主义理论，女性参与高管团队及担任关键性职位不会降低高管团队的过度自信水平。

3.2.3　高管团队性别结构与企业技术创新投入及绩效

1. 高管团队性别结构与企业技术创新投入

基于高层梯队理论，高管团队作为企业战略决策的制定者，其自身的团队结构、行为习惯及认知方面的差异性是决策制定的重要影响因素（王雪莉、马琳和王艳丽，2013）。由于人的有限理性，性别不同的高管团队成员在思维和认知等方面具有异质性，这将导致他们在决策行为上产生差异，从而影响组织的决策行为（Hambrick，1984；Post，Byron，2015）。女性的心思细腻，善于从以往工作中积累经验，与男性在情感偏好和价值观念等方面具有显著不同，可以给企业带来创新性的观念和方法，拓宽高管团队的整体思路，为企业进行技术创新提供机会。另外，高管团队性别多元化程度的提升也可以促使团队氛围更加和谐，提升团队工作的效率，在改善创新活动和提高创新能力方面起到了积极作用（卫旭华、刘咏梅和岳柳青，2015；杨萱、罗飞，2016）。可以说，高管团队中女性成员的加入，对于企业进行技术创新活动有益。因此基于高层梯队理论，女性参与高管团队会提升企业技术创新投入。

然而，从行为特质的视角来看，女性高管由于受到性别的影响，经常感到风险存在，工作中相对低调，事事谨慎，强调"规则"的重要性，相比于风险度高、创造性强的复杂性质的工作，她们更愿意接受标准化和定型化的工作，对安稳环境的需求远远高于男性（聂志毅，2010），这在一定程度上削弱了企业开展技术创新活动的意愿。相对于其他投资项目而言，企业的研发创新活动是风险更高的投资项目，随着企业内部员工性别多元化程度的提高，企业更有可能会减少对研发创新等高风险项目的投资（李后建、刘培森，2018）。因此基于女性厌恶风险的行为特质，女性参与高管团队会降低企业技术创新投入。

综上所述，本部分提出假设3：

H3a：基于高层梯队理论，女性参与高管团队会增加企业技术创新投入。

H3b：基于女性厌恶风险的行为特质，女性参与高管团队会降低企业技术创

新投入。

2. 高管团队性别结构与企业技术创新绩效

基于资源依赖理论，性别多元化的高管团队可以为企业提供有价值的资源，如人力资源和社会资源等。在企业高层管理团队中加入适当数量的女性成员对调节其性别结构有益，能够形成一个异质化的高管团队，为企业带来不同的认知框架和思维模式，扩展高管团队成员的知识广度，提高战略决策的质量（Post，Byron，2015；纪成君、邹菡，2016）。同时，不同性别的高管往往会从自身社会认知的角度思考问题，对同样一个问题有着多元化的见解，碰撞出更多思维火花，这将有利于提升高管团队的创造力（欧阳辰星、游达明、李龙和潘攀，2017），进而对企业技术创新绩效产生积极影响。因此基于资源依赖理论，女性参与高管团队会增加企业技术创新绩效。

然而，从企业技术创新自身的特征来看，进行创新活动充满着不确定性，失败的风险很高。而受性别因素的影响，女性高管的风险承担能力要低于男性，她们倾向于更大程度的风险规避（Khan，2013），因此在制定战略决策时，女性高管更乐于接受确定性强的项目，而对高风险的技术创新项目具有天然的抵触心理，从而对其采用规避的方式（Croson，Gneezy，2009）。从社会对女性的刻板印象看，中国上千年的封建思想桎梏在现代社会依然存在，受到"男尊女卑""女子无才便是德"等传统观念的影响，女性在自我认知、获取工作机会以及晋升等方面受到严重阻碍，这些性别偏见同样也限制了女性的创新创业发展，使其在创新等风险与技术含量"双高"活动上的表现比男性要差，不利于创新绩效的提升。另外，多元化所带来的影响也不一定是完全积极的，过度的异质性可能会对研发团队的表现造成不利影响（Marian，Ferdaous & Marco，2017）。因此，女性加入企业高管团队可能对企业技术创新绩效有害。基于女性较弱的风险承担能力及性别的刻板印象，女性参与高管团队会降低企业技术创新绩效。

综上所述，本部分提出假设4：

H4a：基于资源依赖理论，女性参与高管团队会提升企业技术创新绩效。

H4b：基于女性较弱的风险承担能力及性别的刻板印象，女性参与高管团队会降低企业技术创新绩效。

3.2.4 高管团队性别结构、关键性职位与企业技术创新投入及绩效

前文讨论了企业高管团队中女性的存在和占比对技术创新投入及绩效的不同效应，那么，当关注对象是高管团队这个整体时，高管团队性别结构中不仅应该考虑性别多元化程度，还应该考虑女性高管所处的关键性职位，即当女性高管处

于不同的关键性职位时上述效应可能更加显著。

1. 高管团队性别结构、关键性职位与企业技术创新投入

基于资源依赖理论，组织的生存需要从周围环境中吸取资源，有别于组织中的其他成员，具备一定资源的成员显得尤为重要。性别多元化的团队可以为企业提供宝贵的资源，进而可以解决一部分企业进行技术创新投入面临的难题，例如拥有政府资源的企业可以通过政府补助缓解融资约束对研发投入的抑制效应，降低企业进入新兴产业的壁垒（黎文靖、郑曼妮，2018）。且企业女性高管的平均教育程度普遍较高（任颋、王峥，2010），一般而言，具有较高教育水平的人拥有较高的人力资本和社会资本水平（张娜，2013），这将为企业带来更多资源，为企业进行技术创新提供更为有利的条件。尤其是当女性担任不同关键性职位时，这种资源纽带的正向效应可能会更加显著。研究表明，董事长为女性的公司相比董事长为男性的公司，其业绩表现更加突出（Jiang，Kang & Zhu，2018）。因此基于资源依赖理论，女性参与高管团队并担任关键性职位会增加企业技术创新投入。

考虑到企业对技术创新的投入程度与企业决策者对待研发活动的态度具有很强的关联性，且女性具有保守谨慎、喜好安稳、规避风险等特征，这些行为特征也可能成为影响高管团队决策，进而阻碍企业进行技术创新投入的重要因素。尤其是当女性担任关键性职位时，该抑制效应可能会增强。例如，CFO 为女性的上市公司，其真实盈余管理水平要低于 CFO 为男性的上市公司，且女性 CFO 对公司的管理防御程度更高，资产减值准备的计提量更高（李晓玲、胡欢和程雁蓉，2015；董盈厚、盖地，2017）。女性董事风险规避的行为特质也可以控制企业的经营风险，减少企业的非效率投资等（彭中文、刘韬，2017）。因此基于女性厌恶风险的行为特质，女性参与高管团队并担任关键性职位会降低企业技术创新投入。

综上所述，本部分提出假设5：

H5a：基于资源依赖理论，女性参与高管团队并担任关键性职位会增加企业技术创新投入。

H5b：基于女性厌恶风险的行为特质，女性参与高管团队并担任关键性职位会降低企业技术创新投入。

2. 高管团队性别结构、关键性职位与企业技术创新绩效

基于利益相关者理论，性别多元化以及将女性纳入高管团队可以被理解为企业履行社会责任的重要指标，也是利益相关者导向企业的一个标志，社会责任意识高的公司会被认为管理有方，投资者不太可能对不利的公司特定事件做出负面反应（Godfrey，2005），对企业创新绩效有益。另外，一个性别平衡的决策团队

对利益关系的权衡也更为全面，这有利于高管团队将对技术创新的投入转化为实际生产力，提升创新效率。尤其是当女性担任关键性职位时，组织中女性的声音才会更容易被重视和听取，这样会克服女性通常面临的"玻璃天花板"的障碍，降低象征主义的负面影响（Low，Roberts & Whiting，2015）。因此基于利益相关者理论，女性参与高管团队并担任关键性职位会增加企业技术创新绩效。然而考虑到技术创新活动的高风险性和不确定性，女性由于其较低的风险承担能力以及对标准化或定型化工作的偏好，可能在非常规化的研发活动中表现不佳，削弱企业的创新绩效。因此基于创新活动本身的性质及女性较弱的风险承担能力，女性参与高管团队并担任关键性职位会降低企业技术创新绩效。

另外，不同的企业高管团队的关键性职位对应的职能特征具有差异性，对企业技术创新绩效的影响也会有所不同。例如考虑独立董事这一关键性职位时，一般认为独立董事作为高学历、高职称及专家的代表，他们更倾向于鼓励企业创新。且作为高级知识分子，独立董事富有远见和专业精神，他们可以使得公司决策更加科学，带来更有效的创新产出（秦兴俊、王柏杰，2018）。而独立董事中女性的加入增加了思维方式、专业领域、职业经验以及情感偏好等方面的多样性，能提出更多决策备选方案建议，对企业技术创新绩效有益（欧阳辰星，2017）。也有一些研究发现，女性董事对公司财务业绩有不利影响，但是女性首席执行官和女性首席财务官与公司财务业绩显著正相关（宋迎春，2014）。

综上所述，本部分提出假设6：

H6a：基于利益相关者理论，女性参与高管团队并担任关键性职位会增加企业技术创新绩效。

H6b：基于创新活动本身的性质及女性较弱的风险承担能力，女性参与高管团队并担任关键性职位会降低企业技术创新绩效。

3.3 研究设计

3.3.1 样本选择和数据来源

本部分选取2009—2016年所有A股上市公司作为样本，并做如下样本筛选：①剔除高管关键信息缺失的样本；②剔除研发支出、专利数量缺失的样本；③剔除主要财务数据、财务指标缺失的样本；④对出现异常值的连续变量，采用其分布1%及99%分位上的缩尾方法（Winsorize）进行调整。所有数据均根据RES-SET、CSMAR、Wind等数据库的资料整理而成，数据的统计与分析工作均在

Stata 14软件中完成。

<h3>3.3.2　因变量定义</h3>

1. 风险厌恶程度

企业风险厌恶程度即企业的风险承担水平,风险承担水平越高,即风险厌恶程度越小。参考辛清泉、林斌和王彦超（2007）以及权小锋、吴世农和文芳（2010）的研究方法,本部分采用资产收益率波动以及经行业、年度均值调整后的资产收益率最大值与最小值之差来衡量企业风险厌恶程度,指标数值越大,企业的风险承担水平越高,亦即风险厌恶程度越低。具体计算方法如下。

（1）资产收益率波动（$Risk1$）。

首先,根据模型 3.1 计算经行业和年度均值调整后的资产收益率（PA_{ijt}）:

$$PA_{ijt} = \frac{EBIT_{ijt}}{A_{ijt}} - \frac{1}{n}\left(\sum_{k=1}^{n_{jt}} \frac{EBIT_{kjt}}{A_{kjt}} \right) \tag{3.1}$$

其次,以 5 年期为一个观察阶段（$T=5$）,在观察阶段滚动计算 PA_{ijt} 的标准差,该标准差即为企业风险承担水平（$Risk1_i$）,具体计算如模型 3.2 所示:

$$Risk1_i = \sqrt{\frac{1}{T-1} \times \sum_{t=1}^{T}\left[PA_{ijt} - \frac{1}{T}\left(\sum_{t=1}^{T} PA_{ijt} \right) \right]^2} \tag{3.2}$$

其中,$EBIT$ 为息税前利润;A 为资产总额;i、j、t 分别为公司、行业、年份;n 为在第 t 年 j 行业中的公司总数。

（2）经行业、年度均值调整后的资产收益率最大值与最小值之差（$Risk2$）。具体计算如模型 3.3 所示:

$$Risk2 = \max(PA_{ijt}, PA_{ijt+1}, \cdots, PA_{ijt+T}) - \min(PA_{ijt}, PA_{ijt+1}, \cdots, PA_{ijt+T}) \tag{3.3}$$

其中,观察阶段采用年度滚动法,例如,第一阶段为 2005—2009 年,计算 2009 年企业风险承担水平;第二阶段为 2006—2010 年,计算 2010 年企业风险承担水平;第三阶段为 2007—2011 年,计算 2011 年企业风险承担水平;以此类推。

2. 过度自信水平

本部分参考余明桂、夏新平和邹振松（2006）以及 Lin,Hu 和 Chen（2005）

的研究方法，根据上市公司对年度业绩预告的变化程度来衡量其高管人员是否过度自信。本部分选择 2010—2017 年在一季报、半年报、三季报及年报中披露了业绩预告的公司作为样本选择的对象。业绩预告包括两类，涵盖 8 种：略增、续盈、预增、扭亏（乐观）；略减、预减、首亏、续亏（悲观）。本部分选取第一类，即前四种乐观预期为样本，若实际业绩与企业预告的业绩产生差异，则将其视为过度自信，产生差异的类型主要包括：预期乐观，但实际发生了亏损，或实际的盈利水平降低；预期增加，但实际的增长幅度低于一季报、半年报、三季报及年报中预期的增长幅度等。

3. 企业技术创新投入及绩效

参考陈隆、张宗益和杨雪松（2005），刘胜强和刘星（2010）等的做法，企业技术创新投入用研发支出（取其自然对数）来衡量。企业技术创新绩效包括创新产出和创新效率两个方面，创新产出是一个绝对数指标，参考党建民、李强和邹鸿辉（2017）的做法，以企业的发明专利申请数量衡量创新产出。而创新效率是一个相对数指标，本部分通过"新增发明专利数量/t 年研发支出的自然对数"来衡量企业的创新效率。

3.3.3 自变量定义

1. 性别多元化

本部分不仅采用高管团队女性占比来衡量高管团队性别多元化还兼顾物种或群落多样性概念的"种类"与"平衡"两个属性，分别采用 Blau 指数（Blau，1977）和 Shannon 指数（Pielou，1966）等评价指标，指标数值越大，表明高管团队性别多元化程度越高。两种指数的具体计算方法如下：

Blau 指数 $= 1 - \sum_{i=1}^{n} P_i^2$，其中 P_i 是每种性别人数在总数中的占比，n 为性别的种类。

Shannon 指数 $= -\sum_{i=1}^{n} P_i \ln P_i$，其中 P_i 是每种性别人数在总数中的占比，n 为性别的种类。

2. 关键性职位

关键性职位具体覆盖企业"董、监、高"三个层面，其中，女性在董事会中担任的董事长、独立董事与董事，在监事会中担任的监事长与监事，在管理层中担任的首席执行官（CEO）与首席财务官（CFO）等关键性职位，分别依次对应了执行与指挥、监督、管理三种企业决策类型。本部分考察以上提到的七种关键性职位，构造七个虚拟变量，若该关键性职位中有女性，取值为 1，否则为 0。

3.3.4　控制变量定义

本部分选取的控制变量包括企业年龄、企业规模、资产负债率、高管薪酬、第一大股东持股比例、销售收入和销售增长率，对部分控制变量的具体解释如下：

1. 企业年龄

企业从创立到成熟所经历的每一个阶段，都面临着不同的经济环境、市场动态以及科技水平，每个阶段也有不同的发展策略（董晓芳、袁燕，2014）。有研究发现，企业对技术创新的热情随企业年龄的增长而下降，即新生企业比成熟企业更有可能创新（Huergo，Jaumandreu，2004），且企业的创新能力也会随着年龄增加而递减（Balasubramanian，Lee，2008）。但也有学者认为，随着企业逐渐成长，稳定的利润会带来竞争，需要寻找新的利润增长点，且随着企业的不断积累，也拥有了一定的资金实力，研发动力和实力会逐渐增强（夏清华、王瑜，2015）。

2. 企业规模

一些学者认为，大企业往往具有更强的创新能力（Gayle，2003），因为规模大的企业更容易形成规模经济和范围经济，可以为企业进行技术创新提供内生动力（冯伟、徐康宁和邵军，2014）。另一些学者提出不同观点，他们认为，企业并不是越大越好，小企业进行创新的动力更大（Laforet，2013），且小企业进行创新会带来更高的绩效。也有学者认为，创新与企业规模存在临界状态，中等规模更适合企业进行技术创新（Acs，Audretsch，1987；聂辉华、谭松涛和王宇锋，2008；牛泽东、张倩肖和王文，2012）。

3. 资产负债率

企业技术创新需要持续稳定的资本投资，因此融资因素尤为重要。有研究表明，债务融资与研发投入正相关（杨楠，2015），因为债务融资减少了代理成本。而外部资金具有监管作用（Jensen，Meckling，1976），高杠杆公司的管理者将会因为存在潜在的清算风险而更加努力工作，做出更好的决策（Grossman，Hart，1982）。但是，过高的负债率会削弱企业投资良好项目的积极性，即企业的资产负债率越高，公司违背债务合同的可能性越大，公司通常会选择尽量减少技术创新活动，以保护股东和高管的现有利益（林钟高、刘捷先和章铁生，2011）。

4. 高管薪酬

高管薪酬对企业技术创新决策的影响重大，因为随着社会的发展和进步，各种新政策层出不穷，其中"薪酬激励"应运而生，它是对高级管理人员的工作进行激励的重要手段，是其制定非常规的战略决策时的一个重要影响因素。简单来说，管理者在薪酬上被给予多大的诱惑，直接决定了其愿意承担多大的风险，来进行不确定性高、风险大的创新活动。大多数学者认为高管薪酬激励与企业研发投入显著正相关（姜涛、王怀明，2012；王建华、李伟平、张克彪和李艳红，2015），因为薪酬激励有利于提升高管的风险承担水平，特定的薪酬激励如股票、期权等在一定程度上也可以缓解一些代理冲突，如股东和管理层的冲突（刘婷婷、高凯和何晓斐，2018）。然而，一些学者发现高管薪酬与企业研发投入不存在显著关系（康华、王鲁平，2011）。

5. 第一大股东持股比例

就企业所进行的研发活动而言，该项活动具有高度的不可预见性。不同的利益主体，包括大股东、小股东、高管以及其他的一些利益相关者，他们所基于的视角不同，因此对技术创新活动的看法和观念也不尽相同，再加上一些固有的限制，比如信息不对称问题、逆向选择问题，以及个体之间在风险承担水平上的差异，都会对企业的研发活动产生影响（杨柳青、梁巧转和康华，2018）。另外，基于代理理论，大股东会牺牲中小股东的利益来追求自身的私有收益，随着企业第一大股东持股比例的逐渐升高，大股东对企业技术创新活动相应承担的风险也会节节攀升，在成本与利益的权衡当中，大股东更愿意投资那些风险不太高但收益能得到保证的项目，以保证其利益不被侵害，这将抑制高风险的企业技术创新投资（杨建君、盛锁，2007）。

具体变量界定如表 3 – 1 所示。

表 3 – 1　变量定义总览

变量	变量含义	变量符号	变量说明
因变量	风险厌恶程度	$Risk1$	t 年资产收益率波动，指标数值越大，风险厌恶程度越低
		$Risk2$	t 年经行业和年度均值调整后的资产收益率最大值与最小值之差，指标数值越大，风险厌恶程度越低
	过度自信水平	$Overconf$	将 t 年公司乐观预期中预告业绩与实际业绩不一致定义为高管过度自信，是取 1，其他 = 0
	技术创新投入	RD	$t+1$ 年研发支出取自然对数
		$Patent$	$t+1$ 年创新产出，新增发明专利数量（申请数）
	技术创新绩效	RDE	$t+1$ 年创新效率，新增发明专利数量/t 年研发支出的自然对数

（续上表）

变量	变量含义	变量符号	变量说明
自变量	性别多元化	*Genderdiv*	*t* 年女性高管在整个高管团队中的比例
		Genderdiv_B	*t* 年高管团队性别多元化的 Blau 指数，指标数值越大，性别多元化程度越高
		Genderdiv_S	*t* 年高管团队性别多元化的 Shannon 指数，指标数值越大，性别多元化程度越高
	关键性职位	*Keypos*1	*t* 年董事长是否为女性，是取 1，其他 = 0
		*Keypos*2	*t* 年独立董事中是否存在女性，是取 1，其他 = 0
		*Keypos*3	*t* 年董事中是否存在女性，是取 1，其他 = 0
		*Keypos*4	*t* 年监事长是否为女性，是取 1，其他 = 0
		*Keypos*5	*t* 年监事中是否存在女性，是取 1，其他 = 0
		*Keypos*6	*t* 年 CEO 是否为女性，是取 1，其他 = 0
		*Keypos*7	*t* 年 CFO 是否为女性，是取 1，其他 = 0
控制变量	企业年龄	*Age*	*t* 年企业年龄（成立年限）
	企业规模	*Size*	*t* 年总资产的自然对数
	高管薪酬	*Tac*	*t* 年高管薪酬总额的自然对数
	第一大股东持股比例	*First*	*t* 年第一大股东的持股比例
	资产负债率	*Lev*	*t* 年资产负债率
	销售收入	*Sales*	*t* 年销售收入的自然对数
	销售增长率	*Growth*	*t* 年销售收入的同比增长率

3.3.5 模型设定与研究方法

根据本部分的研究内容，结合本部分设计的研究框架，提出四个基本的研究模型，并采取分层的方式进行回归分析。*Risk*1、*Risk*2、*RD* 和 *RDE* 均为连续变量，采用 OLS 回归，用 Hausman 检验对比模型的固定效应和随机效应，然后依据 Wald 检验和 BP 检验对其与混合回归做比较，最终确定模型估计采用哪种方法；*Overconf* 为虚拟变量，采用 Probit 回归；*Patent* 为非负整数，由于其最大值为 170，最小值为 0，标准差为 23.0577，存在明显的过度分散现象，因此采用负二项回归而非泊松回归，再用 LR 检验和 Hausman 检验在混合回归、固定效应与随机效应之间做出选择。同时在实证分析过程中进行如下处理：①考虑多重共线性问题，进行 VIF 检验；②在 *Genderdiv* 和 *Keypos* 两个变量进行交互之前，对 *Genderdiv* 变量进行中心化处理；③采用 Robust 和 Cluster 方法调整标准误。具体的研究模型如下：

（1）$Risk_{i,t} = f(Genderdiv_{i,t}, Keypos_{i,t}, Size_{i,t}, Age_{i,t}, Tac_{i,t}, First_{i,t}, Lev_{i,t}, Sales_{i,t}, Growth_{i,t}, \sum Year_{i,t}, \sum Ind_{i,t})$

（2）$Overconf_{i,t} = f(Genderdiv_{i,t}, Keypos_{i,t}, Size_{i,t}, Age_{i,t}, Tac_{i,t}, First_{i,t}, Lev_{i,t}, Sales_{i,t}, Growth_{i,t}, \sum Year_{i,t}, \sum Ind_{i,t})$

（3）$R\&D_{i,t+1} = f(Genderdiv_{i,t}, Size_{i,t}, Age_{i,t}, Tac_{i,t}, First_{i,t}, Lev_{i,t}, Sales_{i,t}, Growth_{i,t}, \sum Year_{i,t}, \sum Ind_{i,t})$

（4）$R\&D_{i,t+1} = f(Genderdiv_{i,t}, Keypos_{i,t}, Genderdiv_{i,t} \times Keypos_{i,t}, Size_{i,t}, Age_{i,t}, Tac_{i,t}, First_{i,t}, Lev_{i,t}, Sales_{i,t}, Growth_{i,t}, \sum Year_{i,t}, \sum Ind_{i,t})$

其中，R&D 包含技术创新投入（*RD*）和技术创新绩效（新增发明专利数量 *Patent*、创新效率 *RDE*），共三个衡量指标。

3.4 实证结果与分析

3.4.1 样本行业、年度分布

本部分选取 2009—2016 年全部 A 股上市公司作为样本，经过相关筛选后得到 5054 个样本，样本的行业及年度分布如表 3-2 和表 3-3 所示。

表 3-2 样本的行业分布

行业代码	总样本	占比（%）
A	54	1.07
B	52	1.03
C0	185	3.66
C1	116	2.30
C2	31	0.61
C3	109	2.16

（续上表）

行业代码	总样本	占比（%）
C4	562	11.12
C5	448	8.86
C6	416	8.23
C7	1278	25.29
C8	429	8.49
C9	52	1.03
D	42	0.83
E	138	2.73
F	30	0.59
G	754	14.92
H	67	1.33
I	4	0.08
J	18	0.36
K	190	3.76
L	67	1.33
M	12	0.24
总计	5054	100.00

表3-3　样本的年度分布

年度	总样本	占比（%）
2009	158	3.13
2010	411	8.13
2011	475	9.40
2012	568	11.24
2013	689	13.63
2014	766	15.16
2015	829	16.40
2016	1158	22.91
总计	5054	100.00

3.4.2 变量描述性统计

研究所涉及的主要变量的描述性统计如表 3 - 4 所示：

表 3 - 4   变量描述性统计

变量	均值	中位数	标准差	最小值	最大值
*Risk*1	0.070	0.035	6.887	0.006	0.967
*Risk*2	0.173	0.086	16.388	0.013	2.509
Overconf	0.655	1.000	0.476	0.000	1.000
RD	17.721	17.742	1.229	13.005	21.239
Patent	9.943	3.000	23.058	0.000	170.000
RDE	0.532	0.165	1.173	0.000	8.462
Genderdiv	0.192	0.176	0.117	0.000	0.500
Genderdiv_B	0.283	0.291	0.136	0.000	0.498
Genderdiv_S	0.440	0.466	0.181	0.000	0.691
*Keypos*1	0.044	0.000	0.205	0.000	1.000
*Keypos*2	0.484	0.000	0.500	0.000	1.000
*Keypos*3	0.494	0.000	0.500	0.000	1.000
*Keypos*4	0.207	0.000	0.405	0.000	1.000
*Keypos*5	0.624	1.000	0.484	0.000	1.000
*Keypos*6	0.061	0.000	0.240	0.000	1.000
*Keypos*7	0.399	0.000	0.490	0.000	1.000
Size	21.618	21.498	0.949	19.894	24.587
Age	15.146	15.000	4.769	4.000	66.000
Tac	15.143	15.116	0.621	13.657	16.777
First	34.120	33.085	13.699	8.980	70.420
Lev	34.862	32.718	18.561	4.117	79.023
Sales	21.001	20.891	1.125	18.885	24.541
Growth	0.227	0.165	0.354	- 0.401	2.028

（1）从表 3 - 4 可以看出，样本企业的风险厌恶程度差距较大，*Risk*1 从 0.006 到 0.967 不等，*Risk*2 从 0.013 到 2.509 不等。过度自信水平的均值为 0.655，中位数为 1.000，表明存在过度自信的样本是充足的。从 *RD*、*Patent* 和

RDE 的最大值和最小值来看，样本企业的技术创新投入和绩效的差异性较大，特别是，技术创新产出从 0 到 170 不等，表明不同企业在不同年份的技术创新决策具有较大的差异。

（2）从高管团队女性占比这一指标来看，我国 A 股上市企业中平均女性高管成员占比为 19.2%，占比最高达到 50%，可见我国 A 股上市企业的高管团队中性别多元化程度依然不高，且不同企业间的差距较大。具体到不同的关键性职位上，女性高管比例相对较高的职位主要是独立董事、董事长和监事，CFO 次之，而在董事长、监事和 CEO 这些关键性职位上女性的身影普遍偏少。

（3）从其他控制变量来看，企业年龄跨度从 4 到 66 不等，均值为 15.146，表明样本的成立年限差异较大，普遍偏年轻化；资产负债率介于 4.12% 至 79.02%，表明企业间资本结构存在较大差异，平均为 34.86%，表明样本的平均债务水平不高；最低销售增长率为 -0.401，最高为 2.028，表明一些企业已经出现亏损，而有的企业盈利性较强，企业间的成长性差异较大；高管薪酬的平均值与最高值之间差异不大，标准差为 0.621，表明高管薪酬差距不是很大；第一大股东平均持股比例为 34.12%，但样本之间的差异很大。

3.4.3 企业技术创新投入及绩效的统计检验

在本节中，根据高层管理团队的性别结构和关键性职位对相关指标进行分组后，分别对样本均值及中位数进行 t 检验和 Wilcoxon 检验，以观察某一指标在子样本间是否存在显著差异性。其中，当 Genderdiv 数值大于其中位数时为高女性占比样本，当 Genderdiv 数值小于等于其中位数时为低女性占比样本。具体检验结果如表 3-5 所示。

表 3-5 统计检验

因变量	总样本 (5054 个)		高女性占比样本 (2495 个)		低女性占比样本 (2559 个)		Wilcoxon 检验	t 检验
	中位数	均值	中位数	均值	中位数	均值	z 值	t 值
RD	17.742	17.721	17.660	17.641	17.827	17.799	4.968***	4.586***
Patent	3.000	9.943	2.000	8.095	3.000	11.744	6.313***	5.641***
RDE	0.165	0.532	0.121	0.437	0.179	0.625	6.282***	5.709***

（续上表）

因变量	按女性高管参与关键性职位分组							
	总样本 （5054 个）		董事长为 女性样本 （222 个）		董事长不为 女性样本 （4832 个）		Wilcoxon 检验	t 检验
	中位数	均值	中位数	均值	中位数	均值	z 值	t 值
RD	17.742	17.721	17.532	17.601	17.757	17.726	2.526**	1.480
Patent	3.000	9.943	2.000	5.149	3.000	10.163	3.406***	3.171***
RDE	0.165	0.532	0.105	0.287	0.167	0.543	3.414***	3.186***

因变量	总样本 （5054 个）		独立董事中 存在女性样本 （2447 个）		独立董事中 不存在女性样本 （2607 个）		Wilcoxon 检验	t 检验
	中位数	均值	中位数	均值	中位数	均值	z 值	t 值
RD	17.742	17.721	17.735	17.713	17.742	17.728	0.306	0.421
Patent	3.000	9.943	3.000	9.434	3.000	10.421	2.156**	1.521*
RDE	0.165	0.532	0.161	0.505	0.166	0.557	2.166**	1.574

因变量	总样本 （5054 个）		董事中存在 女性样本 （2497 个）		董事中不存在 女性样本 （2557 个）		Wilcoxon 检验	t 检验
	中位数	均值	中位数	均值	中位数	均值	z 值	t 值
RD	17.742	17.721	17.672	17.636	17.810	17.804	4.499***	4.858***
Patent	3.000	9.943	2.000	8.708	3.000	11.149	3.944***	3.768***
RDE	0.165	0.532	0.138	0.470	0.171	0.593	3.869***	3.741***

因变量	总样本 （5054 个）		监事长 为女性样本 （1046 个）		监事长 不为女性 样本（4008 个）		Wilcoxon 检验	t 检验
	中位数	均值	中位数	均值	中位数	均值	z 值	t 值
RD	17.742	17.721	17.676	17.656	17.760	17.738	1.882*	1.927*
Patent	3.000	9.943	3.000	8.456	3.000	10.331	2.305**	2.343**
RDE	0.165	0.532	0.125	0.455	0.167	0.552	2.228**	2.383**

（续上表）

因变量	总样本 （5054 个）		监事中存在 女性样本 （3156 个）		监事中不存在 女性样本 （1898 个）		Wilcoxon 检验	t 检验
	中位数	均值	中位数	均值	中位数	均值	z 值	t 值
RD	17.742	17.721	17.792	17.751	17.671	17.670	−2.898***	−2.284**
Patent	3.000	9.943	3.000	9.743	3.000	10.276	1.314	0.796
RDE	0.165	0.532	0.162	0.520	0.169	0.551	1.482	0.904

因变量	总样本 （5054 个）		CEO 为 女性样本 （310 个）		CEO 不为 女性样本 （4744 个）		Wilcoxon 检验	t 检验
	中位数	均值	中位数	均值	中位数	均值	z 值	t 值
RD	17.742	17.721	17.373	17.510	17.763	17.735	4.040***	3.121***
Patent	3.000	9.943	2.000	6.835	3.000	10.146	3.521***	2.450**
RDE	0.165	0.532	0.110	0.377	0.167	0.542	3.469***	2.406**

因变量	总样本 （5054 个）		CFO 为女性 样本 （2017 个）		CFO 不为 女性样本 （3037 个）		Wilcoxon 检验	t 检验
	中位数	均值	中位数	均值	中位数	均值	z 值	t 值
RD	17.742	17.721	17.779	17.723	17.712	17.719	−0.689	−0.125
Patent	3.000	9.943	2.000	8.563	3.000	10.859	3.492***	3.472***
RDE	0.165	0.532	0.125	0.461	0.170	0.579	3.680***	3.531***

注：***、**、*分别表示中位数的 Wilcoxon 检验或均值的 t 检验在 1%、5%、10% 水平上显著。

从表 3－5 可以看出：

（1）按高管团队性别多元化分组时，在高女性占比样本中，技术创新投入和创新绩效的均值与中位数均显著偏低，初步表明，高管团队中女性成员的比例对企业的技术创新投入和绩效均产生了抑制作用。

（2）按关键性职位分组时，监事长和 CEO 为女性的企业，其技术创新投入、创新产出和创新效率均显著低于监事长和 CEO 为男性的企业，表明在监事长和 CEO 这两种关键性职位上，女性的参与对企业技术创新投入及绩效具有抑制作用。在以董事长和 CFO 为女性的样本中，创新产出和创新效率的均值与中位数均显著低于董事长和 CFO 为男性的样本，而创新投入之间的差异不显著，表明在 CFO 这一关键性职位上，女性的参与对企业技术创新的绩效具有抑制作用。此外，存在女性独立董事的样本中，其创新产出的均值和中位数均显著低于不存在女性独立董事的样本。存在女性董事的样本中，其创新投入和创新绩效的均值与中位数均显著低于不存在女性董事的样本；而存在女性监事的样本中，其创新投入的均值和中位数均显著高于不存在女性监事的样本。结果表明，性别结构对企业技术创新投入和绩效在不同关键性职位的影响存在差异。

通过以上分析，高管团队的性别结构对企业技术创新投入和绩效存在显著影响，且女性担任不同的关键性职位对企业技术创新投入及绩效的影响也存在显著的差异性，进一步表明了分组进行讨论的必要性。

3.4.4 多元回归分析

1. 高管团队性别结构、关键性职位与风险厌恶程度

首先根据模型 3.1，对高管团队性别结构、关键性职位与风险厌恶程度进行回归分析，分别用资产收益率波动（$Risk1$）和经行业、年份均值调整后的资产收益率最大值与最小值之差（$Risk2$）来衡量企业风险承担水平，这两项指标（$Risk1$ 和 $Risk2$）的数值越大，表明企业资产收益率的波动幅度越大，反映了企业风险承担水平越高，即风险厌恶程度越低。根据检验结果，使用随机效应的 OLS 回归，所得到的回归结果如下：

表 3-6　高管团队性别结构、关键性职位与风险厌恶程度的回归结果

变量	风险厌恶程度					
	$Risk1$			$Risk2$		
$Genderdiv$	-0.05**			-0.14**		
	(-2.13)			(-2.13)		
$Genderdiv\_B$		-0.08***			-0.19***	
		(-3.15)			(-3.10)	
$Genderdiv\_S$			-0.06***			-0.14***
			(-2.81)			(-2.74)
$Keypos1$	-0.01	-0.01	-0.01	-0.03	-0.02	-0.02
	(-1.42)	(-1.18)	(-1.24)	(-1.52)	(-1.27)	(-1.34)
$Keypos2$	0.00	0.00	0.00	-0.01	0.00	0.00
	(-0.36)	(0.43)	(0.33)	(-0.48)	(0.28)	(0.17)

（续上表）

变量	风险厌恶程度					
	Risk1			Risk2		
Keypos3	0.00	0.00	0.00	−0.01	0.00	0.00
	(−0.71)	(0.08)	(−0.03)	(−0.70)	(0.06)	(−0.06)
Keypos4	0.00	0.01	0.01	0.01	0.01	0.01
	(0.82)	(1.34)	(1.22)	(0.83)	(1.33)	(1.20)
Keypos5	−0.01*	0.00	0.00	−0.02*	−0.01	−0.01
	(−1.76)	(−0.81)	(−0.87)	(−1.77)	(−0.87)	(−0.94)
Keypos6	0.02**	0.02**	0.02**	0.04**	0.05**	0.05**
	(2.06)	(2.28)	(2.17)	(1.99)	(2.20)	(2.09)
Keypos7	0.00	0.00	0.00	−0.01	0.00	−0.01
	(−1.09)	(−0.53)	(−0.66)	(−1.00)	(−0.46)	(−0.61)
Age	0.00	0.00	0.00	0.00	0.00	0.00
	(0.99)	(0.98)	(0.99)	(0.86)	(0.85)	(0.87)
Tac	0.00	0.00	0.00	0.00	0.00	0.00
	(0.25)	(0.23)	(0.26)	(0.33)	(0.31)	(0.34)
First	0.00	0.00	0.00	0.00	0.00*	0.00
	(1.59)	(1.61)	(1.59)	(1.63)	(1.65)	(1.63)
Lev	0.00	0.00	0.00	0.00	0.00	0.00
	(1.12)	(1.09)	(1.10)	(1.26)	(1.23)	(1.24)
Size	0.00	0.00	0.00	0.00	0.00	0.00
	(0.27)	(0.19)	(0.20)	(0.28)	(0.21)	(0.22)
Sales	0.00	0.00	0.00	0.00	0.00	0.00
	(−0.24)	(−0.22)	(−0.23)	(−0.36)	(−0.34)	(−0.35)
Growth	−0.01	−0.01	−0.01	−0.02	−0.01	−0.02
	(−1.11)	(−1.11)	(−1.13)	(−1.14)	(−1.14)	(−1.16)
年份	控制					
行业	控制					
R−sq	0.005	0.005	0.005	0.005	0.006	0.005

注：***、**、*分别表示在1%、5%、10%的水平下显著，下同。

根据表3-6的结果，随着高管团队中女性占比的增加和性别多元化程度的提高，资产收益率的波动幅度随之降低，表明企业风险承担水平降低，即风险厌恶程度增加，且监事中存在女性会显著增加企业风险厌恶程度，支持假设 $H1a$。但存在例外情况，即 CEO 为女性的企业，企业风险厌恶程度显著降低，这一结果支持假设 $H1b$。

观察样本中控制变量的回归分析，第一大股东持股比例明显提升了企业风险承担水平，即风险厌恶程度降低。因为高风险对应高回报，但该回报在短期之内可能无法显现，随着第一大股东持股比例提高，其与企业整体利益趋同，此时他们会更关注企业的长远发展，进而鼓励企业通过承担高风险项目来提升其长远价值。

2. 高管团队性别结构、关键性职位与过度自信水平

根据模型3.2，对高管团队性别结构、关键性职位与过度自信水平进行回归分析，用一季报、半年报、三季报和年报中业绩预告的变化来衡量其过度自信水平，使用 Probit 回归，所得到的回归结果如下：

表 3 - 7　高管团队性别结构、关键性职位与过度自信水平的回归结果

变量	过度自信水平 Overconf		
Genderdiv	0.10		
	(0.24)		
Genderdiv_B		- 0.10	
		(- 0.26)	
Genderdiv_S			- 0.04
			(- 0.16)
Keypos1	0.12	0.13	0.13
	(0.93)	(1.02)	(1.00)
Keypos2	0.00	0.01	0.01
	(- 0.08)	(0.22)	(0.16)
Keypos3	- 0.02	- 0.01	- 0.01
	(- 0.38)	(- 0.09)	(- 0.15)
Keypos4	0.10	0.11	0.11
	(1.41)	(1.62)	(1.60)
Keypos5	- 0.11*	- 0.09	- 0.10
	(- 1.73)	(- 1.34)	(- 1.41)

（续上表）

变量	过度自信水平 Overconf		
Keypos6	-0.01	0.00	0.00
	(-0.12)	(0.02)	(-0.01)
Keypos7	-0.13**	-0.11*	-0.11**
	(-2.13)	(-1.88)	(-1.96)
Age	0.01**	0.01**	0.01**
	(2.38)	(2.37)	(2.37)
Tac	-0.21***	-0.21***	-0.21***
	(-4.12)	(-4.13)	(-4.13)
First	-0.01***	-0.01***	-0.01***
	(-3.05)	(-3.02)	(-3.03)
Lev	0.01***	0.01***	0.01***
	(6.39)	(6.37)	(6.38)
Size	0.36***	0.36***	0.36***
	(5.77)	(5.74)	(5.75)
Sales	-0.06	-0.06	-0.06
	(-1.10)	(-1.10)	(-1.10)
Growth	-0.07	-0.07	-0.07
	(-1.14)	(-1.14)	(-1.14)
年份	控制		
行业	控制		

注：对 Overconf 使用 Probit 回归，模型无 $R2$，故未列出。

根据表 3-7 的结果，整体而言，无论是采用高管团队的女性占比，还是兼具物种多样性的 Blau 指数和 Shannon 指数来衡量企业高管团队的性别多元化程度，高管团队的性别结构与整体的过度自信水平之间的关系并不显著。可能原因在于，女性在整个高管团队中的比例过低、分量不够，没有掌握一定的话语权，象征主义依然占据上风，这将导致女性个体较低的过度自信水平对高管团队整体的影响不大。然而，当细分特定的关键性职位时发现，以女性占比来衡量企业高管团队的性别多元化程度时，女性监事的存在可以显著降低整个高管团队的过度自信水平，另外，当企业的 CFO 为女性时，高管团队的过度自信水平也会显著降低，因此，假设 $H2a$ 得到验证。

观察样本中控制变量的回归分析可见，企业规模、成立年限以及财务杠杆等指标均对高管团队的过度自信水平产生显著的正向影响。可能原因在于，大企业通常代表着更丰富的资源积累、更先进的管理架构、更优秀的管理团队以及更强的资金获取能力，这样的竞争优势在一定程度上会增强企业的实力，对提升管理团队的自信心有益，因而可能提升整个高管团队的过度自信水平。而第一大股东持股比例与高管团队的过度自信水平显著负相关，股权集中度越高，第一大股东为避免自己的资产遭受损失，对过度自信这一非理性行为的纠正意愿就会越强烈，因此显著抑制了高管团队的过度自信水平，促使企业做出更为保守的盈利预测。

3. 高管团队性别结构与企业技术创新投入及绩效

根据模型 3.3，对高管团队性别结构与企业技术创新投入及绩效进行回归分析，用 $t+1$ 年研发支出的自然对数衡量技术创新投入；企业技术创新绩效分为创新产出和创新效率两方面，用 $t+1$ 年新增发明专利数量衡量创新产出，用 $t+1$ 年新增发明专利数量/t 年研发支出的自然对数衡量创新效率，根据检验结果，分别对 RD 和 RDE 使用固定效应的 OLS 回归，对 $Patent$ 使用随机效应的负二项回归，所得到的回归结果如下：

表 3-8　高管团队性别结构与企业技术创新投入及绩效的回归结果

变量	创新投入 RD			创新产出 Patent			创新效率 RDE		
Genderdiv	-0.11			-0.48**			-0.09		
	(-0.73)			(-2.55)			(-0.34)		
Genderdiv_B		-0.08			-0.43***			-0.09	
		(-0.57)			(-2.74)			(-0.36)	
Genderdiv_S			-0.06			-0.31***			-0.05
			(-0.62)			(-2.74)			(-0.29)
Age	0.07***	0.07***	0.07***	-0.01*	-0.01*	-0.01*	0.00	0.00	0.00
	(5.97)	(5.96)	(5.97)	(-1.89)	(-1.90)	(-1.88)	(0.13)	(0.14)	(0.12)
Tac	0.05	0.05	0.05	0.417***	0.418***	0.417***	0.101*	0.101*	0.101*
	(1.00)	(1.01)	(1.01)	(9.91)	(9.92)	(9.91)	(1.68)	(1.67)	(1.66)
First	0.00	0.00	0.00	0.00	0.00	0.00	0.00	0.00	0.00
	(0.13)	(0.13)	(0.13)	(1.37)	(1.39)	(1.40)	(1.41)	(1.41)	(1.41)

（续上表）

变量	创新投入 RD			创新产出 Patent			创新效率 RDE		
Lev	−0.00*	−0.00*	−0.00*	0.00	0.00	0.00	0.00	0.00	0.00
	(−1.76)	(−1.76)	(−1.76)	(0.28)	(0.30)	(0.30)	(1.31)	(1.31)	(1.30)
Size	0.18***	0.18***	0.18***	−0.05	−0.05	−0.05	−0.02	−0.02	−0.02
	(3.35)	(3.36)	(3.36)	(−0.95)	(−0.96)	(−0.95)	(−0.37)	(−0.37)	(−0.36)
Sales	0.56***	0.56***	0.56***	0.10**	0.10**	0.10**	0.12*	0.12*	0.12*
	(8.95)	(8.94)	(8.94)	(2.23)	(2.23)	(2.23)	(1.80)	(1.80)	(1.80)
Growth	0.39***	0.39***	0.39***	0.01	0.01	0.01	0.07*	0.07*	0.07*
	(10.16)	(10.16)	(10.16)	(0.29)	(0.26)	(0.25)	(1.90)	(1.89)	(1.89)
年份				控制					
行业				控制					
R−sq	0.550	0.550	0.550				0.025	0.025	0.025

注：对 Patent 使用负二项回归，模型无 $R2$，故未列出，下同。

根据表 3-8 的结果，无论是用高管团队女性占比还是用兼具物种多样性的 Blau 指数和 Shannon 指数来衡量性别因素，企业高管团队的性别结构对其技术创新投入和技术创新效率的影响均不显著，但高管团队性别多元化会显著降低企业的技术创新产出，即随着高管团队女性占比的增加，以产出来衡量的企业技术创新的绩效显著降低。假设 H3a 和 H3b 未得到验证，假设 H4b 得到验证。

观察样本中控制变量的回归分析可见，企业的年龄、规模、销售收入以及销售增长率与其技术创新投入均显著正相关，规模大的企业更容易形成规模经济和范围经济，可以为企业创新提供重要的内在动力，且成立年限长的企业拥有更为强大的资金实力，为了寻求新的利润增长点，进行技术研发的意愿将更强；而企业的资产负债率与其技术创新投入显著负相关，企业的资产负债率越高，为保护股东和高管的现有利益，企业往往会选择尽量减少技术创新活动。企业的销售收入、销售增长率以及高管薪酬与其技术创新绩效显著正相关，高管薪酬激励有利于提升高管的风险承担水平，特定的薪酬激励如股票期权等在一定程度上也可以缓解一些代理冲突，如股东和管理层的冲突等，对提高企业技术创新的绩效有益；而企业年龄与其技术创新绩效显著负相关，即企业的创新能力会随着年龄增加而递减。

4. 高管团队性别结构、关键性职位与企业技术创新投入及绩效

鉴于企业董事会、监事会和管理层具有不同的职能特点，女性担任不同的关键性职位对企业技术创新决策的影响具有异质性，故根据模型 3.4，对高管团队

性别结构、关键性职位与企业技术创新投入及绩效进行回归分析。根据检验结果，分别对 *RD* 和 *RDE* 使用固定效应的 OLS 回归，对 *Patent* 使用随机效应的负二项回归。由于在对 *RD* 和 *RDE* 进行回归分析时得到的结果并不显著，故未详细列出，在此考虑另一种研究方法，即对样本按照不同的关键性职位进行分组回归，所得到的回归结果如下：

表 3-9 高管团队性别结构、关键性职位与企业技术创新投入的回归结果

（1）董事会层面：考察董事长、独立董事、董事三种关键性职位

变量	创新投入 *RD*						
	总样本	董事长为女性	董事长不为女性	独立董事中存在女性	独立董事中不存在女性	董事中存在女性	董事中不存在女性
Genderdiv	-0.12	1.39**	-0.16	0.22	-0.74**	-0.40*	0.25
	(-0.89)	(2.00)	(-1.15)	(1.20)	(-2.19)	(-1.69)	(1.10)
Age	0.07***	0.01	0.07***	0.06***	0.08***	0.09***	0.07***
	(5.99)	(0.23)	(5.74)	(3.69)	(3.51)	(4.03)	(4.50)
Tac	0.05	0.10	0.05	0.08	0.05	0.05	0.03
	(1.02)	(0.38)	(1.14)	(1.43)	(0.62)	(0.82)	(0.52)
First	0.00	0.00	0.00	0.00	0.00	0.00	0.00
	(0.15)	(-0.21)	(0.38)	(0.02)	(0.58)	(-0.12)	(0.41)
Lev	0.00*	-0.01	0.00*	0.00	0.00	0.00	0.00*
	(-1.78)	(-1.12)	(-1.73)	(-1.63)	(-0.59)	(-1.24)	(-1.75)
Size	0.18***	0.24	0.19***	0.14**	0.32***	0.12	0.26***
	(3.35)	(1.16)	(3.46)	(2.39)	(3.69)	(1.45)	(3.59)
Sales	0.56***	0.44	0.57***	0.60***	0.44***	0.57***	0.56***
	(8.95)	(1.57)	(8.70)	(7.56)	(3.79)	(5.46)	(7.10)
Growth	0.39***	0.36**	0.39***	0.40***	0.38***	0.38***	0.41***
	(10.16)	(2.57)	(9.78)	(8.22)	(3.68)	(6.89)	(8.16)
年份				控制			
行业				控制			
R-sq	0.550	0.483	0.558	0.578	0.492	0.525	0.573

（续上表）

（2）监事会层面：考察监事长、监事两种关键性职位

变量	创新投入 RD				
	总样本	监事长为女性	监事长不为女性	监事中存在女性	监事中不存在女性
Genderdiv	0.01	-0.25*	0.10	-0.06	0.14
	(0.15)	(-1.66)	(1.01)	(-0.57)	(0.46)
Age	0.07***	0.11***	0.07***	0.08***	0.06**
	(5.84)	(4.89)	(4.61)	(4.45)	(2.47)
Tac	0.05	0.16**	0.02	0.02	0.06
	(1.03)	(2.48)	(0.30)	(0.38)	(0.60)
First	0.00	0.01	0.00	0.00	0.00
	(0.12)	(1.23)	(-0.32)	(-0.52)	(0.15)
Lev	0.00*	0.00	0.00**	0.00	-0.01***
	(-1.78)	(0.58)	(-2.08)	(0.32)	(-2.84)
Size	0.18***	0.26**	0.20***	0.18**	0.19**
	(3.37)	(2.33)	(3.29)	(2.54)	(2.16)
Sales	0.56***	0.15	0.60***	0.54***	0.59***
	(8.94)	(0.96)	(9.10)	(6.11)	(5.92)
Growth	0.39***	0.28***	0.38***	0.39***	0.35***
	(10.16)	(3.50)	(8.34)	(7.69)	(4.69)
年份	控制				
行业	控制				
R-sq	0.551	0.600	0.530	0.543	0.524

（3）管理层层面：考察 CEO、CFO 两种关键性职位

变量	创新投入 RD				
	总样本	CEO 为女性	CEO 不为女性	CFO 为女性	CFO 不为女性
Genderdiv	-0.01	-0.01	-0.03	0.19	-0.38
	(-0.11)	(-0.06)	(-0.44)	(1.57)	(-1.00)
Age	0.07***	0.03	0.08***	0.08***	0.08***
	(5.86)	(0.50)	(6.30)	(3.51)	(4.58)
Tac	0.05	0.42**	0.05	0.18**	-0.01
	(1.02)	(2.32)	(1.03)	(2.22)	(-0.18)

（续上表）

（3）管理层层面：考察 CEO、CFO 两种关键性职位

变量	创新投入 RD				
	总样本	CEO 为女性	CEO 不为女性	CFO 为女性	CFO 不为女性
First	0.00	0.00	0.00	0.01	0.00
	(0.12)	(0.48)	(-0.15)	(1.51)	(-0.44)
Lev	0.00*	0.00	0.00*	-0.01***	0.00
	(-1.77)	(-1.05)	(-1.86)	(-2.86)	(-0.12)
Size	0.18***	0.21*	0.17***	0.17**	0.27***
	(3.37)	(1.71)	(2.90)	(2.03)	(4.02)
Sales	0.56***	0.60***	0.55***	0.65***	0.44***
	(8.93)	(4.06)	(8.29)	(6.96)	(5.17)
Growth	0.39***	0.47***	0.38***	0.42***	0.34***
	(10.14)	(6.07)	(9.64)	(6.67)	(6.54)
年份	控制				
行业	控制				
R - sq	0.551	0.626	0.551	0.568	0.549

表 3 - 10　高管团队性别结构、关键性职位与企业技术创新产出的回归结果

变量	创新产出 *Patent*						
Genderdiv	-0.53***	-0.67**	-0.24	-0.54**	-0.79**	-0.42**	-0.52**
	(-2.75)	(-2.49)	(-0.83)	(-2.52)	(-2.50)	(-2.12)	(-2.06)
*Keypos*1	-0.24*						
	(-1.70)						
*Genderdiv × Keypos*1	1.82**						
	(2.13)						
*Keypos*2		0.07*					
		(1.80)					
*Genderdiv × Keypos*2		0.07					
		(0.21)					
*Keypos*3			0.06				
			(1.21)				

（续上表）

变量	创新产出（Patent）						
Genderdiv × Keypos3			-0.62^*				
			(-1.71)				
Keypos4				-0.13^{**}			
				(-2.38)			
Genderdiv × Keypos4				0.72^*			
				(1.80)			
Keypos5					-0.02		
					(-0.48)		
Genderdiv × Keypos5					0.59^*		
					(1.65)		
Keypos6						-0.09	
						(-0.69)	
Genderdiv × Keypos6						-0.12	
						(-0.15)	
Keypos7							-0.04
							(-0.84)
Genderdiv × Keypos7							0.22
							(0.64)
Age	-0.01^*	-0.01^*	-0.01^*	-0.01^*	-0.01^*	-0.01^*	-0.01^*
	(-1.92)	(-1.91)	(-1.91)	(-1.93)	(-1.87)	(-1.90)	(-1.92)
Tac	0.42^{***}	0.42^{***}	0.42^{***}	0.42^{***}	0.42^{***}	0.42^{***}	0.42^{***}
	(9.91)	(9.89)	(9.97)	(9.91)	(9.97)	(9.89)	(9.88)
First	0.00	0.00	0.00	0.00	0.00	0.00	0.00
	(1.38)	(1.42)	(1.22)	(1.43)	(1.41)	(1.37)	(1.33)
Lev	0.00	0.00	0.00	0.00	0.00	0.00	0.00
	(0.29)	(0.24)	(0.17)	(0.29)	(0.23)	(0.27)	(0.30)
Size	-0.05	-0.05	-0.05	-0.05	-0.05	-0.05	-0.05
	(-0.94)	(-1.01)	(-0.96)	(-0.92)	(-0.93)	(-0.93)	(-0.99)
Sales	0.10^{**}	0.11^{**}	0.11^{**}	0.10^{**}	0.11^{**}	0.10^{**}	0.11^{**}
	(2.22)	(2.29)	(2.27)	(2.22)	(2.24)	(2.21)	(2.29)
Growth	0.01	0.01	0.02	0.01	0.01	0.01	0.02
	(0.25)	(0.29)	(0.32)	(0.27)	(0.21)	(0.26)	(0.32)
年份	控制						
行业	控制						

表3-11 高管团队性别结构、关键性职位与企业技术创新效率的回归结果

（1）董事会层面：考察董事长、独立董事、董事三种关键性职位

变量	创新效率 RDE						
	总样本	董事长为女性	董事长不为女性	独立董事中存在女性	独立董事中不存在女性	董事中存在女性	董事中不存在女性
Genderdiv	0.36*	0.34	0.34	0.03	−0.22	0.04	1.19**
	(1.72)	(0.58)	(1.52)	(0.10)	(−0.48)	(0.15)	(2.37)
Age	−0.00	0.03	−0.00	0.01	−0.02	0.02	−0.02
	(−0.16)	(0.83)	(−0.23)	(0.30)	(−0.63)	(1.30)	(−1.00)
Tac	0.10*	−0.03	0.11*	−0.02	0.08	0.11	0.04
	(1.71)	(−0.22)	(1.72)	(−0.36)	(0.75)	(1.31)	(0.40)
First	0.00	0.01	0.00	0.00	0.00	0.00	0.00
	(1.30)	(1.66)	(1.27)	(1.02)	(0.25)	(0.85)	(0.51)
Lev	0.00	0.00	0.00	0.00	0.00	−0.00	0.00*
	(1.27)	(0.31)	(1.27)	(1.16)	(0.91)	(−0.38)	(1.93)
Size	−0.02	0.06	−0.01	−0.00	−0.02	−0.01	0.04
	(−0.31)	(0.42)	(−0.25)	(−0.03)	(−0.19)	(−0.09)	(0.44)
Sales	0.12*	0.01	0.13*	0.12	0.21*	0.10	0.08
	(1.83)	(0.09)	(1.84)	(1.52)	(1.81)	(1.13)	(0.66)
Growth	0.07*	−0.03	0.07*	0.03	0.12**	0.05	0.09
	(1.93)	(−0.36)	(1.96)	(0.59)	(2.08)	(1.08)	(1.44)
年份				控制			
行业				控制			
R-sq	0.027	0.032	0.027	0.018	0.037	0.025	0.026

（2）监事会层面：考察监事长、监事两种关键性职位

变量	创新效率 RDE				
	总样本	监事长为女性	监事长不为女性	监事中存在女性	监事中不存在女性
Genderdiv	−0.13	0.12	−0.02	−0.29	−0.03
	(−1.12)	(0.53)	(−0.10)	(−1.62)	(−0.16)
Age	0.00	0.03	0.01	−0.01	−0.00
	(0.18)	(1.01)	(0.48)	(−0.29)	(−0.11)

（续上表）

（2）监事会层面：考察监事长、监事两种关键性职位

变量	创新效率 RDE				
	总样本	监事长 为女性	监事长 不为女性	监事中 存在女性	监事中 不存在女性
Tac	0.10	0.21***	0.08	−0.01	0.24**
	(1.64)	(2.61)	(1.09)	(−0.16)	(2.09)
First	0.00	−0.01	0.01*	0.01	0.00
	(1.38)	(−1.11)	(1.75)	(1.35)	(0.05)
Lev	0.00	−0.00	0.00	0.00	0.00
	(1.36)	(−0.13)	(1.16)	(0.42)	(1.44)
Size	−0.02	0.03	−0.05	0.02	−0.18**
	(−0.36)	(0.27)	(−0.71)	(0.26)	(−2.08)
Sales	0.12*	0.01	0.12*	0.25**	0.13
	(1.80)	(0.06)	(1.66)	(2.47)	(1.61)
Growth	0.07*	0.05	0.07*	0.10*	0.06
	(1.91)	(0.65)	(1.71)	(1.82)	(1.12)
年份	控制				
行业	控制				
R−sq	0.026	0.057	0.029	0.036	0.023

（3）管理层层面：考察 CEO、CFO 两种关键性职位

变量	创新效率 RDE				
	总样本	CEO 为女性	CEO 不为女性	CFO 为女性	CFO 不为女性
Genderdiv	−0.21*	0.18	−0.27*	−0.29	−0.15
	(−1.90)	(1.08)	(−1.84)	(−1.52)	(−0.84)
Age	0.00	0.06	−0.00	0.01	−0.00
	(0.09)	(1.36)	(−0.02)	(0.54)	(−0.16)
Tac	0.10*	−0.10	0.11**	0.00	0.15**
	(1.70)	(−0.61)	(1.99)	(0.03)	(2.24)
First	0.00	−0.00	0.00	0.01	0.00
	(1.40)	(−0.61)	(1.11)	(1.05)	(0.82)
Lev	0.00	0.00	0.00*	−0.00	0.00
	(1.32)	(0.33)	(1.69)	(−0.88)	(1.48)

（续上表）

（3）管理层层面：考察 CEO、CFO 两种关键性职位

变量	创新效率 RDE				
	总样本	CEO 为女性	CEO 不为女性	CFO 为女性	CFO 不为女性
Size	− 0.02	− 0.11	− 0.02	0.02	− 0.03
	（ − 0.35）	（ − 1.12）	（ − 0.25）	（0.17）	（ − 0.46）
Sales	0.12*	0.17	0.10	0.04	0.15
	（1.76）	（1.23）	（1.44）	（0.54）	（1.53）
Growth	0.07*	0.10	0.06	0.01	0.04
	（1.85）	（0.85）	（1.54）	（0.16）	（0.78）
年份	控制				
行业	控制				
R − sq	0.027	0.085	0.027	0.013	0.036

根据表 3 – 9 的结果，总体而言，高层团队性别结构与企业技术创新投入之间的关系并不显著，但通过对关键性职位进行分组回归后，得到了有意义的结果。①从董事会层面看，女性担任董事长时，高层团队性别多元化与企业技术创新投入显著正相关；而独立董事中不存在女性，或者董事中存在女性时，高管团队性别多元化与企业技术创新投入显著负相关。②从监事会层面看，当女性担任监事长时，高层团队性别多元化与企业技术创新投入显著负相关。③从管理层层面看，管理层的性别结构以及企业主要高级管理职位上是否存在女性对企业技术创新投入的影响均不显著。综合来看，高管团队性别结构对企业技术创新投入的影响因不同的关键性职位而异，其中正向影响通过董事长这一关键性职位体现，支持假设 *H5a*，而负向影响通过董事和监事长这两种关键性职位体现，支持假设 *H5b*。

根据表 3 – 10 的结果，总体而言，除第三列回归结果外，高管团队性别多元化与企业技术创新产出显著负相关，进一步探讨女性高管参与不同关键性职位时，是否会交互作用于高管团队性别多元化与企业技术创新产出的关联性，即女性高管处于特定关键性职位上时，是否会强化高管团队性别多元化对企业技术创新决策的影响。得到的结果如下：①从董事会层面看，女性担任董事长显著减弱了高层团队性别结构与企业技术创新产出的负相关关系，而女性董事的存在显著加强了高管团队性别多元化对企业技术创新产出的负向影响。②从监事会层面看，女性监事长、女性监事的存在显著减弱了高管团队性别多元化对企业技术创新产出的负向影响。③从管理层层面看，女性担任关键性职位不会强化高管团队

性别多元化对企业技术创新产出的影响。综合来看，在以企业创新产出衡量其技术创新绩效时，高管团队性别多元化显著降低了企业技术创新绩效，且女性董事的存在显著加强了这一负相关关系；但女性董事长、女性监事长以及女性监事的存在会显著减弱这一负向影响。假设 $H6a$ 和 $H6b$ 均得到验证。

根据表 3 – 11 得到的结果：①从董事会层面看，高管团队性别多元化与企业技术创新效率显著正相关，且董事中不存在女性显著加强了高管团队性别结构对企业技术创新效率的这一正向效应。②从监事会层面看，监事会的性别结构以及企业主要高级管理职位上是否存在女性对企业技术创新效率的影响均不显著。③从管理层层面看，高管团队性别多元化与企业技术创新效率显著负相关，且当 CEO 为男性时，这一负向效应显著增强。综合来看，在以企业技术创新效率衡量其技术创新绩效以及董事会执行其指挥职能时，高管团队性别多元化显著增强了企业技术创新绩效，支持假设 $H6a$；女性高管执行管理职能时，高管团队性别多元化显著降低了企业技术创新绩效，支持假设 $H6b$。另外，不同的关键性职位上是否存在女性会显著影响高管团队性别结构与企业技术创新绩效的关联性。

综上所述，在企业"董、监、高"三个层面上，不同的关键性职位会显著影响"高管团队性别结构—企业技术创新投入及绩效"之间的关联性，且当女性处于高管团队的特定关键性职位时，会强化企业高管团队性别多元化对企业技术创新决策的影响。

3.4.5　稳健性检验

（1）剔除女性高管人数为零的样本。将样本中 $Genderdiv = 0$ 的样本剔除，筛选出只包括女性高管参与的 4701 个样本，对本部分模型 3.1 至模型 3.4 进行再次回归，回归结果基本保持一致。

（2）替换关键变量。用研发投入/期末总资产替代 RD，用发明专利、实用新型专利和外观设计专利申请数替代 $Patent$，用发明专利、实用新型专利和外观设计专利申请数/研发投入的自然对数替代 RDE，并对本部分模型 3.3 进行再次回归，回归结果基本保持一致。

（3）工具变量回归。将 $Genderdiv$ 的滞后项作为工具变量，进行稳健性检验。使用的回归方法为 2SLS 法，样本通过了弱工具变量检验，在此基础上进行 Davidson – MacKinnon 检验，结果表明，工具变量均有效通过了 Davidson – MacKinnon 检验，并且工具变量的选择对实证结果不存在实质性影响，这一结果证实了前文实证分析的稳健性。

3.5 结论与建议

3.5.1 研究结论

本部分以 2009—2016 年 A 股上市公司为样本，基于心理学、公司治理及组织行为学的相关成果，嵌入女性所处的本土社会环境与制度情境因素，厘清女性高管在风险厌恶程度与过度自信水平上呈现的两种基本行为特质，明确可能对企业技术创新决策产生影响的关键性职位，进而对"高管团队性别结构—企业技术创新投入及绩效"之间的内在关联性进行研究。得到的结论如下：

1. 高管团队性别结构、关键性职位与风险厌恶程度

总体来看，随着高管团队中女性占比的增加，企业风险厌恶程度随之增加，这是男性和女性不同的生理与行为特点所决定的。男性通常更具攻击性、成就导向、主导性，他们更为激进，而女性经常被认为更加亲切和服从，所以组织中女性人数的增加会强化团队的风险规避倾向，从而使企业风险厌恶程度增加。以上分析综合考虑了企业"董、监、高"三个层面分别对应的执行与指挥、监督、管理三种职能。当单独考察这三种职能时发现，在执行监事会的监督职能时，女性监事的存在会显著增强企业风险厌恶程度，在执行高管层面的管理职能时，女性 CEO 会显著降低企业风险厌恶程度。因为根据性别角色理论，能够承担高管职务的女性与普通女性相比具有不同的品质和经历，特别是在经历过许多困难后成为高管的女性更具有男性特质，她们付出了更多的努力，更加辛勤地工作，练就了比一般女性更加坚韧和刚毅的性格，风险承担意识也会更强。

2. 高管团队性别结构、关键性职位与过度自信水平

总体而言，高管团队性别结构与过度自信水平之间的关系不显著。因为基于象征主义理论，高管团队中女性数量过少，即使女性的过度自信水平相较于男性要低，但考虑到个体对群体的影响力，女性成员对高管团队过度自信水平的影响其实很有限。但细分具体的关键性职位时可以发现，女性监事和女性 CFO 会显著降低高管团队的过度自信水平，促使企业给出更为保守的盈利预测。可见女性在执行监督职能和财务决策职能时对高管团队的过度自信水平起到了显著的调节作用。

3. 高管团队性别结构与企业技术创新投入及绩效

企业高管团队性别多元化会显著降低企业技术创新产出，即随着高管团队女性占比的不断提高，以创新产出衡量的企业技术创新绩效随之显著降低。造成这

一结果的原因在于，企业的技术创新活动充满了不确定性并且具有很高的失败风险，因此管理者需要有雄心壮志和源源不断的资源来确保创新的最终成功。异质性的高管团队易导致意见分歧，且女性厌恶风险的特质也会阻碍企业创新，削弱企业的技术创新绩效。

4. 高管团队性别结构、关键性职位与企业技术创新投入及绩效

由于企业董事会、监事会和管理层分别对应执行与指挥、监督、管理三种企业决策类型，女性担任企业高管团队中的不同关键性职位对企业技术创新投入及绩效的影响具有明显的异质性。具体而言：①企业高管团队性别多元化对其技术创新投入的影响具有异质性，其中正向影响通过董事长这一关键性职位体现，负向影响通过董事和监事长这两种关键性职位体现。因为女性担任董事长加大了高管团队中女性成员的话语权，不同性别在思考与处理问题上的优势得以凸显，异质性的高管团队可以为企业战略决策的制定提供创新性的思考和观察角度，为解决问题带来新的、更有效的方法，而技术创新的产生正是以这些创造性的思维、观念和方法作为前提条件，这对企业进行技术创新活动十分有益。②高管团队性别结构对企业技术创新绩效（用创新产出衡量）的影响具有异质性，且女性高管处于特定关键性职位时，会强化高管团队性别多元化对企业技术创新绩效的影响。具体来说，高管团队性别多元化显著降低了企业技术创新绩效，且女性董事的存在显著加强了这一负相关关系，但女性董事长、女性监事长以及女性监事的存在显著减弱这一负向影响。由此可见，高管团队性别多元化对企业技术创新绩效的影响并非总是消极的，特定关键性职位上女性的存在会显著改善这种消极影响，尤其是在执行监督职能的监事会中，女性的存在对调节性别多元化对创新产出的负向影响十分有益。③高管团队性别结构对企业技术创新绩效（用创新效率衡量）的影响具有异质性。在董事会执行指挥职能时，高管团队性别多元化显著增强了企业技术创新绩效，但执行管理职能时，高管团队性别多元化显著降低了企业技术创新绩效，且不同的关键性职位上是否存在女性会显著影响高管团队性别结构与企业技术创新绩效的关联性。

3.5.2 政策建议

在国家实施创新驱动发展战略进行经济转型这一宏观背景下，如何提高企业进行技术创新的决策效果，保证技术创新决策的有效性和科学性，从而提高技术创新绩效，赢得企业竞争优势，从根本上提高企业价值、促进企业长远发展，越来越引起政策决策者与企业实务界的共同关注。本部分从企业高管团队的微观视角来研究企业技术创新投入及绩效，提出以下建议：

（1）重视行为特质对企业技术创新决策的影响，优化高管团队性别结构。随着我国社会的进步与女性权益的保障，越来越多女性开始崛起，她们逐渐在不同的领域崭露头角。女性相对于男性具有风险厌恶程度高和过度自信水平低的行为特质。在企业决策中，高管团队中的男性高管更容易采取冒险性的决策，增加技术创新支出，承担更高的经营风险，相反地，"谨慎行事"的女性高管会更加理智，减少技术创新支出，降低企业风险水平，这对防止企业盲目投资、开展无效率研发活动有十分重要的意义。因此，提高高管团队性别多元化程度，充分发挥女性在风险厌恶程度和过度自信水平上呈现的不同行为特质，对企业技术创新决策有益。

（2）明确不同关键性职位的职能特点，更好地发挥高管团队性别多元化对企业技术创新决策的重要作用。关键性职位具体覆盖企业"董、监、高"三个层面，其中，女性在董事会中担任的董事长、独立董事与董事，在监事会中担任的监事长与监事，在管理层中担任的 CEO 或 CFO 等关键性职位，分别依次对应了执行与指挥、监督、管理三种企业决策类型，女性就职于不同关键性职位所对应的是不同的企业决策类型，对企业技术创新投入和绩效的影响具有一定的异质性。比如女性担任董事长会显著提高企业技术创新投入，但会显著降低企业技术创新产出；女性独立董事对企业技术创新产出存在显著的促进作用等。且女性就职于某一关键性职位时，对"高管团队性别结构—企业技术创新投入及绩效"之间的关系会产生显著的促进或调节作用，比如女性监事长和女性监事的存在显著调节了高管团队性别多元化对企业技术创新产出的负向影响等。因此，只有明确女性所处的不同关键性职位对企业技术创新投入及绩效的影响，并调节不同关键性职位的性别分布，才能使高管团队性别多元化对企业技术创新的正面效应达到最大。

4

高管特征、制度环境对企业技术创新的作用机理研究——基于高管从军经历的视角

4.1 基本研究框架

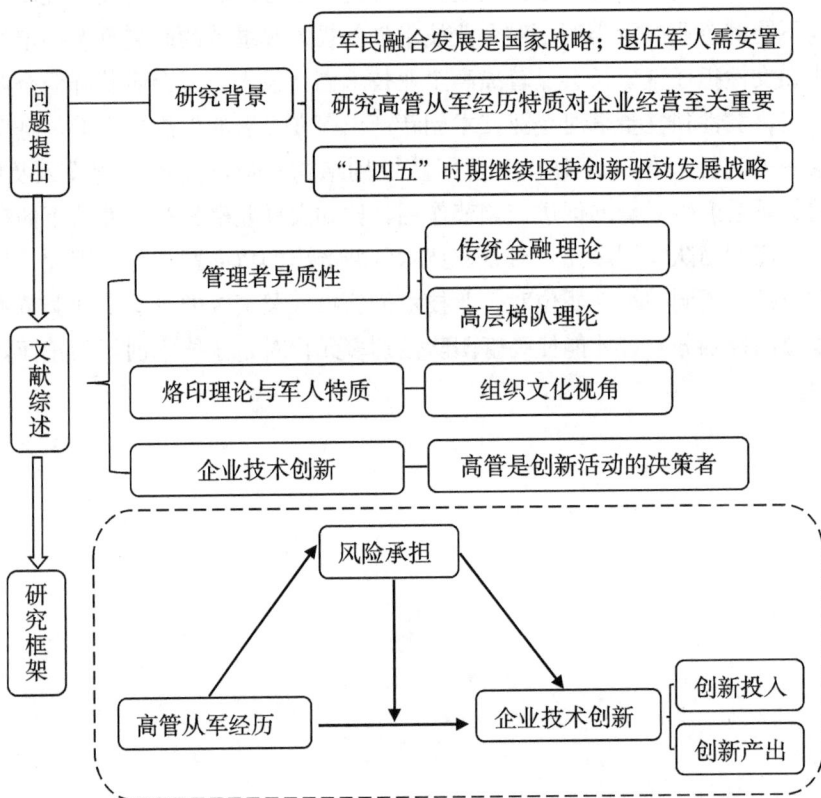

图 4 - 1　基于高管从军经历的基本研究框架

研究假设

从军经历与风险承担

创新项目具有长期性和多阶段性的特点，且伴随着较高的失败风险（Holmstrom，1989），同时，风险承担是高管对待风险的态度，由其自身特征和客观环境决定。从自身特征角度考虑，相对于较年长的高管，年轻高管更容易获得先进的技术和知识，更善于在复杂多变的市场环境中发现机会，也更愿意承担风险（Wiersema，Bantel，1992；Baker，Muller，2002）；Gibbons 和 Murphy（1992）则发现 CEO 任期与风险承担负相关。从客观环境角度考虑，郭道燕、黄国良和张亮亮（2016）研究了"黄金期"的沪深 A 股上市公司，指出高管风险承担与财务经历显著负相关，与公司超速增长显著正相关，同时风险承担在高管财务经历负向影响公司超速增长的关系中起到中介作用。除此之外，以心理学角度分析，军队生活经历在高管性格特征的塑造上发挥较大作用，关于从军经历对高管风险承担影响的研究，国内外学者存在很大分歧，主要表现为以下两种极端。

一部分学者认为从军经历会使高管偏好高风险，具体表现为，从战争中学到的技能让管理者更加相信他们能够走出棘手而又充满风险的困境，较少有风险厌恶心理（Elder et al.，1991）；经历过战争的人具有冒险倾向，行为比较激进（Wansink，Payne & Ittersum，2008；Killgore et al.，2008）。军人 CEO 在融资决策方面有着高短期负债率和更高负债水平，投资决策方面有着更高的并购倾向和更高的并购频率（黄勇，2012），也更倾向于支付更高的并购溢价（曾宪聚等，2020）。从军经历管理者使得企业的债务期限结构更短、现金持有水平更低，最终给企业的经营业绩带来了负面影响，表现出高风险承担和激进的决策特征（Malmendier et al.，2011；赖黎、巩亚林和马永强，2016）。从军经历管理者相比同行会选择更激进的债务政策，并显著提高了公司的杠杆比率（晏艳阳、赵民伟，2016）。企业核心高管具有从军经历会使其在决策中更加激进，企业聘请从军经历核心高管能够提升经营业绩、增加企业风险承担水平，这种现象在竞争性企业中表现得尤为明显（叶建宏，2017）。赖黎等（2017）从企业并购的角度分析了我国 2006—2015 年沪深 A 股企业，结果显示，从军经历管理者更偏好并购，并购支出更多，所在企业的并购风险更高，并购绩效更好，表明从军经历高管更偏好高风险和高收益的并购策略，陈柯甫（2017）的研究也得出了同样的结论。在军民融合发展战略背景下，具有从军经历高管的公司应计盈余管理程度更高，这种影响在决策权力高的公司中更加显著，说明从军经历使得高管的财务决策更激进（权小锋、醋卫华和徐星美，2019）。

另一部分学者则认为经过军队洗礼的高管在一定程度上变得相对保守，有规避风险或不确定性的倾向。比如早期参军的管理者更趋于保守的负债政策（孟俊龙，2014）。Benmelech 和 Frydman（2015）开创性地从实证角度分析了从军经历 CEO 的内在变化，认为从军生活使 CEO 变得保守。从军经历创始人在风险选择中会倾向于保守，在保持业绩增长的同时会寻求降低业绩波动性（叶建宏，2017）。Schoar 和 Zuo（2017）强调像参军这样的重要经历会给高管留下烙印，其管理风格会趋于保守，也会相应地制定保守的公司决策。王元芳和徐业坤（2019）实证分析了管理者从军经历对公司风险承担的影响，同时考虑政府干预、管理者 MBA 教育经历及企业行业属性等的作用，指出从军经历使得管理者更为保守，表现为公司风险承担水平显著下降，这在民营企业和处于非管制行业的企业中表现得更加显著；政府干预越严重的地区，管理者从军经历对于弱化公司风险承担的作用越显著。进一步研究发现，管理者的 MBA 教育经历与从军经历在影响公司风险承担方面存在替代效应。此外，从军经历高管所在的民营企业在采取盈余管理措施的程度和被出具非标准审计意见的可能性方面也更低（王元芳、徐业坤，2020）。

综上可以发现，从军经历有可能使高管在管理风格和行为选择上表现出偏好风险，也有可能使高管厌恶风险。从军经历固然会使高管变得勇敢，但同时也使其更加审慎和稳重，二者之间究竟哪个所占比例更大、更能影响高管决策，需要进一步加以分析。一方面，我们现在生活在和平年代，目前在企业中做高管的退役军人有极少数真正参加过战争，而那些真真切切参与过第二次世界大战、解放战争、朝鲜战争等的军人至少已经过了退休年龄，无法在企业任职高管参与企业经营决策。故本部分认为，当前军人高管身上的勇敢特质小于审慎和稳重特质。另一方面，在我国党对人民军队的绝对领导是人民军队的建军之本、强军之魂，也是前进道路上永远不能变的军魂、永远不能丢的命根子，同时，军队本身就有着铁的纪律，这使军人具备注重规则、纪律严明、尊重制度的良好品德。无论是在战争年代还是在和平年代，对纪律的严守都是军人核心价值观的重要组成部分和军队建设的基本要求（王越霞，2010），从军经历 CEO 普遍恪守严格的纪律，不会将企业的杠杆率保持在较高的水平（付超奇，2015），这可能导致从军经历高管较难接受打破常规的变化，决策更加保守。此外，我国军队通过理想、人生观等的教育修正和优化个体利益偏好，强调个人利益服从整体利益（陈俨、杨建军，1996），从军经历对高管的积极影响使其在企业经营活动中降低对私人收益的追求（邵剑兵、吴珊，2018），这可能使高管在企业管理中为了考虑得更加全面、更多地追求企业整体利益最大化而决策更加小心谨慎。

基于此，本部分提出以下假设：

*H*1：高管从军经历使企业风险承担水平更低。

此外，企业经营情况与产权属性有较大关联性（苏坤，2017）。国有企业是一种特殊企业，要执行国家计划经济政策，担负着调节社会经济职能的重任，主要由国家投资设立，不以营利为唯一目的，更注重对投资者利益的保护。因此，在经营管理方面相对关注企业的稳健经营和可持续发展，看中长远目标而不是盲目追求短期收益。而且银行在进行信贷决策时会为国有企业提供隐性担保，降低国有企业的风险。同时，由于部队生活更加强调对纪律的无条件服从和对规则的绝对恪守，可能会形成从军经历高管决策更加审慎的特征，结合国有企业的特殊性，这种特征会表现得更明显。基于此分析，提出以下假设：

*H*2：相对于非国有企业，国有企业的从军经历高管对企业风险承担水平的影响更加显著。

4.2.2　风险承担与技术创新

风险承担反映了企业在投资决策过程中对投资项目的选择，更高的风险承担水平意味着管理者更少放弃高风险但预期净现值大于 0 的投资项目，保守的管理者通常会选择那些低风险的投资项目，企业表现出较低的风险承担水平（李文贵、余明桂，2012）。而创新不同于一般投资，创新结果极具不确定性，这对管理者的风险承担水平提出了较高的要求。因此有学者研究了高管的风险偏好和企业技术创新之间的关系，发现二者主要有两种关系：正向和非线性。一方面，李海燕（2017）在考察了管理者的风险承担对技术创新与企业价值影响后发现，管理者的风险偏好越高，越愿意积极地采取创新战略，实现的技术创新能够显著正向提升企业价值；汤颖梅、王怀明和白云峰（2011）则以我国技术密集型产业的上市公司为样本，证明了 CEO 的风险偏好越高，企业研发支出就越多，二者呈显著正相关关系；唐清泉和甄丽明（2009）结合前景理论和委托代理理论，深入分析了上市公司的管理层风险偏好、薪酬激励与企业研发投入三者之间的关系，研究结果显示，高管风险偏好与研发投入呈显著正相关关系，薪酬激励在风险偏好和研发投入之间起到调节作用。另一方面，甄丽明（2014）基于前景理论，从静态视角和动态视角研究了管理层风险承担与企业创新的作用机制，认为风险承担对创新投入存在框架效应，该效应产生的不同影响主要受上市公司实际业绩与预期业绩差距的影响，当差距达到临界值时管理层风险承担才和技术创新正相关；郝清民和孙雪（2015）同样指出企业创新激励和高管风险承担呈非线性关系，而且在适中的风险承担区间内，创新激励有一定刚性。总体来讲，基于线性回归分析的研究方法，企业风险承担水平与技术创新之间呈显著的正相关关系，即风险承担水平越高，企业技术创新程度就越高。

4.2.3 从军经历、风险承担与技术创新

1. 高管从军经历与企业技术创新

近年来，有部分学者着手从理论和实践的角度来探索高管从军经历与企业技术创新之间的作用机理。如罗进辉、李雪和向元高（2017）以中国家族控股上市公司为研究样本，从高管早期从军经历产生的长期影响出发，研究结果显示，家族企业中，从军经历高管管理的企业避免进行研发投资活动，其研发投资概率和水平都显著较低；相比于外聘高管，控股家族成员担任公司高管时这种负向影响更强；在终极所有权比例较高时，高管从军经历对企业研发投入的负向影响则较弱。邵剑兵和吴珊（2018）在考察我国 2010—2015 年 A 股上市企业的同时考虑地域因素，基于财务决策视角研究管理者从军经历与企业创新投入的关系，发现从军经历与企业创新投入显著负相关，企业资产负债率和现金持有量在两者关系中均起到部分中介作用，且这种关系在处于中心城市的上市公司中尤为显著等。陈伟宏等（2019）则证明了高管从军经历与企业研发投入呈显著正相关关系，且这种正向作用随着市场竞争程度的增加而增加，冗余资源还会对此起到增强效应，而经营期望落差则会使从军经历对企业研发投入的正向作用减弱。此外，权小锋、醋卫华和尹洪英（2019）还详细分析了高管从军经历特质，认为高管服役年限越长、军衔越高，企业创新程度就越高，并且在经济下行时这种效应更显著。

综上，高管从军经历既可能会促进企业技术创新，也可能会对创新产生一定的抑制作用，这种争议需要进一步佐证。此外，技术创新不仅仅包括创新投入，还包括创新产出，而以上大部分研究都只局限于创新投入而忽视了创新产出，不够全面和精准。我国的军人有着恪守纪律和注重规则的特质，这可能会使其决策不够大胆，甚至有可能限制其思维的发散性，而创新活动又有着投资期长、风险高、收入不确定性等特点，从军经历高管可能不利于企业的创新活动。基于此，提出以下假设：

H3a：高管从军经历与企业创新投入显著负相关。

H3b：高管从军经历与企业创新产出显著负相关。

从产权属性考虑，技术创新是企业提高核心竞争力、实现价值增值的重要途径之一，而国有企业比较关注稳健经营，并不将追求收益作为唯一的经营目标，

因此相对而言，非国有企业可能更加倾向于通过技术创新来实现盈利目的。从创新特征来讲，创新活动本身具有投资期长、风险高、收入不确定性等特点，这对企业的风险承担能力有较高的要求，而国有企业风险承担水平显著低于非国有企业（李文贵、余明桂，2012），因此，国有企业的创新水平可能会偏低。同时考虑到从军经历可能会使高管决策倾向于规避不确定性风险，结合以上观点，本部分认为国有企业中从军经历高管可能对技术创新产生的影响更大。基于此，提出以下假设：

$H4a$：相对于非国有企业，国有企业的从军经历高管对创新投入的影响更大。

$H4b$：相对于非国有企业，国有企业的从军经历高管对创新产出的影响更大。

2. 高管从军经历、风险承担与企业技术创新

迄今为止，有不少学者从风险承担视角探讨了管理者异质性与企业技术创新之间的作用机制。中介效应体现的是作用路径，自变量通过中介变量影响因变量，而调节效应强调"影响自变量和因变量关系的方向与强度"，这两种研究方法属于心理学中非常重要的研究方法（温忠麟、侯杰泰和张雷，2005）。基于中介效应的研究中，张峰和杨建君（2016）通过股东积极主义视角梳理大股东参与行为与技术创新的相关性，证明了经理人的风险承担完全中介大股东战略干预行为对企业创新绩效的影响，同时还部分中介大股东战略共享行为与创新绩效之间的关系；何瑛、于文蕾和杨棉之（2019）收集 CEO 多维职业经历，指出 CEO 丰富的职业经历能够提高企业风险承担水平，使企业表现出更高的创新投入水平，进而提升企业的价值创造能力；王飞绒、赵鑫和李正卫（2019）则通过问卷调查进行实证研究，将企业家情怀纳入创新研究，并发现企业风险承担水平在二者之间起到部分中介效应；顾海峰和卞雨晨（2020）从教育背景、金融经历、董事联结、政治关联、科研任职五个维度对董事会资本进行测度，研究结果发现风险承担在董事会资本和创新投入之间起到部分中介作用；此外，安素霞和赵德志（2020）基于潜意识理论用 CEO 签名大小衡量 CEO 自恋程度，证明了 CEO 自恋程度越高，风险承担水平越高，进而推动企业加大研发投入。尽管有部分文献研究了高管从军经历和企业技术创新之间的内在关联性，但二者之间的作用机制并未被完全挖掘出来。可以发现，管理者异质性对创新投入和创新产出的影响需要通过高管创新决策时的态度和行为来实现，由于风险承担反映了高管寻求和把握外部机会的意愿和努力（Balkin，Markman，2000），本部分认为它同样能够中介高管从军经历与企业技术创新之间的关系，也就是说，从军经历对高管风险偏好产生烙印，进而影响企业创新投入和创新产出。

与此同时，基于调节效应的研究中，郝盼盼、张信东和贺亚楠（2020）以2002—2015 年 A 股主板上市的制造业和信息技术业为样本，创新性地探索了高

管的改革开放经历，并讨论风险承担的调节作用，发现风险承担会正向调节高管改革开放经历与创新投入和创新产出之间的关系。企业创新具有高风险性的特性，而高管对创新活动有着重要的决策权，高管的风险承担态度影响着企业创新的成败。因此，本部分进一步认为风险承担同样能够在高管从军经历与企业技术创新之间发挥调节效应，即高管从军经历对创新投入和创新产出的影响与风险承担有关。基于此，提出以下假设：

H5a：风险承担在高管从军经历和企业创新投入之间有中介作用。

H5b：风险承担在高管从军经历和企业创新产出之间有中介作用。

H6a：风险承担在高管从军经历和企业创新投入之间有调节作用。

H6b：风险承担在高管从军经历和企业创新产出之间有调节作用。

根据以上理论分析和研究假设，本部分假设的逻辑关系如图4-2所示：

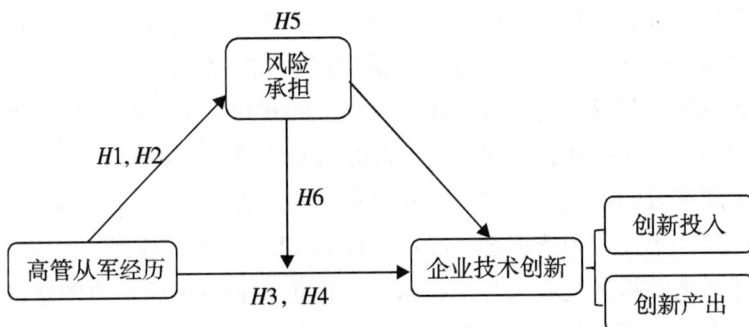

图4-2　假设的逻辑关系

4.3　研究设计

4.3.1　数据来源与样本筛选

考虑到专利申请数据的可获得性与更新进度，本部分选取我国沪深A股2008—2018年上市公司作为初始样本。为提高研究结果的准确性和可信性，对初始样本进行如下筛选：①剔除金融类上市公司样本；②剔除相关财务数据缺失或异常的观测值；③剔除ST、*ST公司样本。为消除极端值的影响，对所有连续变量进行1%和99%的缩尾处理，最终得到了11588个样本，涵盖2036家公司。数据来源如下：从军经历数据首先在国泰安CSMAR数据库的"高管个人资料"

中取得，然后通过手工筛选的方式搜集，设置关键词如"参军""入伍""服役""退役""转业""部队""国防""海军""空军"等；发明专利申请数量来自中国研究数据服务平台 CNRDS 数据库；研发投入数据通过 CSMAR 数据库、Wind 资讯网和运用 Python 编程软件在企业年报中获取；其他数据均来自 CSMAR 数据库。本部分所有数据的统计和分析均通过 Stata 16 统计软件完成。

4.3.2 变量界定

1. 被解释变量

以往衡量企业技术创新的指标大多选的是研发投入（曾萍、邬绮虹，2012；王清、周泽将，2015），增加研发投入确实能够提高企业创新能力（李苗苗、肖洪钧和傅吉新，2014），本部分用企业研发投入 *RD* 作为衡量技术创新的指标，但关于创新结果的信息它无法提供。《中华人民共和国专利法》规定，专利分为发明专利、实用新型专利和外观设计专利，后两者较容易获得，而发明专利获得难度较大、技术要求较高，能更好地代表企业创新能力（余明桂、钟慧洁和范蕊，2016）。参考陈钰芬和陈劲（2009）以及袁建国、程晨和后青松（2015）等的主流做法，本部分将上市公司独立申请的发明专利数量 *Patent* 作为创新产出的代理变量。考虑到高管决策实施的滞后性，同时也为了尽量避免出现内生性问题，所有的被解释变量均采用滞后一期的数据。

2. 解释变量

关于高管的界定，现有文献并未达成一致。以往研究从军经历高管的文献中，对高管的定义有三种：一是董事长或者总经理（权小锋、徐星美和蔡卫华，2018；王元芳、徐业坤，2019）；二是董事长以及总经理（赖黎等，2017）；三是核心高管，包括董事长、副董事长、总经理、副总经理和财务总监（叶建宏，2017；廖方楠、韩洪灵和陈丽蓉，2018）。除以上职位外，监事会同样在企业的经营活动中扮演着不可忽视的角色，与董事会并列设置。因此，考虑到可能对企业决策产生影响的关键职位，借鉴姜付秀等（2009）的做法，将本部分所研究的高管范围定义为上市公司董事会成员、监事会成员和高级管理人员，拟从董、监、高的全面视角进一步对从军经历高管特质进行补充和完善。国内外关于高管从军经历的文献中，从军经历都是虚拟变量（Law，Mills，2017；权小锋、醋卫华和徐星美，2019），故本部分也将高管从军经历 *Army* 设为虚拟变量，若企业在当年出现从军经历高管赋值为 1，否则赋值为 0。

3. 中介变量和调节变量

已有文献主要从盈余波动性（John，Litov & Yeung，2008；余明桂、李文贵和潘红波，2013；何瑛、于文蕾和杨棉之，2019）和股票波动性（张敏、童丽静和许浩然，2015；王元芳、徐业坤，2019）两个角度来衡量企业风险承担水平，但是由于我国股票市场波动性较大等原因，同时为缓解行业和周期的影响，本部分采用资产收益率波动 $Risk1$ 以及经行业、年度均值调整后的资产收益率最大值与最小值之差 $Risk2$ 来衡量风险承担水平。由于我国上市公司中制造业企业占总样本的 72.01%，故将制造业上市公司的行业代码细化为两位。具体计算方法如下：

（1）资产收益率波动（$Risk1$）。

首先，计算经行业和均值调整后的资产收益率（PA_{ijt}）：

$$PA_{ijt} = \frac{EBIT_{ijt}}{ASSET_{ijt}} - \frac{1}{n}\left(\sum_{k=1}^{n_{jt}} \frac{EBIT_{kjt}}{ASSET_{kjt}}\right)$$

其次，以每 5 年为一个观察期（$t-4$ 年至 t 年，即 $T=5$），在观察期滚动计算 PA_{ijt} 的标准差，该标准差即为企业风险承担水平（$Risk1_i$）。

$$Risk1_i = \sqrt{\frac{1}{T-1} \times \sum_{t=1}^{T}\left[PA_{ijt} - \frac{1}{T}\left(\sum_{t=1}^{T} PA_{ijt}\right)\right]^2}$$

其中，$EBIT$ 表示息税前利润；$ASSET$ 表示资产总额；i、j、t 分别表示公司、行业、年份；n 表示在 t 年 j 行业中的公司总数。

（2）经行业、年度均值调整后的资产收益率最大值与最小值之差即极差（$Risk2$）。

$$Risk2 = \max(PA_{ijt}, PA_{ijt+1}, \cdots, PA_{ijt+T}) - \min(PA_{ijt}, PA_{ijt+1}, \cdots, PA_{ijt+T})$$

4. 控制变量

参照赖黎、巩亚林和马永强（2016）的研究，本部分控制变量设定为年龄（Age）、性别（$Gender$）、两职合一（$Combined$）、董事会规模（$Board$）、独立董事比例（$Indep$）、产权性质（$Equity$）、公司规模（$Size$）、经营业绩（ROE）、资产收益率（ROA）、资产负债率（LEV）、第一大股东持股比例（$Top1$）和股东制衡程度（$Balance$），最后是行业虚拟变量（Ind）和年度虚拟变量（Yr）。具体界定如表 4-1 所示：

表 4 – 1 模型变量的界定与计算方法

变量类型	变量名称	变量符号	定义
被解释变量	创新投入	RD	$t+1$ 年上市公司研发投入的自然对数
	创新产出	Patent	$t+1$ 年上市公司发明专利申请数量
解释变量	从军经历	Army	高管是否具有从军经历，若是取值为 1，否则为 0
中介与调节变量	风险承担	Risk1	t 年资产收益率波动
		Risk2	t 年经行业和年度均值调整后的资产收益率最大值与最小值之差
分组变量	产权性质	Equity	当上市公司为国企时取值为 1，否则为 0
	年龄	Age	t 年总经理年龄
	性别	Gender	t 年总经理性别，男性 =1，女性 =0
	两职合一	Combined	t 年董事长和总经理是同一人取值为 1，否则为 0
控制变量	董事会规模	Board	t 年董事会董事人数
	独立董事比例	Indep	t 年独立董事人数/公司董事总人数
	公司规模	Size	t 年总资产取自然对数
	经营业绩	ROE	t 年末净利润/股东权益总额
	资产收益率	ROA	t 年末净利润/总资产
	资产负债率	LEV	t 年资产负债率 = 总负债/总资产
	第一大股东持股比例	Top1	t 年第一大股东持股数量占公司总股数的比例
	股东制衡程度	Balance	t 年第 2、3、4、5 大股东的持股比例之和/第一大股东持股比例
	行业	Ind	行业虚拟变量，按证监会 2012CSRC 代码进行分类，除制造业 C 类区分至小类以外，其他行业按一位字母类别进行区分，共有 21 个行业虚拟变量
	年度	Yr	年度虚拟变量，共 11 个年度虚拟变量

注：以上全部连续变量均采用其分布 1% 及 99% 分位上的缩尾方法进行调整。

模型设定与研究方法

为了检验高管从军经历与风险承担之间的关联性，建立模型 4.1，产权异质性分析在模型 4.1 的基础上做分组回归来验证；高管从军经历与创新投入和创新产出的相关性通过模型 4.2 来验证，异质性分析在模型 4.2 基础上做分组回归；此外，中介效应借鉴温忠麟和叶宝娟（2014）提出的逐步回归法，由模型 4.1、模型 4.2 和模型 4.3 共同检验；调节效应的检验通过将高管从军经历与风险承担进行交互，通过模型 4.4 验证。构建如下模型：

模型 4.1：

$$Risk_{i,t} = \alpha_0 + \alpha_1 Army_{i,t} + \alpha_2 \sum Control_{i,t} + \alpha_3 \sum Ind_{i,t} + \alpha_4 \sum Yr_{i,t} + \varepsilon_{i,t}$$

模型 4.2：

$$R\&D_{i,t+1} = \beta_0 + \beta_1 Army_{i,t} + \beta_2 \sum Control_{i,t} + \beta_3 \sum Ind_{i,t} + \beta_4 \sum Yr_{i,t} + \varepsilon_{i,t}$$

模型 4.3：

$$R\&D_{i,t+1} = \gamma_0 + \gamma_1 Army_{i,t} + \gamma_2 Risk_{i,t} + \gamma_3 \sum Control_{i,t} + \gamma_4 \sum Ind_{i,t} + \gamma_5 \sum Yr_{i,t} + \varepsilon_{i,t}$$

模型 4.4：

$$R\&D_{i,t+1} = \gamma_0 + \gamma_1 Army_{i,t} + \gamma_2 Risk_{i,t} + \gamma_3 Army_{i,t} \times Risk_{i,t} + \gamma_4 \sum Control_{i,t} +$$

$$\gamma_5 \sum Ind_{i,t} + \gamma_6 \sum Yr_{i,t} + \varepsilon_{i,t}$$

其中，$R\&D$ 表示企业技术创新，包括创新投入 RD 和创新产出 $Patent$ 两个维度；$Risk$ 表示企业风险承担水平，包括资产收益率波动 $Risk1$ 和经行业和年度均值调整后的资产收益率极差 $Risk2$。考虑到被解释变量创新投入（RD）为面板数据，本部分对其考察了面板固定效应和随机效应，并通过 Hausman 检验来选择，若 p 值不大于 0.1 则选取固定效应回归，然后通过 Wald 检验从固定效应和混合 OLS 中选取最合适的回归方法；若 Hausman 检验不能拒绝原假设则选随机效应，然后通过 BP 检验在随机效应和混合 OLS 中选出更准确的回归。由于被解释变量 $Patent$ 为非负整数，更适合计数模型，因此首先考察 Possion 回归，若方差明显大于期望，则可能存在过度分散，进一步通过 Alpha 检验来确定专利数量是否过度分散，若是则选择负二项回归，最后通过 Hausman 检验和 LR 检验在混合负二项回归、固定负二项回归和随机负二项回归之间选取最恰当的。此外，经检验，本部分所有变量的方差膨胀因子 VIF 值均低于 5，表明多重共线性不会对实证结果产生重要影响。

4.4 实证结果与分析

4.4.1 描述性统计

本部分实证设计我国沪深 A 股全部上市公司 2008—2018 年总样本与是否属于国有企业、是否有从军经历高管的 4 个子样本。表 4 - 2 为总样本与产权属性分组子样本的行业分布情况，其中总样本为 11588 个，子样本中国有企业有 5474 个，非国有企业有 6114 个。可以发现，所有行业中制造业占比最高，超过 70%；住宿和餐饮业数量最少，仅占 0.11%；其中，住宿和餐饮业均属于国有企业，采矿业大多数是国有企业，占总样本的 87.06%，电力、热力、燃气及水生产和供应业中也有 81.29% 为国有企业，但卫生和社会工作门类都属于非国有企业。表 4 - 3 为总样本与产权属性分组子样本的年度分布情况，随着年份的逐渐增加，国有企业占总样本的比重越来越小，由 2008 年的 75.23% 降低到 2018 年的 39.18%，这在一定程度上反映了我国坚持毫不动摇鼓励、支持、引导非公有制经济发展，激发非公有制经济活力和创造力所取得的卓越成果。

表 4 - 2 总样本与子样本的行业分布（产权属性分组）

行业代码	总样本		国有企业		非国有企业		国有企业占比（%）
	样本量（个）	占比（%）	样本量（个）	占比（%）	样本量（个）	占比（%）	
A	171	1.48	80	1.46	91	1.49	46.78
B	340	2.93	296	5.41	44	0.72	87.06
C1	835	7.21	334	6.10	501	8.19	40.00
C2	2502	21.59	1088	19.88	1414	23.13	43.49
C3	4894	42.23	2309	42.18	2585	42.28	47.18
C4	113	0.98	26	0.47	87	1.42	23.01
D	294	2.54	239	4.37	55	0.90	81.29
E	305	2.63	198	3.62	107	1.75	64.92
F	417	3.60	258	4.71	159	2.60	61.87
G	189	1.63	146	2.67	43	0.70	77.25
H	13	0.11	13	0.24	0	0.00	100

（续上表）

行业代码	总样本		国有企业		非国有企业		国有企业占比（%）
	样本量（个）	占比（%）	样本量（个）	占比（%）	样本量（个）	占比（%）	
I	734	6.33	181	3.31	553	9.04	24.66
K	194	1.67	79	1.44	115	1.88	40.72
L	118	1.02	33	0.60	85	1.39	27.97
M	89	0.77	30	0.55	59	0.96	33.71
N	97	0.84	22	0.40	75	1.23	22.68
P	16	0.14	9	0.16	7	0.11	56.25
Q	30	0.26	0	0.00	30	0.49	0.00
R	123	1.06	66	1.21	57	0.93	53.66
S	114	0.98	67	1.22	47	0.77	58.77
总计	11588	100	5474	100	6114	100	47.24

表4-3　总样本与子样本的年度分布（产权属性分组）

年度	总样本		国有企业		非国有企业		国有企业占比（%）
	样本量（个）	占比（%）	样本量（个）	占比（%）	样本量（个）	占比（%）	
2008	218	1.88	164	3.00	54	0.88	75.23
2009	344	2.97	234	4.27	110	1.80	68.02
2010	557	4.81	369	6.74	188	3.07	66.25
2011	643	5.55	405	7.40	238	3.89	62.99
2012	907	7.83	538	9.83	369	6.04	59.32
2013	983	8.48	567	10.36	416	6.80	57.68
2014	1138	9.82	591	10.80	547	8.95	51.93
2015	1485	12.81	630	11.51	855	13.98	42.42
2016	1726	14.89	641	11.71	1085	17.75	37.14
2017	1841	15.89	651	11.89	1190	19.46	35.36
2018	1746	15.07	684	12.50	1062	17.37	39.18
总计	11588	100	5474	100	6114	100	47.24

表4-4为总样本与从军经历分组子样本的行业分布情况，其中总样本有

11588 个，子样本中有从军经历高管的有 1154 个，没有从军经历高管的有 10434 个。可以发现，住宿和餐饮业从军经历高管所占比重最大，高达 53.85%；其次是文化、体育和娱乐业，占总样本的 17.07%，这可能与从军经历高管服务意识较强、体能更好有关；而教育行业没有从军经历高管。表 4-5 为总样本与从军经历分组子样本的年度分布情况，可以看出 2008 年至 2018 年间各上市公司的从军经历高管样本分布均匀，数值基本在 9.90% 左右波动，比较稳定。

表4-4　总样本与子样本的行业分布（从军经历分组）

行业代码	总样本		有从军经历高管		无从军经历高管		从军经历高管占比（%）
	样本量（个）	占比（%）	样本量（个）	占比（%）	样本量（个）	占比（%）	
A	171	1.48	27	2.34	144	1.38	15.79
B	340	2.93	44	3.81	296	2.84	12.94
C1	835	7.21	68	5.89	767	7.35	8.14
C2	2502	21.59	303	26.26	2 199	21.08	12.11
C3	4894	42.23	433	37.52	4 461	42.75	8.85
C4	113	0.98	4	0.35	109	1.04	3.54
D	294	2.54	42	3.64	252	2.42	14.29
E	305	2.63	23	1.99	282	2.70	7.54
F	417	3.60	54	4.68	363	3.48	12.95
G	189	1.63	25	2.17	164	1.57	13.23
H	13	0.11	7	0.61	6	0.06	53.85
I	734	6.33	49	4.25	685	6.57	6.68
K	194	1.67	17	1.47	177	1.70	8.76
L	118	1.02	13	1.13	105	1.01	11.02
M	89	0.77	6	0.52	83	0.80	6.74
N	97	0.84	8	0.69	89	0.85	8.25
P	16	0.14	0	0.00	16	0.15	0.00
Q	30	0.26	3	0.26	27	0.26	10.00
R	123	1.06	21	1.82	102	0.98	17.07
S	114	0.98	7	0.61	107	1.03	6.14
总计	11588	100	1154	100	10434	100	9.96

表 4 - 5　总样本与子样本的年度分布（从军经历分组）

年度	总样本		有从军经历高管		无从军经历高管		从军经历高管占比（%）
	样本量（个）	占比（%）	样本量（个）	占比（%）	样本量（个）	占比（%）	
2008	218	1.88	22	1.91	196	1.88	10.09
2009	344	2.97	29	2.51	315	3.02	8.43
2010	557	4.81	58	5.03	499	4.78	10.41
2011	643	5.55	61	5.29	582	5.58	9.49
2012	907	7.83	91	7.89	816	7.82	10.03
2013	983	8.48	100	8.67	883	8.46	10.17
2014	1138	9.82	116	10.05	1022	9.79	10.19
2015	1485	12.81	160	13.86	1325	12.70	10.77
2016	1726	14.89	170	14.73	1556	14.91	9.85
2017	1841	15.89	179	15.51	1662	15.93	9.72
2018	1746	15.07	168	14.56	1578	15.12	9.62
总计	11588	100	1154	100	10434	100	9.96

表 4 - 6 报告了主要变量描述性统计分析结果。高管从军经历 *Army* 均值为 0.10，表明从军经历高管样本约占总体的 10%，该比例与叶建宏（2017）考虑核心高管的比例 11% 基本接近，而高于最新文献中的仅考虑董事长或总经理的较高比例 6.10%（曹雅楠、蓝紫文，2020）。创新投入 *RD* 均值为 17.62，标准差为 1.78，最小值为 12.57，最大值为 21.82，说明企业创新投入有很大差异。企业创新产出 *Patent* 平均值为 14.25，标准差为 129.20，最小值为 0.00，最大值为 5336.00，可以看出企业创新产出呈两极分化趋势，最小值与最大值差距很大。风险承担水平 *Risk*1 和 *Risk*2 的最大值与最小值之间也有一定差距，说明各上市公司之间风险承担水平参差不齐。此外，产权性质 *Equity* 均值为 0.47，说明国有企业约占总样本的 47%。

表 4 - 6　主要变量描述性统计分析结果

变量名	均值	标准差	最小值	最大值
Army	0.10	0.30	0.00	1.00
*Risk*1	0.07	0.21	0.01	1.59

（续上表）

变量名	均值	标准差	最小值	最大值
Risk2	0.17	0.50	0.01	3.86
RD	17.62	1.78	12.57	21.82
Patent	14.25	129.20	0.00	5336.00
Age	48.98	6.34	25.00	80.00
Gender	0.95	0.22	0.00	1.00
Combined	1.78	0.41	1.00	2.00
Board	8.85	1.80	4.00	18.00
Indep	0.37	0.05	0.31	0.57
Equity	0.47	0.50	0.00	1.00
Size	22.24	1.25	19.75	26.06
ROE	0.06	0.11	−0.53	0.36
ROA	0.04	0.05	−0.17	0.20
LEV	0.46	0.20	0.07	0.91
Top1	34.36	14.81	8.21	74.18
Balance	0.63	0.57	0.02	2.62

4.4.2 单变量差异分析结果

根据上市公司的高管中是否有从军经历高管将全样本划分为两个子样本，即非从军经历高管子样本（$Army=0$）和从军经历高管子样本（$Army=1$），进而分析两个子样本之间的差异。从表 4 - 7 的结果可以看出，根据均值差异的 T 检验，有从军经历高管的企业创新投入和创新产出分别在 1% 与 5% 统计水平上均显著低于没有从军经历高管的企业；有从军经历高管的企业风险承担水平低于没有从军经历高管的企业，但不显著；非国有企业中从军经历高管数量显著多于国有企业，这可能跟非国有企业样本量大于国有企业有关。此外，与没有从军经历高管的企业相比，有从军经历高管的企业具有显著的低独立董事占比、低企业规模、低第一大股东持股比例以及高股权制衡程度等特征。

表 4 - 7　分组差异检验结果

变量名	Army = 0		Army = 1		Difference	
	样本量	均值	样本量	均值	均值	t 值
RD	10434	17.66	1154	17.26	0.404	7.347***
Patent	10434	15.20	1154	5.66	9.542	2.381**
Risk1	10434	0.07	1154	0.07	-0.006	-0.900
Risk2	10434	0.17	1154	0.18	-0.015	-0.990
Age	10434	48.97	1154	49.03	-0.057	-0.290
Gender	10434	0.95	1154	0.96	-0.006	-0.830
Combined	10434	1.78	1154	1.78	0.007	0.580
Board	10434	8.85	1154	8.87	-0.021	-0.380
Indep	10434	0.37	1154	0.37	0.003	1.766*
Equity	10434	0.48	1154	0.44	0.038	2.432**
Size	10434	22.25	1154	22.12	0.139	3.580***
ROE	10434	0.06	1154	0.06	-0.001	-0.410
ROA	10434	0.04	1154	0.04	0	0.070
LEV	10434	0.46	1154	0.46	0.004	0.620
Top1	10434	34.54	1154	32.74	1.795	3.908***
Balance	10434	0.62	1154	0.68	-0.056	-3.178***

注：***、**和*分别表示均值的 t 检验在 1%、5%、10% 水平上显著。

4.4.3　多元回归结果与分析

1. 高管从军经历与风险承担水平

本部分通过模型 4.1 来检验高管从军经历与风险承担水平之间的内在关联性。根据表 4 - 8 中第 1 列和第 2 列的固定效应回归结果可以发现，高管从军经历对风险承担水平 Risk1 和 Risk2 的回归系数分别为 - 0.03 与 - 0.07，均小于 0 且在 1% 的水平上显著，表明从军经历高管所在企业的风险承担水平显著低于没有从军经历高管的企业，即高管从军经历使企业风险承担水平更低，研究假设 H1 得到验证。从侧面反映了军队生活对高管产生的恪守纪律和尊重规则烙印相对于勇敢烙印更加深刻，这使其在进入企业后参与经营决策时更加小心和谨慎，从军经历增加了高管规避风险的倾向。所得出的结论与王元芳和徐业坤（2019）的结论一致，进一步支持了从军经历高管"保守论"的观点。控制变量的回归结果中，两职合一、企业规模和第一大股东持股比例与风险承担水平均在1%水平上显著负相关，而资产收益率与风险承担水平在1%水平上显著正相关，即资产收益率越高，企业风险承担水平就越高。

表4-8　高管从军经历对风险承担水平的影响

变量名	Risk1	Risk2
Army	-0.03***	-0.07***
	(0.01)	(0.03)
Age	-0.00	-0.00
	(0.00)	(0.00)
Gender	0.01	0.02
	(0.01)	(0.03)
Combined	-0.02***	-0.04***
	(0.01)	(0.01)
Board	0.00*	0.01
	(0.00)	(0.00)
Indep	-0.02	-0.05
	(0.05)	(0.12)
Size	-0.03***	-0.08***
	(0.00)	(0.01)
ROE	-0.02	-0.05
	(0.03)	(0.06)
ROA	0.36***	0.90***
	(0.06)	(0.15)
LEV	-0.01	-0.02
	(0.02)	(0.04)
Top1	-0.00***	-0.00***
	(0.00)	(0.00)
Balance	0.00	0.01
	(0.01)	(0.02)
Constant	0.82***	2.04***
	(0.09)	(0.23)

（续上表）

变量名	Risk1	Risk2
Ind	控制	控制
Yr	控制	控制
Observations	11588	11588
R-squared	0.05	0.06
回归方法	固定效应	固定效应

注：*、***分别代表10%、1%显著性水平，括号内为标准误。

表4-9报告了基于产权属性分组的高管从军经历对风险承担水平的影响结果，从回归结果可以很明显地看出，从军经历高管对国有企业的风险承担水平影响更大，二者在1%水平上显著负相关，而对非国有企业的风险承担水平几乎没有影响，假设H2得到验证。回归结果验证了前文的观点，即从军经历高管的绝对服从纪律、严格遵守规章制度的保守烙印在风险承担水平相对较低的国有企业中表现得更加明显，从军经历高管更关注企业的稳健经营，而不是激进决策、急于求成。从控制变量的回归结果中可以看到，国有企业中董事会规模越大，风险承担水平就越高；非国有企业中两职合一与风险承担水平在1%水平上显著负相关，而股权制衡程度则与风险承担水平在1%水平上显著正相关。此外，资产收益率对国有企业和非国有企业的风险承担水平都有促进作用，但对国有企业的影响程度更大。

表4-9　高管从军经历对风险承担水平的影响（产权属性分组样本）

变量名	国有企业		非国有企业	
	Risk1	Risk2	Risk1	Risk2
Army	-0.06***	-0.14***	-0.00	-0.00
	(0.02)	(0.05)	(0.01)	(0.02)
Age	-0.00	-0.00	-0.00	-0.00
	(0.00)	(0.00)	(0.00)	(0.00)
Gender	-0.01	-0.03	0.01	0.02
	(0.02)	(0.05)	(0.01)	(0.02)
Combined	-0.01	-0.04	-0.01***	-0.03***
	(0.01)	(0.03)	(0.00)	(0.01)

(续上表)

变量名	国有企业		非国有企业	
	Risk1	Risk2	Risk1	Risk2
Board	0.01**	0.02**	-0.00	-0.00
	(0.00)	(0.01)	(0.00)	(0.00)
Indep	-0.02	-0.07	-0.00	-0.00
	(0.08)	(0.20)	(0.04)	(0.11)
Size	-0.04***	-0.09***	-0.03***	-0.08***
	(0.01)	(0.02)	(0.00)	(0.01)
ROE	-0.01	-0.02	-0.04	-0.10*
	(0.04)	(0.10)	(0.03)	(0.06)
ROA	0.60***	1.44***	0.11**	0.32**
	(0.12)	(0.28)	(0.06)	(0.13)
LEV	-0.02	-0.06	-0.01	-0.01
	(0.03)	(0.08)	(0.01)	(0.03)
Top1	-0.00	-0.00	-0.00	-0.00
	(0.00)	(0.00)	(0.00)	(0.00)
Balance	0.00	0.01	0.02***	0.04***
	(0.01)	(0.03)	(0.01)	(0.01)
Constant	0.90***	2.24***	0.80***	1.96***
	(0.18)	(0.44)	(0.08)	(0.18)
Ind	控制	控制	控制	控制
Yr	控制	控制	控制	控制
Observations	5474	5474	6114	6114
R-squared	0.08	0.08	0.03	0.04
回归方法	固定效应	固定效应	固定效应	固定效应

注：*、**、***分别代表10%、5%、1%显著性水平，括号内为标准误。

2. 高管从军经历与企业技术创新

模型 4.2 检验了高管从军经历与企业创新投入和创新产出之间的相关性。根据表 4-10 第 1 列的固定效应回归结果可以发现，高管从军经历对创新投入的回归系数是 0.02，说明从军经历高管可以促进企业的创新投入行为，但结果并不显著，假设 H3a 没有得到验证；从第 2 列的混合负二项回归结果可以发现，高管从军经历对创新产出的回归系数为 - 0. 16，且在 5% 水平上显著，说明有从军经历高管所在企业在创新产出方面显著低于没有从军经历高管的企业，假设 *H3b* 得到验证，即高管从军经历与企业创新产出显著负相关。从侧面反映了从军经历高管在管理风格上更倾向于追求长期的稳定而不是寻求刺激。这可能是因为我国军队有着铁的纪律，赋予从军经历高管在企业管理中严格遵守规章制度的观念，导致其在决策时不够大胆，甚至有限制思维发散性等可能，而技术创新活动又有着投资期长、风险高、收入不确定性等特点，使得从军经历高管所在的企业技术创新水平较低。所得结论与罗进辉、李雪和向元高（2017）以我国家族控股上市公司为样本所得出的研究结果一致，但与权小锋、醋卫华和尹洪英（2019）以创新投入作为研究对象得出的结论不一致，这可能是由于对高管的定义不完全相同所导致的。针对以上研究结论，本部分将进一步做影响路径分析，深入挖掘高管从军经历和企业技术创新之间内在的作用机制。

此外，创新投入衡量的是上市公司投入研究和开发活动的金额的大小，在一定程度上反映了企业对创新活动的支持程度；而创新产出指的是上市公司在研究和开发活动中投入金额后所转化出来的研究成果，两者所站的角度不同。从本质上来讲，创新产出更能代表企业的技术创新水平。这可能是导致从军经历高管对技术创新产生影响的过程中只对创新产出影响较显著的原因。在控制变量的回归结果中，创新投入和创新产出分别在 1% 水平与 5% 水平上与资产收益率显著正相关，而在 5% 水平和 10% 水平上与两职合一显著负相关以及在 1% 水平和 10% 水平上与第一大股东持股比例显著负相关，说明资产收益率越高，两职合一、第一大股东持股比例越低，企业技术创新水平就越高。

表 4 - 10　高管从军经历对企业技术创新的影响

变量名	RD	Patent
Army	0. 02	- 0. 16**
	(0. 06)	(0. 07)
Age	- 0. 00	- 0. 00
	(0. 00)	(0. 00)
Gender	0. 03	0. 23***
	(0. 05)	(0. 09)
Combined	- 0. 06**	- 0. 08*
	(0. 03)	(0. 04)

（续上表）

变量名	RD	Patent
Board	0.00	0.05***
	(0.01)	(0.01)
Indep	0.29	0.01
	(0.25)	(0.34)
Size	0.58***	−0.03
	(0.02)	(0.02)
ROE	0.18	−0.22
	(0.12)	(0.24)
ROA	1.21***	1.27**
	(0.31)	(0.60)
LEV	−0.06	−0.04
	(0.08)	(0.13)
Top1	−0.01***	−0.00*
	(0.00)	(0.00)
Balance	0.01	−0.12**
	(0.03)	(0.05)
Constant	5.24***	−0.61
	(0.46)	(0.85)
Ind	控制	控制
Yr	控制	控制
Observations	11588	8495
R − squared	0.46	
回归方法	固定效应	固定负二项

注：*、**、***分别代表10%、5%、1%显著性水平，括号内为标准误。

表4-11报告了基于产权属性分组的高管从军经历对企业技术创新的影响结果。从回归结果来看，从军经历高管对国有企业的技术创新不存在显著影响，而在非国有企业中仅对创新产出有较小的抑制作用，假设H4没有得到验证，表明从军经历高管对技术创新的影响作用与企业的产权属性无关。在对控制变量的回归中可以发现，国有企业中第一大股东持股比例越低、企业规模越大，创新水平

越高；非国有企业中，资产收益率与技术创新在1%水平上显著正相关。

表4-11　高管从军经历对企业技术创新的影响（产权属性分组样本）

变量名	国有企业		非国有企业	
	RD	Patent	RD	Patent
Army	-0.06	0.03	0.06	-0.15*
	(0.09)	(0.10)	(0.07)	(0.09)
Age	-0.00	-0.01**	0.00	0.00
	(0.00)	(0.00)	(0.00)	(0.00)
Gender	0.06	0.20	0.04	0.20*
	(0.09)	(0.13)	(0.06)	(0.11)
Combined	-0.01	-0.12*	-0.03	-0.07
	(0.05)	(0.07)	(0.03)	(0.05)
Board	0.01	0.02*	0.02	0.09***
	(0.01)	(0.01)	(0.01)	(0.02)
Indep	0.40	-0.35	-0.00	0.42
	(0.37)	(0.45)	(0.32)	(0.50)
Size	0.64***	0.12***	0.54***	-0.10***
	(0.04)	(0.03)	(0.02)	(0.03)
ROE	0.31*	-0.12	-0.13	-0.21
	(0.18)	(0.27)	(0.18)	(0.48)
ROA	0.69	0.40	1.89***	2.79***
	(0.52)	(0.74)	(0.39)	(0.97)
LEV	0.01	-0.26	-0.05	-0.09
	(0.14)	(0.17)	(0.09)	(0.17)
Top1	-0.01***	-0.01**	-0.00	-0.00
	(0.00)	(0.00)	(0.00)	(0.00)
Balance	-0.07	-0.18**	0.02	-0.01
	(0.06)	(0.07)	(0.04)	(0.06)
Constant	3.87***	-3.80***	5.98***	-3.06**
	(0.80)	(0.85)	(0.56)	(1.35)
Ind	控制	控制	控制	控制

（续上表）

变量名	国有企业		非国有企业	
	RD	*Patent*	*RD*	*Patent*
Yr	控制	控制	控制	控制
Observations	5474	5474	6114	6114
R – squared	0.44		0.48	
回归方法	固定效应	混合负二项	固定效应	混合负二项

注：＊、＊＊、＊＊＊分别代表10%、5%、1%显著性水平，括号内为标准误。

3. 高管从军经历、风险承担水平与企业技术创新

同绝大部分学者的做法一样，本部分也借鉴温忠麟和叶宝娟（2014）提出的逐步回归法来检验风险承担水平的中介效应。通过联合模型4.1、模型4.2和模型4.3检验假设 $H5a$，实证结果分别列在表4－12和表4－13中：第一步，根据模型4.2对高管从军经历和创新投入进行回归，从表中第2列的固定效应回归结果可以看出二者正相关但是不显著（$\beta_1 > 0$ 且 $p > 0.1$）；第二步，通过模型4.1对高管从军经历和风险承担水平进行回归，从表中第1列的固定效应回归结果可以发现二者负相关，且在1%水平上显著（$\alpha_1 < 0$ 且 $p < 0.01$）；第三步，通过模型4.3对从军经历、风险承担水平和创新投入同时进行回归，从表中第3列的固定效应回归结果可以得到高管从军经历与创新投入仍正相关且不显著（$\gamma_1 > 0$ 且 $p > 0.1$），但风险承担水平与创新投入在1%水平上显著正相关（$\gamma_2 > 0$ 且 $p < 0.01$）。综上，由于 β_1 不显著，但 α_1 显著为负，同时 γ_2 显著为正（$\alpha_1\gamma_2 < 0$），且 γ_1 不显著，故风险承担水平在高管从军经历和创新投入之间的直接效应不显著，只有中介效应，假设 $H5a$ 得到验证，即高管从军经历会通过降低风险承担水平进而降低企业创新投入。

假设 $H5b$ 同样通过联合模型4.1、模型4.2和模型4.3来检验。实证结果分别包含在表4－12和表4－13中。第一步，通过模型4.2对高管从军经历和创新产出进行回归，从表中第4列的固定负二项回归结果可以发现二者呈负相关关系且在5%水平上显著（$\beta_1 < 0$ 且 $p < 0.05$）；第二步，通过模型4.1对高管从军经历和风险承担水平进行回归，从表中第1列的固定效应回归结果可以发现二者负相关，且在1%水平上显著（$\alpha_1 < 0$ 且 $p < 0.01$）；第三步，通过模型4.3对从军经历、风险承担水平和创新产出同时进行回归，从表中第5列的固定负二项回归结果可以得到高管从军经历与创新产出负相关且在5%水平上显著（$\gamma_1 < 0$ 且 $p < 0.05$），风险承担水平与创新投入也负相关且在5%水平上显著（$\gamma_2 < 0$ 且 $p < 0.05$）。综上所述，由于 β_1 显著为负，α_1 显著为负，同时 γ_2 显著为负（$a_1\gamma_2 > 0$），

且 γ_1 显著为负，故风险承担水平在高管从军经历和创新产出之间发挥了遮掩效应而非中介效应，高管从军经历通过风险承担水平对创新产出发挥正向作用，降低了高管从军经历对创新产出的抑制作用，其中间接效应与直接效应所占比例的绝对值为 4.35%（*Risk*1）和 4.46%（*Risk*2），假设 *H5b* 未得到验证。

风险承担水平在从军经历与创新投入之间存在中介效应而在创新产出之间却存在遮掩效应，这可能是因为创新投入转化为创新产出的过程中存在着诸多不确定性因素且对技术含量要求比较高，导致风险承担水平对创新产出的影响弱于对创新投入的影响。

表 4–12　风险承担水平对高管从军经历和技术创新的中介效应检验（*Risk*1）

变量名	*Risk*1		RD		*Patent*
Army	-0.03***	0.02	0.02	-0.16**	-0.16**
	(0.01)	(0.06)	(0.06)	(0.07)	(0.07)
*Risk*1			0.18***		-0.23**
			(0.05)		(0.10)
Age	-0.00	-0.00	-0.00	-0.00	-0.00
	(0.00)	(0.00)	(0.00)	(0.00)	(0.00)
Gender	0.01	0.03	0.03	0.23***	0.23**
	(0.01)	(0.05)	(0.05)	(0.09)	(0.09)
Combined	-0.02***	-0.06**	-0.06**	-0.08*	-0.08*
	(0.01)	(0.03)	(0.03)	(0.04)	(0.04)
Board	0.00*	0.00	0.00	0.05***	0.05***
	(0.00)	(0.01)	(0.01)	(0.01)	(0.01)
Indep	-0.02	0.29	0.29	0.01	-0.01
	(0.05)	(0.25)	(0.25)	(0.34)	(0.34)
Size	-0.03***	0.58***	0.59***	-0.03	-0.03
	(0.00)	(0.02)	(0.02)	(0.02)	(0.02)
ROE	-0.02	0.18	0.19	-0.22	-0.21
	(0.03)	(0.12)	(0.12)	(0.24)	(0.24)
ROA	0.36***	1.21***	1.14***	1.27**	1.30**
	(0.06)	(0.31)	(0.31)	(0.60)	(0.60)
LEV	-0.01	-0.06	-0.06	-0.04	-0.04
	(0.02)	(0.08)	(0.08)	(0.13)	(0.13)

（续上表）

变量名	Risk1	RD		Patent	
Top1	-0.00***	-0.01***	-0.01***	-0.00*	-0.00*
	(0.00)	(0.00)	(0.00)	(0.00)	(0.00)
Balance	0.00	0.01	0.01	-0.12**	-0.11**
	(0.01)	(0.03)	(0.03)	(0.05)	(0.05)
Constant	0.82***	5.24***	5.09***	-0.61	-0.55
	(0.09)	(0.46)	(0.46)	(0.85)	(0.85)
Ind	控制	控制	控制	控制	控制
Yr	控制	控制	控制	控制	控制
Observations	11588	11588	11588	8495	8495
R-squared	0.05	0.46	0.46		
回归方法	固定效应	固定效应	固定效应	固定负二项	固定负二项

注：*、**、***分别代表10%、5%、1%显著性水平，括号内为标准误。

表4-13 风险承担水平对高管从军经历和技术创新的中介效应检验（Risk2）

变量名	Risk2	RD		Patent	
Army	-0.07***	0.02	0.02	-0.16**	-0.16**
	(0.03)	(0.06)	(0.06)	(0.07)	(0.07)
Risk1			0.07***		-0.10**
			(0.02)		(0.04)
Age	-0.00	-0.00	-0.00	-0.00	-0.00
	(0.00)	(0.00)	(0.00)	(0.00)	(0.00)
Gender	0.02	0.03	0.03	0.23***	0.23**
	(0.03)	(0.05)	(0.05)	(0.09)	(0.09)
Combined	-0.04***	-0.06**	-0.06**	-0.08*	-0.08*
	(0.01)	(0.03)	(0.03)	(0.04)	(0.04)
Board	0.01	0.00	0.00	0.05***	0.05***
	(0.00)	(0.01)	(0.01)	(0.01)	(0.01)
Indep	-0.05	0.29	0.29	0.01	-0.01
	(0.12)	(0.25)	(0.25)	(0.34)	(0.34)
Size	-0.08***	0.58***	0.59***	-0.03	-0.03
	(0.01)	(0.02)	(0.02)	(0.02)	(0.02)

（续上表）

变量名	Risk2		RD		Patent
ROE	− 0.05	0.18	0.19	− 0.22	− 0.21
	(0.06)	(0.12)	(0.12)	(0.24)	(0.24)
ROA	0.90***	1.21***	1.14***	1.27**	1.30**
	(0.15)	(0.31)	(0.31)	(0.60)	(0.60)
LEV	− 0.02	− 0.06	− 0.06	− 0.04	− 0.04
	(0.04)	(0.08)	(0.08)	(0.13)	(0.13)
Top1	− 0.00***	− 0.01***	− 0.01***	− 0.00	− 0.00*
	(0.00)	(0.00)	(0.00)	(0.00)	(0.00)
Balance	0.01	0.01	0.01	− 0.12**	− 0.11**
	(0.02)	(0.03)	(0.03)	(0.05)	(0.05)
Constant	2.04***	5.24***	5.08***	− 0.61	− 0.55
	(0.23)	(0.46)	(0.47)	(0.85)	(0.85)
Ind	控制	控制	控制	控制	控制
Yr	控制	控制	控制	控制	控制
Observations	11588	11588	11588	8495	8495
R − squared	0.06	0.46	0.46		
回归方法	固定效应	固定效应	固定效应	固定负二项	固定负二项

注：*、**、***分别代表10%、5%、1%显著性水平，括号内为标准误。

此外，本部分借鉴 Baron 和 Kenny（1986）以及方杰、温忠麟和梁东梅（2015）的方法检验风险承担水平的调节效应，即通过将高管从军经历与企业风险承担水平进行交互验证。模型4.6用来检验假设 H6a 和 H6b，所得结果呈现在表4-14和表4-15中。从表中第2列固定效应回归结果可以发现，风险承担水平在10%水平上显著正向调节从军经历与创新投入之间关系（$\gamma_3 > 0$ 且 $p < 0.1$），假设 H6b 得到验证，即随着企业风险承担水平的降低，高管从军经历对创新投入产生的影响就越小。同样，从表中第4列的固定负二项回归结果可得到，风险承担水平在从军经历和创新产出之间起到显著的正向调节作用（$\gamma_3 > 0$ 且 $p < 0.1$），假设 H6b 也得到验证，即随着企业风险承担水平的降低，高管从军经历与创新产出的负相关关系就越弱。此外，通过对比表中第1列与第2列、第3列与第4列的回归结果可以看出，从军经历与创新投入之间的相关系数从0.02变成了0.01，与企业创新产出之间的相关系数从 − 0.16变成了 − 0.17，替代而来的是风险承担水平以及从军经历和风险承担水平交互项的显著，进一步验证了

风险承担水平在高管从军经历对企业技术创新的影响中起到不可忽视的作用。

表4-14 风险承担水平对高管从军经历和技术创新的调节效应检验（*Risk*1）

变量名	*RD*		*Patent*	
Army	0.02	0.01	-0.16**	-0.17**
	(0.06)	(0.06)	(0.07)	(0.07)
*Risk*1		0.17***		-0.23**
		(0.05)		(0.10)
*Army × Risk*1		0.00*		0.00*
		(0.00)		(0.00)
Age	-0.00	-0.00	-0.00	-0.00
	(0.00)	(0.00)	(0.00)	(0.00)
Gender	0.03	0.03	0.23***	0.23**
	(0.05)	(0.05)	(0.09)	(0.09)
Combined	-0.06**	-0.06**	-0.08*	-0.08*
	(0.03)	(0.03)	(0.04)	(0.04)
Board	0.00	0.00	0.05***	0.05***
	(0.01)	(0.01)	(0.01)	(0.01)
Indep	0.29	0.29	0.01	-0.01
	(0.25)	(0.25)	(0.34)	(0.34)
Size	0.58***	0.59***	-0.03	-0.03
	(0.02)	(0.02)	(0.02)	(0.02)
ROE	0.18	0.19	-0.22	-0.21
	(0.12)	(0.12)	(0.24)	(0.24)
ROA	1.21***	1.15***	1.27**	1.31**
	(0.31)	(0.31)	(0.60)	(0.60)
LEV	-0.06	-0.06	-0.04	-0.04
	(0.08)	(0.08)	(0.13)	(0.13)
*Top*1	-0.01***	-0.01***	-0.00*	-0.00*
	(0.00)	(0.00)	(0.00)	(0.00)

（续上表）

变量名	RD		Patent	
Balance	0.01	0.01	−0.12**	−0.11**
	(0.03)	(0.03)	(0.05)	(0.05)
Constant	5.24***	5.09***	−0.61	−0.53
	(0.46)	(0.46)	(0.85)	(0.85)
Ind	控制	控制	控制	控制
Yr	控制	控制	控制	控制
Observations	11588	11588	8495	8495
R − squared	0.46	0.46		
回归方法	固定效应	固定效应	固定负二项	固定负二项

注：*、**、***分别代表10%、5%、1%显著性水平，括号内为标准误。

表4−15　风险承担水平对高管从军经历和技术创新的调节效应检验（Risk2）

变量名	RD		Patent	
Army	0.02	0.01	−0.16**	−0.17**
	(0.06)	(0.06)	(0.07)	(0.07)
Risk2		0.07***		−0.10**
		(0.02)		(0.04)
Army × Risk2		0.00*		0.00*
		(0.00)		(0.00)
Age	−0.00	−0.00	−0.00	−0.00
	(0.00)	(0.00)	(0.00)	(0.00)
Gender	0.03	0.03	0.23***	0.23**
	(0.05)	(0.05)	(0.09)	(0.09)
Combined	−0.06**	−0.06**	−0.08*	−0.08*
	(0.03)	(0.03)	(0.04)	(0.04)
Board	0.00	0.00	0.05***	0.05***
	(0.01)	(0.01)	(0.01)	(0.01)
Indep	0.29	0.29	0.01	−0.01
	(0.25)	(0.25)	(0.34)	(0.34)

（续上表）

变量名	RD		Patent	
Size	0.58^{***}	0.59^{***}	-0.03	-0.03
	(0.02)	(0.02)	(0.02)	(0.02)
ROE	0.18	0.19	-0.22	-0.21
	(0.12)	(0.12)	(0.24)	(0.24)
ROA	1.21^{***}	1.15^{***}	1.27^{**}	1.31^{**}
	(0.31)	(0.31)	(0.60)	(0.60)
LEV	-0.06	-0.06	-0.04	-0.04
	(0.08)	(0.08)	(0.13)	(0.13)
Top1	-0.01^{***}	-0.01^{***}	-0.00^{*}	-0.00^{*}
	(0.00)	(0.00)	(0.00)	(0.00)
Balance	0.01	0.01	-0.12^{**}	-0.11^{**}
	(0.03)	(0.03)	(0.05)	(0.05)
Constant	5.24^{***}	5.09^{***}	-0.61	-0.52
	(0.46)	(0.47)	(0.85)	(0.85)
Ind	控制	控制	控制	控制
Yr	控制	控制	控制	控制
Observations	11588	11588	8495	8495
R-squared	0.46	0.46		
回归方法	固定效应	固定效应	固定负二项	固定负二项

注：*、**、***分别代表10%、5%、1%显著性水平，括号内为标准误。

综上所述，一系列的回归结果支持了假设H1、假设H2、假设H3b、假设H5a和H6。在我国军人所处的本土社会环境和制度情境影响下，相对于非从军经历高管，从军经历高管更加规避风险，决策比较保守和谨慎，这种现象在国有企业中表现更加明显；从军经历高管所在企业的创新产出水平也相对较低。基于中介效应路径分析发现，风险承担水平在高管从军经历与创新投入之间有中介作用，而在高管从军经历和创新产出之间表现为遮掩效应。在调节效应的分析中，证明了风险承担水平在高管从军经历与创新投入和创新产出之间均起到正向的调节作用。本研究为管理者异质性和企业技术创新关系的研究提供了进一步的证据。

4.4.4 稳健性检验

1. 倾向得分匹配（PSM）

为了解决样本选择带来的内生性问题，进一步加强所得结论的稳健性，本部分借鉴 Rosenbaum 和 Rubin（1983）以及姜付秀等（2012）的研究，采用倾向得分匹配方法来检验稳健性。基于共同支撑假设和平行假设，将具有从军经历高管的上市公司作为处理组，根据高管特征和公司特征，如独立董事比例、公司规模、资产负债率、行业等变量，采用一对一有放回的最近邻匹配法进行匹配，并利用 Logit 模型来估计倾向得分，筛选出与处理组公司特征类似但没有从军经历高管的公司作为控制组，共得到包括 1011 个公司的 2150 个样本。通过将倾向得分匹配之后的样本分别进行回归分析，发现所得结论基本与上文保持一致，表明研究结论是稳健的。

2. 遗漏变量问题

考虑到某些不可观测但是不随个体和时间改变的变量，如高管成长环境等，同样会影响研究结果，本部分借鉴张静、林婷和孙光国（2019）的处理方法来进一步增强所得结论的稳健性。虽然全部研究均采用面板固定效应回归，但前文在进行数据筛选后，得到的是非平衡面板数据，有一部分公司的观测年份只有四五年甚至一两年，在这种情况下所得估计精确度并不高，因此，本部分剔除了观测年份少于 7 年的公司，最终得到 7487 个样本数据。通过对这些数据做相应的回归，发现所得到的结果与上文基本相一致，进一步证实了研究结果的稳健性。

4.4.5 进一步研究

根据高阶梯队理论，管理者团队的认知能力、感知能力和价值观等心理结构会对战略决策过程和对应的绩效结果产生不可忽视的影响。虽然心理结构很难直接进行衡量，但是高管的年龄、教育背景、人生经历等因素与其认知能力和价值观息息相关，因此有大量学者开展了广泛研究。迄今为止，对高管团队的研究主要包括以下三方面内容：一是管理者异质性如年龄、性别、任期等对公司治理和经营绩效的影响；二是高管团队过度自信与公司治理以及经营绩效的相关性；三是高管团队背景特征比如职能背景、教育背景等对公司治理和经营绩效的影响。在现代企业所有权与控制权互相分离的背景下，企业控制权由高管团队掌握，这在很大程度上决定了企业未来的发展趋势和质量，高管团队的管理风格和决策方式将决定企业未来的发展趋势。尽管如此，但没有关于从军经历高管团队的研究，因此，本部分将进一步创新性地探索从军经历高管团队与企业技术创新之间的内在关联性，同时也从另一个角度对第四章得出的结论进行验证。

从个体角度来看，企业技术创新与管理者特质如年龄、性别、任期、教育背景、过度自信等因素具有显著的相关性（刘运国、刘雯，2007；由丽萍、董文博和裴夏璇，2013；王山慧、王宗军和田原，2013；林慧婷、王茂林，2014；陈宝杰，2015）。同样，高管团队异质性也会影响企业技术创新。李建军和李丹蒙（2015）以我国创业板上市公司为样本，基于中小高新技术上市公司显著的研发投入，证明高管平均学历和技术背景高管比例越高，研发投入水平就越高，但高管团队平均年龄越大，研发投入反而越少，这与郝清民和孙雪（2015）得出的结论一致。此外，他们还证明了高管平均任职期限、教育水平异质性、专业异质性和团队规模与创新投入呈显著的正相关关系。当高管团队中特质相同的人数越多时，决策更容易达成一致，在团队中从军经历高管人数较多的情况下，对企业的技术创新活动影响可能也就越大。因此，在第四章得出的从军经历高管所在企业风险承担水平更低、创新产出也相对较少的基础上，提出以下假设：

$H7a$：从军经历高管团队与企业创新投入显著负相关。

$H7b$：从军经历高管团队与企业创新产出显著负相关。

当企业高管中具有从军经历的人数不少于两人时设为具有从军经历高管团队 $Army\_T$ 的企业，并将其设为虚拟变量，当企业中有从军经历高管团队时赋值为1，否则赋值为0。因变量和控制变量的设置和处理方法与第四章相同。通过描述性统计，发现从军经历高管团队平均值为0.05，共计566个从军经历高管团队样本，约占总样本的5%。为检验假设 $H7a$ 和 $H7b$，设定模型4.7：

$$R\&D_{i,t+1} = \beta_0 + \beta_1 Army\_T_{i,t} + \beta_2 \sum Control_{i,t} + \beta_3 \sum Ind_{i,t} + \beta_4 \sum Yr_{i,t} + \varepsilon_{i,t}$$

表4-16为模型4.7的回归结果。从表中第1列的回归结果可以看出，从军经历高管团队与企业创新投入在10%水平上显著负相关，假设 $H7a$ 得到验证，即存在从军经历高管团队的企业在创新投入方面显著低于没有从军经历高管团队的企业，这与第四章从个人角度所得出的正相关但不显著的结论完全不同。表中第2列的回归结果说明了从军经历高管团队与企业创新产出在5%水平上显著负相关，即有从军经历高管团队的企业的创新产出显著低于没有从军经历高管团队的企业，假设 $H7b$ 得到验证。在第四章个人视角的研究中，β_1 的系数为 −0.16，而本部分 β_1 系数为 −0.31，绝对值更大。以上结果从侧面证实了高管团队中具有相同特质的人数较多时决策越容易达成一致，对企业技术创新的影响也就越大的观点，同时，也进一步说明从军经历对高管所产生的谨慎小心、恪守规则烙印

之深刻，支持了"保守论"。

表4-16　从军经历高管团队对企业技术创新的影响

变量名	RD	Patent
Army_T	-0.19*	-0.31**
	(0.12)	(0.13)
Age	-0.00	-0.00
	(0.00)	(0.00)
Gender	0.01	0.23***
	(0.05)	(0.09)
Combined	-0.07***	-0.08*
	(0.03)	(0.04)
Board	0.01	0.05***
	(0.01)	(0.01)
Indep	0.35	0.02
	(0.23)	(0.34)
Size	0.66***	-0.03
	(0.02)	(0.02)
ROE	0.19	-0.22
	(0.12)	(0.24)
ROA	1.60***	1.26**
	(0.30)	(0.60)
LEV	-0.20***	-0.04
	(0.07)	(0.13)
Top1	-0.00***	-0.00*
	(0.00)	(0.00)
Balance	0.00	-0.12**
	(0.03)	(0.05)
Constant	2.50***	-0.74
	(0.46)	(0.82)
Ind	控制	控制

（续上表）

变量名	RD	Patent
Yr	控制	控制
Observations	11588	8495
回归方法	随机效应	固定负二项

注：＊、＊＊、＊＊＊分别代表10%、5%、1%显著性水平，括号内为标准误。

5

高管特征、制度环境对企业技术创新的作用机理研究——基于高管薪酬激励的视角

5.1 基本研究框架

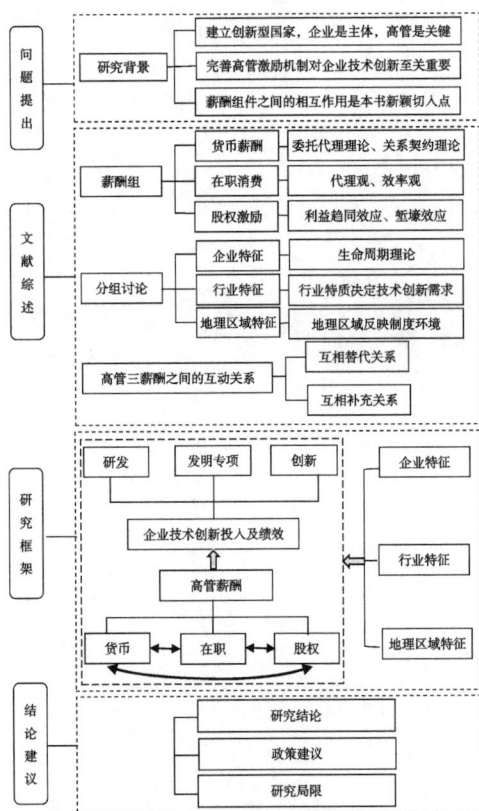

图 5-1 基于高管薪酬激励视角的基本框架

5.2 研究假设

5.2.1 高管薪酬与技术创新

1. 货币薪酬与技术创新

首先，根据现代委托代理理论，由于创业板公司股东与高级管理人员之间的信息不对称，管理者会根据自己的利益选择次优决策，例如过度投资或投资过于保守、追求短期利益和损害股东利益等，从而造成严重的代理问题。Wright 和 Awasthi（1996）认为，代理问题的存在导致管理者把关注点集中在个人财富、工作保障、权力声望和个人效用最大化上，这将严重影响和削弱他们对创新的追求。而合理的货币薪酬激励可以减少管理者的短视行为，从公司长远利益的最大化出发，激励高管更勇于承担技术创新活动失败的风险，以求未来获得更稳定更高昂的货币薪酬。王建华等（2015）基于创新型上市公司的研究发现高管货币薪酬越高，专利申请越多；韩亚欣、文芳和许碧莲（2017）以广东战略性新兴企业为样本，研究证实了货币薪酬激励和企业研发投资的正向关系；张越艳等（2017）选取上市汽车企业作为研究对象，发现高管货币薪酬对企业的创新能力具有持续的正向促进作用。其次，根据关系契约理论，当正式的公司治理制度未能发挥治理作用时，非正式制度是必要的补充。在这个时候，高管的个人声誉起着重要的作用（孙元欣、于茂荐，2010）。方政、徐向艺和陆淑婧（2017）提出，高管作为社会资本网络的一部分，为了维系社会资本纽带和维护自己的正面形象，他们必须表现出与货币薪酬相匹配的能力和业绩，所以会倾向于追求企业技术创新。徐宁、张晋和王帅（2017）将 2011—2014 年中国上市公司的平衡面板数据用于基础研究，证实企业创新绩效对高管的声誉有显著的积极影响。在中国"圈子文化"的背景下，高管由于担心破坏自己的良好声誉而自我约束的行为更为常见。因此，货币薪酬能够在促进企业技术创新的过程中发挥积极的激励作用。从技术创新的投入、产出和效率三个角度出发，本部分提出假设1：

*H*1：创业板上市公司的高管货币薪酬对创新投入（创新产出/创新效率）有正向影响。

2. 在职消费与技术创新

一般来说，在中国企业，特别是国有企业中，高管的在职消费是一个普遍现象。关于在职消费对高管的激励作用，理论界存在两种截然不同的观点："代理观"和"效率观"。"代理观"认为在职消费纯属高管自利行为，会导致公司资源浪费和股东利益遭到侵害（陈晓珊，2017）。Yermack（2006）基于 237 家大公司 1993—2002 年的数据进行研究，发现允许 CEO 使用飞机的公司的年均股东回报率低于市场基准 4 个百分点。Xu 等（2014）基于对中国国有企业的研究发现，为了享受额外的在职消费，国有企业的高管有动机长时间隐瞒坏消息，导致股价暴跌的风险更高。罗宏和黄文华（2008）利用 A 股上市公司 2003—2006 年的数据研究发现，国有企业高管的在职消费越高，公司业绩越差。卢锐、魏明海和黎文靖（2008）利用中国上市公司 2001—2004 年的数据作为基础研究，发现当经理人权力过大时，在职消费成为他们获取私利的手段。而"效率观"认为，在职消费是对高管的有效激励。Rajan 和 Wulf（2006）提出单纯把在职消费当作管理者的超额薪酬的看法是不正确的，它反而可以提高生产率。一方面，在中国企业"限薪令"的背景下，特别在国有企业，董事如果是政府高官，在直接的公众舆论压力下，他们更不太可能给予高管高昂的货币薪酬（Cambini et al.，2018），而在职消费不为公众所知晓，是薪酬契约不完备时的必要有效补充，这可以成为管理者自我激励的一种方式（陈冬华、陈信元和万华林，2005）。另一方面，由于中国自古以来的等级文化背景，高管的在职消费可以作为身份象征，为其带来较高的社会地位和关系网络，除此以外还能合理避税，这同时满足了他们的精神需求和物质需求，从而激励高管更努力工作（孙凤娥、苏宁和温晓菲，2017），此外，这还能帮助高管开拓和维护客户关系，提高工作效率（黎文靖、池勤伟，2015）。李焰、秦义虎和黄继承（2010）基于 2003—2008 年上市公司的数据，实证研究发现在职消费对中国上市公司的业绩具有激励作用，但随着员工工资的增加，这种影响会减少。Adithipyangkul、Alon 和 Zhang（2011）则表示，在职消费与企业绩效的正相关性在现金薪酬较低而绩效较高的企业中最为强烈。

国内外众多学者都对在职消费的经济后果做了大量的研究，并得到了许多有价值的结果，但是甚少有关于在职消费与技术创新之间关系的研究。孙早和肖利平（2015）根据 2010—2012 年中国战略性新兴产业 A 股上市公司的相关数据进行了实证研究，发现只有非国有企业高管的在职消费对研发投入强度有抑制作用，在国有企业中两者并不存在显著相关性。刘张发和田存志（2017）考察了在职消费对企业技术创新的影响。他们把技术创新拆分成创新产出、创新投入和创新投入产出水平，同时把样本细分为中央国有企业、地方国有企业和民营企业。研究发现，地方国企和民企的高管在职消费不仅促进了创新投入，还提升了创新产出。而央企的高管在职消费与创新投入、创新产出以及创新投入产出水平都不相关。

在大多数情况下，在职消费的积极和消极影响可能共存，但这两种影响的作用力在不同情境下有所不同，并显示出不同的结果。孙世敏、柳绿和陈怡秀（2016）指出，中国企业的在职消费包括三种经济性质成分：货币薪酬补偿、正常工作消费和自娱消费。其中货币薪酬补偿和正常工作消费对高管有激励作用，而自娱消费则产生代理成本。多年来，为了增强在职消费的正向效应，国资委、财政部等部门积极推进规范国有企业高管的在职消费行为的政策，这些政策有效遏制了高管的自娱消费，使得在职消费中的货币薪酬补偿和正常工作消费占据主导地位。杨蓉（2016）抽取了 2010—2014 年 A 股国有上市公司的样本进行研究，发现"八项规定"可以抑制异常的在职消费。类似地，梅洁和葛扬（2016）也利用双重差分模型实证检验了"八项规定"能有效遏制管理层在职消费对公司主营业务收入的侵占。因此本部分认为在职消费可对企业技术创新产生正向的激励作用，结合研发投入、效率和产出提出假设 2：

*H*2：创业板上市公司的高管在职消费对创新投入（创新产出/创新效率）有正向影响，支持"效率观"。

3. 股权激励与技术创新

2005 年，中国证券监督管理委员会通过的《上市公司股权激励管理办法（试行）》正式拉开了中国企业股权激励的序幕。时至今日，上市公司越来越重视对管理层实施股权激励。Chaigneau（2018）发现赠予高管股权，可以使其更有动力根据股东的喜好，最大化公司的利润。事实上早在 1976 年，Jensen 和 Mecklin（1976）提出，实施与当期绩效相关的股权、股票期权和其他激励安排可以使管理者与所有者的利益保持一致，它可以有效地改善管理者对技术创新的支持，这被称为"利益趋同效应"。近年来，国内外许多学者通过实证检验证明了股权激励在促进技术创新中的作用。Xue（2007）利用美国高科技行业的数据进行实证研究，发现拥有更多股权薪酬的管理者更有可能选择内部研发创新。Lin 等（2011）利用世界银行对 18 个中国城市的 1088 家私营企业 2000—2002 年的独特调查数据进行研究，结果表明 CEO 股权激励对他们的研发投资决策和强度均有显著的积极影响。黄涫涫（2011）也表示，股权激励制度可以促进管理者更关注企业的长远利益，从而积极推动企业的技术创新活动。持类似观点的还有 Wu 和 Tu（2007），翟胜宝和陈紫薇（2016），乐怡婷、李慧慧和李健（2017）等。

然而，如第一章所言，在股权激励的研究体系内除了"利益趋同效应"外，还有著名的"堑壕效应"（Fama，Jensen，1983）：管理者大量持股会授予他们足够的权力，使其受到的内外部监管压力变小，就算管理者进行机会主义行为也不会受到负面影响，因此，他们可能不会选择技术创新这样的高风险活动。杜剑、周鑫和曾山（2012）与周泽将、李艳萍和胡琴（2014）等学者发现了高管持股会抑制企业创新投入。在"利益趋同效应"和"堑壕效应"这两种假设的基础上，Morck、Shleifer 和 Vishny（1988）验证了管理者持股和公司价值之间的"区间效应"。从那时起，企业技术创新领域的学者们也开始研究股权激励与技术创新之间的非线性关系。翟淑萍和毕晓方（2016）提出当高管持有股权过多导致自身权力足够大时，一方面可能会因追求自身利益而不顾公司收益，另一方面因为高管需要承受创新投资失败带来的巨大风险，所以此时高管会放弃追求企业技术创新。陈修德等（2015）运用随机前沿分析模型对高管持股与研发效率之间的倒U形关系进行了实证检验。同样，朱德胜和周晓珮（2016）关注2010年前上市的高新技术企业，并选择2010—2013年的数据进行实证研究，也发现了高管持股与企业创新效率之间的倒U形关系。发现股权激励与技术创新之间存在非线性关系的还有徐宁（2013）、梅世强和位豪强（2014）、沈丽萍和黄勤（2016）等。

总之，当高管持股比例较低时，股权激励可对技术创新发挥积极的激励效果，只有当高管持股高于某一水平时，"堑壕效应"才会显现。由于我国上市公司高管持股比例普遍较低，还没有达到产生管理防御效应的范围，因此在"利益趋同效应"基础上提出假设3：

*H*3：创业板上市公司的股权激励对创新投入（创新产出/创新效率）有正向影响，支持"利益趋同效应"。

5.2.2 高管薪酬与技术创新的企业、行业、区域层面分析

1. 高管薪酬与技术创新的企业层面分析

Haire（1959）首先提出公司拥有类似生命有机体的"生命周期"。从企业生命周期理论的角度来看，企业不同生命周期的组织结构、战略、决策风格和环境特征是不同的（周建等，2017）。大量的实证研究证实，企业处于生命周期的不同阶段，会对企业自身的许多方面产生显著不同的影响，如公司绩效（曾祥飞、林钟高，2017）、多元化并购（刘文楷、潘爱玲和邱金龙，2017）、盈余管理（王汀汀、李赫美，2018）等。但是，关于处于不同生命周期的企业的高管薪酬激励机制与技术创新之间的关系存在的差异，目前的研究尚少。谷丰、张林和张凤元（2018）将2009—2016年创业板公司作为研究样本，实证结果发现处于不同生命周期的企业的高管薪酬与创新投资的关系确实存在显著差异。

（1）企业处于成长期时，高管薪酬对企业的技术创新有激励作用。企业处于成长期时，发展迅速，规模扩张，企业组织结构变得复杂，开始引入职业管理者，此时高管热情高涨，自信心较强，有构建"商业帝国"的强烈动机（谢佩洪、汪春霞，2017），希望通过扩大企业规模的方式来使自己获得高昂的货币薪酬回报，管理者过度自信水平较高（侯巧铭、宋力和蒋亚朋，2017），更偏好风险，因此更倾向于推动企业技术创新活动。优秀的技术创新绩效会使企业跨越式发展，从而大幅度提高企业利润，高管货币薪酬也会大幅提升，因此高管为了获

得更高的薪酬也会进一步推动企业技术创新活动。

另外，成长期企业的高管渴望证明自己的经营管理能力，在职消费作为其身份和能力的象征，会对高管产生正向的激励作用，促使他们选择技术创新活动，从而把握竞争先机。但是从另一角度来说，成长期企业的制度体系不完善可能导致高管在职消费的激励不充分，高管对此关注不足，因此无法通过在职消费来刺激高管推动技术创新（王旭，2016）。

至于股权激励，在成长期阶段，企业资金实力不够雄厚，高管持股比例通常较低，激励效果不明显。并且，此阶段企业治理制度并不完善，高管面对股权激励的诱惑，存在为了增加手中股权价值而进行盈余管理的动机（徐雪霞、王珍义和郭丹丹，2013）。技术创新活动短期内会增加公司支出，损害公司业绩，高管更有可能避而远之。因此，此时股权激励不奏效。故提出假设4：

H4a：企业处于成长期时，高管货币薪酬对创新投入（创新产出/创新效率）有正向的激励作用。

H4b：企业处于成长期时，高管在职消费对创新投入（创新产出/创新效率）有正向的激励作用。

H4c：企业处于成长期时，高管在职消费对创新投入（创新产出/创新效率）无激励作用。

H4d：企业处于成长期时，高管股权激励对创新投入（创新产出/创新效率）无激励作用。

（2）企业处于成熟期时，高管薪酬对企业技术创新的激励作用。企业处于成熟期时，企业规模已经足够大，公司的治理机制趋于成熟，在产品市场具有一定的技术和资源优势（陈佳贵，1995；罗珊梅，2017），再加上稳定自由现金流的不断累积（魏群，2018；谷丰、张林和张凤元，2018），所以相对成长期企业，成熟期企业进行技术创新活动失败的风险大大降低，高管能够通过创新获取稳定的货币薪酬。

另外，根据需求层次理论，随着货币收入的增加，高管更倾向于追求更高层次的需求，例如社会形象、声誉和社会影响等非货币效用（王旭、徐向艺，2015），因此象征地位和能力的在职消费能刺激高管追求企业技术创新。然而，在企业发展趋于成熟的同时，管理者拥有更大的决策权，代理问题也越趋严重，在职消费有可能沦为高管获取私利的手段，并失去对企业技术创新活动的推动作用（王旭，2016）。

在成熟期阶段，企业发展稳定，利润的快速增长使得企业股价也持续上涨（徐雪霞、王珍义和郭丹丹，2013），公司治理机制完善，股权激励能使高管与企业长远利益趋于一致。为了企业未来发展，高管倾向于开展技术创新活动，并提高企业的竞争力，以便从价值不断上涨的股权中受益。另外，根据选择理论（Oyer，Schaefer，2005），股权激励对具有风险偏好的人更有吸引力，因此在创新能力下降的成熟期可鼓励高管进行技术创新投资（巩娜，2016）。基于上述分析，本部分提出假设5：

H5a：企业处于成熟期时，高管货币薪酬对创新投入（创新产出/创新效率）有正向的激励作用。

H5b：企业处于成熟期时，高管在职消费对创新投入（创新产出/创新效率）有正向的激励作用。

H5c：企业处于成熟期时，高管在职消费对创新投入（创新产出/创新效率）无激励作用。

H5d：企业处于成熟期时，高管股权激励对创新投入（创新产出/创新效率）有正向的激励作用。

（3）企业处于衰退期时，高管薪酬对企业技术创新的激励作用下降。当企业步入衰退期以后，市场份额缩减，经营业绩下滑，企业面临危机以及被并购和破产的风险（金玉秋、曹榕，2009）。技术创新活动无法创造新的利润点，此时提升高管的货币薪酬来激励其推动企业的技术创新的方式已经无法奏效，股权激励这种长期的激励方式对高管也不再具有吸引力，其对技术创新的促进效应自然也不复存在（谷丰、张林和张凤元，2018）。

然而，此时在职消费对企业技术创新的激励作用却不能一概而论。一方面，企业的官僚作风盛行，各种治理问题凸显，高管可能因职业防御而做出不利于投资者利益的行为从而谋取私利，此时的在职消费就是高管挖掘私利的工具（李云鹤、李湛和唐松莲，2011；王旭和徐向艺，2015）；另一方面，此时只有高管拥有较高的在职消费控制权，才能利用权力在关键时候进行组织改革和技术创新以扭转危机使企业渡过难关，从而保住自己的职位（王旭，2016；谷丰、张林和张凤元，2018），因此他们会积极推动企业的技术创新活动。因此本部分在此基础上提出假设6：

H6a：企业处于衰退期时，高管货币薪酬对创新投入（创新产出/创新效率）无激励作用。

H6b：企业处于衰退期时，高管在职消费对创新投入（创新产出/创新效率）有正向的激励作用。

H6c：企业处于衰退期时，高管在职消费对创新投入（创新产出/创新效率）无激励作用。

H6d：企业处于衰退期时，高管股权激励对创新投入（创新产出/创新效率）无激励作用。

2. 高管薪酬与技术创新的行业层面分析

从企业所处行业来看，不同行业有不同的创新重点。行业的特质决定企业对技术创新的需求程度。Frenkel 等（2001）对比以色列和德国的工业公司，发现无论是哪个国家，高科技行业的创新研发支出都远高于传统行业。国内学者皮永华和宝贡敏（2005）对浙江省企业进行了实地调研，调查结果显示电子、环保、计算机软件开发等行业的企业研发强度显著更高。关于高管薪酬与技术创新之间的关系，从行业层面考虑的文献并不少，但大多是基于某一行业进行实证研究。李春涛和宋敏（2010）使用了中国 1483 家制造业企业的调查数据，发现 CEO 薪酬激励可以促进技术创新。陈胜蓝（2011）对中国信息技术业上市公司进行了实证研究，结果表明，薪酬可以鼓励高管增加研发强度。然而很少有研究分行业讨论高管薪酬与技术创新之间的关系差异。鲁桐和党印（2014）以 2006—2010 年的 1344 家沪深 A、B 股公司为样本，分别探究劳动密集型、资本密集型和技术密集型三个行业公司治理对技术创新的影响的差异，研究结果显示在资本密集型和技术密集型行业中，增加高管的薪酬激励可促进企业技术创新。尹美群、盛磊和李文博（2018）基于 A 股上市企业 2009—2015 年的数据进行实证研究，结果发现，增加高管的薪酬激励可以使创新投入对企业绩效的正向影响显著增强，这种正向调节作用在技术密集型行业中更为明显。

作为公司的人力资本，高管在促进企业技术创新方面发挥着重要作用。因此良好的薪酬激励有利于技术创新活动的开展。一方面，在技术密集型行业，技术是公司的核心"产品"，技术创新是企业发展的动力，创新投入的产出效益更为明显，公司的章程制度也会以技术创新的推动为指导方向（鲁桐、党印，2014；尹美群、盛磊和李文博，2018），因此技术密集型企业的高管薪酬激励机制更加完善。徐海峰（2014）证实，高新技术企业的股权激励措施越来越广泛，激励措施的激励强度也逐年提高。另一方面，在技术密集型行业，产品和技术的更新速度更快（刘运国、刘雯，2007），公司面临更激烈的市场竞争和更复杂的环境，进一步刺激了高管的冒险意识，从而进一步推动技术创新活动的展开（皮永华、宝贡敏，2005）。因此，本部分提出假设 7：

H7：技术密集型企业的高管薪酬对创新投入（创新产出/创新效率）的促进作用更强。

3. 高管薪酬与技术创新的区域层面分析

不同区域的制度环境有所不同，制度环境反映的是当地在基础设施、金融支持、产权保护及交易活动等方面的水平，这最终会影响到当地企业内部的财务决策和财务行为，例如股票发行（Loughran，2008）、股利政策（蔡庆丰、江逸舟，2013）、公司现金持有水平（杨兴全、付玉梅，2016）等。本部分关注的是高管薪酬和企业技术创新。一方面，地理位置会显著影响高管薪酬，一般来说企业越接近中心城市，其 CEO 薪酬越高（薛胜昔、李培功，2017）。另一方面，学者们已经证实不同地理区域的企业技术创新水平存在差异：肖仁桥、陈忠卫和钱丽（2018）以 2007—2015 年中国高技术制造业相关数据为研究样本，结果发现中国高技术制造业创新效率总体偏低，东部地区效率最高，其次是中部地区，而西部地区最为落后；秦青（2018）对中国内地 30 个省份规模以上的工业企业技术创新效率进行测度，也得到了与肖仁桥、陈忠卫和钱丽（2018）一样的结果；吴士健、张洁和权英（2018）对 2010—2015 年中国大中型工业企业的面板数据进行了实证研究，发现东部地区企业的技术创新效率比中部地区企业的更高。然而关于高管薪酬与企业技术创新两者之间的关系是否会受到地理区域的调节影响，并无太多文献涉及。

根据科技部、国家发展改革委制定的《建设创新型城市工作指引》，本部分选择的区域分组指标是企业注册地是否为创新型城市试点。为了深入贯彻落实科学发展观，加快战略部署的实施，提高自主创新能力，建设创新型国家，充分发挥城市在推动自主创新、加快转变经济发展方式中的核心作用，科技部和国家发改委提议建立创新型城市。根据《关于进一步推进创新型城市试点工作的指导意见》，创新型城市被定义为具有较强自主创新能力、在科技支撑方面发挥主导作用、经济社会可持续发展水平较高、具有显著区域辐射带动作用的重要城市。2008 年，深圳成为全国第一个国家创新型城市试点，后来陆续有更多的城市加入，截至 2016 年底，全国创新型城市试点已达 61 个。按照试点工作的总体要求和基本原则，创新型城市试点需要全面推进区域创新体系的建设。一是需要加强创新人才的培养和创新基地的建设。二是有必要创造一个激励创新的良好环境。因此入选的创新型城市试点可在政府政策支持下，使当地的人才聚集，产权保护制度逐步完善，最终会对当地企业的治理机制产生一定的正面影响。作为企业治理体系的重要组成部分，高管薪酬激励机制可以发挥更积极的作用。因此高管薪酬对企业技术创新的积极激励作用将得到加强。由此提出假设 8：

*H*8：创新型城市试点的企业的高管薪酬对创新投入（创新产出/创新效率）的促进作用更强。

5.2.3 高管薪酬结构内部关系与技术创新

如上述，高管薪酬一般由货币薪酬、在职消费和股权激励三个部分组成。本部分关注的核心问题是不同薪酬形式之间的组合和安排如何系统地、共同地影响企业技术创新。

　　现有文献的研究重点大多聚焦在货币薪酬与在职消费的相互关系上。陈冬华、陈信元和万华林（2005）提出，由于国有企业中存在薪酬管制，在职消费成为货币薪酬的替代方式。张楠和卢洪友（2017）补充，国有企业的在职消费其实作为一种关系契约来实现高管激励。陈冬华、梁上坤和蒋德权（2010）认为，由于货币薪酬的交易成本较高，在职消费可能在薪酬合同中占据更重要的地位，并且通过实证研究发现，在市场化程度高的年份和地区，货币薪酬会更多地取代在职消费。近几年学者们开始从管理者权力的视角来考虑两者之间的内在关联性。苏然和高明华（2015）从管理者权力的角度出发，将2012年A股上市公司作为实证研究的样本，发现当货币薪酬不足时，在职消费对公司业绩产生积极影响，而过高的货币薪酬则是高管自利行为的表现，此时在职消费沦为管理者侵占股东利益的工具，因此会对公司业绩产生消极影响。耿云江和王明晓（2016）基于2010—2014年A股主板上市公司数据，发现高管的超额在职消费显著降低了货币薪酬对业绩的敏感性。然而树友林（2011）认为，由于高管权力的存在，高管不仅可以影响他们的货币薪酬，并且也可利用权力增加自己的在职消费，此时在职消费并不是作为货币薪酬的补充而出现。关于股权激励与货币薪酬、在职消费之间的关系，Page（2018）通过对美国上市公司1992—2014年的数据进行研究，发现CEO的四种属性会显著影响自身的薪酬，其中一种便是CEO的持股水平，该指标代表CEO对董事会的影响力；冯根福和赵珏航（2012）基于对2005—2010年上海和深圳A股上市公司面板数据的理论模型分析，发现管理者持股比例和在职消费之间呈显著负相关，此外，提高管理人员的持股比例可以减少在职消费，从而提高公司业绩。

　　然而对于货币薪酬、在职消费与股权激励三者的相互作用以及系统激励效果，目前的研究尚少。周仁俊、杨战兵和李勇（2011）研究了薪酬结构与经营业绩之间的相关性，包括货币薪酬、持股比例与在职消费。当货币薪酬高，在职消费低时，高管薪酬对绩效的激励作用最强，反过来，货币薪酬低而在职消费高的薪酬结构的激励作用最弱。刘振（2012）基于2007—2010年A股上市公司1256份样本数据，研究结果如下：提高高管的持股比例可以鼓励高管增加投资，减少在职消费行为，从而提高公司业绩，而增加货币薪酬的效果则恰恰相反。孙凤娥、苏宁和温晓菲（2017）认为，当高管显性激励（包括货币薪酬和高管持股）较低时，在职消费作为弥补，能对企业绩效产生正向的激励作用；但是，如果管理层权力增加，管理人员可能会通过在职消费的方式来获取个人利益，并损害股东利益。

　　而关于高管薪酬结构内部关系与企业技术创新之间关联的文献更是少之又少。徐宁和徐向艺（2013）基于2007—2010年高科技上市公司的数据，研究发现，货币薪酬、在职消费和股权激励的协同作用对企业技术创新产生了影响，而不是单一激励机制的作用。股权激励与货币薪酬互补，与在职消费之间却存在显著的替代关系。谷丰、张林和张凤元（2018）不仅对高管薪酬激励体系进行了整合思考，还新颖地以企业生命周期为观察视角，研究发现处于不同生命周期的企业特征不同，高管薪酬与创新投资的关系也存在差异。在企业成长期，以货币薪酬和在职消费为主导的薪酬形式，在促进创新投资上具有互补效应；而成熟期的企业，三种薪酬两两互补，均对创新投资具有正向激励作用；而企业处于衰退期时，在职消费能促进企业增加创新投资，三种薪酬之间仍然两两互补。因此，为了更系统、更仔细地确定高管薪酬与技术创新之间的相关性，本部分考虑了货币薪酬、在职消费与股权激励相互作用对企业技术创新的影响，由此提出假设 9：

$H9a$：在职消费、股权激励的增加将影响货币薪酬与技术创新之间的相关性。

$H9b$：货币薪酬、股权激励的增加将影响在职消费与技术创新之间的相关性。

$H9c$：货币薪酬、在职消费的增加将影响股权激励与技术创新之间的相关性。

5.3 研究设计

5.3.1 数据来源与样本

本部分选取了 2017 年 12 月 31 日以前在深圳证券交易所创业板上市的全部公司为研究对象，研究时间窗为 2010—2017 年，总共 8 年的年度数据。出于研究目的，需要对初始总样本进行如下筛选：不包括净利润为负的上市公司样本；剔除金融类上市公司的样本；剔除关键性数据缺失的样本；排除处于非正常交易的特殊处理样本。最后本部分研究的样本确定为深交所创业板上市公司中的 563 家上市公司，共计 2312 个观测点。本部分专利数据来源于中国专利数据库（知网版），通过手动收集。此外，本部分使用的其他数据来自 Wind 资讯网以及国泰安 CSMAR 数据库。数据的统计与分析均在 Stata 14 软件中完成。

5.3.2 变量界定

1. 因变量

对于企业技术创新水平，大多研究使用研发投入作为技术创新程度的衡量指标，这是一个非常有用的衡量方法，因为研发投入是创新过程中很重要的投入，并且直属于管理自由裁量权，但是它并不提供任何关于创新结果的信息。单纯使用专利数据也有它的局限性，专利数据并不传达其经济价值的任何信息，而且很多公司会因为各种原因保守贸易秘密。本部分使用研发投入 RD 作为企业技术创新的投入指标。中国的专利分为发明专利、实用新型专利和外观设计专利。余明桂、钟慧洁和范蕊（2016）认为后两者的技术含量都较小，只有技术含量大的发明专利才能更好地体现企业的创新能力。参考袁建国、后青松和程晨（2015）等主流文献的做法，本部分采用发明专利申请数量 $Patent$ 作为创新产出的代理变量。

2. 自变量

本部分所涉及的实验变量主要是高管货币薪酬、在职消费和股权激励。关于高管货币薪酬激励，本部分选取前三名高管薪酬总额 $T3mc$ 来衡量。在职消费 NPC 的代理变量借鉴了李寿喜（2007）的做法，采用的是管理费用与主营业务收入的比值（陈晓珊，2017）。关于股权激励方面，本部分选取高管持股比例 EOR（翟胜宝、陈紫薇，2016；沈丽萍、黄勤，2016）进行测度，即年末高管持股总数量占当期企业发行总股本的比值。另外，为了检验高管薪酬对研发投入的产出水平的影响，本部分还采用了滞后一期的研发投入 RD_indep 和三种薪酬形式的虚拟变量 $T3mc1$、$NPC1$ 和 $EOR1$。

3. 控制变量

控制变量有高管特征变量，包括总经理年龄（Age）、总经理性别（$Gender$）、总经理学历（$Education$）和总经理任职年限（$Tenure$）；董事会治理变量：两职合一（$Combined$）、董事会董事人数（$Board\_size$）以及独立董事比例（$Indp\_dir$）；其他公司特征变量有销售收入（$Sales$）、销售收入同比增长率（$Sales\_growth$）、资产负债率（LEV）、第一大股东持股比例（$DYDGD$）和股东制衡程度（$Balance$）。最后是行业和年度虚拟变量。

具体界定如表 5-1 所示。

表 5-1 模型变量的界定及计算方法

因变量	
RD	$t+1$ 年研发投入的自然对数
$Patent$	$t+1$ 年企业发明专利申请数量
自变量	
RD_indep	t 年研发投入的自然对数
$T3mc$	t 年前三名高管薪酬总额的自然对数

（续上表）

自变量	
T3mc1	把总样本按照低于或高于等于各行业年度中位数分成两组，高管薪酬总额低的一组取 0，高的取 1
EOR	t 年高管持股比例 = 高管持股总数量/总股本
EOR1	把总样本按照低于或高于等于各行业年度中位数分成两组，持股低的一组取 0，高的取 1
NPC	高管在职消费。t 年管理费用与主营业务收入的比值
NPC1	把总样本按照低于或高于等于各行业年度中位数分成两组，在职消费低的一组取 0，高的取 1

控制变量	
Age	t 年总经理年龄
Gender	总经理性别为男设定 = 1，女 = 0
Tenure	t 年总经理任职年限
Education	总经理学历
Combined	t 年董事长和总经理为同一人设定 = 1，其他 = 0
Board_size	t 年董事会董事人数
Indp_dir	t 年独立董事比例
Sales	t 年销售收入的自然对数
Sales_growth	t 年销售收入同比增长率
LEV	t 年资产负债率 = 总负债/总资产
DYDGD	t 年第一大股东持股比例
Balance	t 年第 2、3、4、5 大股东的持股比例之和/第一大股东持股比例
Ind	行业虚拟变量，按证监会 CSRC 代码进行分类，除制造业 C 类区分至小类以外，其他行业按一位字母类别进行区分，共有 17 个行业虚拟变量
Yr	年度虚拟变量

注：以上全部连续变量采用其分布 1% 及 99% 分位上的缩尾方法进行调整。

4. 分组变量

（1）生命周期。目前学术界划分企业生命周期的方法有很多，但并没有统一标准。以往学者们大多采用企业销售收入增长率、净利润增长率、股利支付率和公司年龄等一些主要财务数据的单一或综合指标划分企业生命周期（Anthony，Ramesh，1992；王旭，2013），而近些年更为流行的是现金流方法（Dickinson，

2011）。本部分在此基础上借鉴了谢佩洪和汪春霞（2017）与谷丰、张林和张凤元（2018）等学者的做法，把 Dickinson（2011）划分的其中一些生命周期阶段做整合处理，最后得到成长期、成熟期和衰退期三个企业生命周期阶段现金流组合。

（2）是否为技术密集型行业。本部分参考鲁桐和党印（2014）的研究结果，把 2001 年证监会行业分类标准中的 C5 电子制造业，C7 机械、设备、仪表制造业，C8 医药、生物制品制造业，C9 其他制造业以及 G 信息技术业分组为技术密集型行业，而其他行业都属非技术密集型行业。

（3）是否为创新型城市试点。本部分选取的区域分组指标是企业注册地是否为创新型城市试点，资料来源是科技部、国家发展改革委制定的《建设创新型城市工作指引》。2008 年，深圳成为全国第一个国家创新型城市试点，后来陆续有更多的城市加入，截至 2016 年底，全国创新型城市试点已达 61 个。

5.3.3 模型构建与研究方法

为了单独检验高管货币薪酬、在职消费和股权激励与企业技术创新之间的关系，建立模型 5.1 和模型 5.2，在总样本基础上验证研究假设 $H1$、$H2$ 和 $H3$，并分别以企业生命周期、是否为技术密集型行业以及企业注册地是否为创新型城市试点为标准分成 7 个子样本进行分层回归，检验研究假设 $H4$ 至 $H8$。模型 5.3 用以检验薪酬结构内部关系与企业技术创新之间的关系。模型设计如下：

模型 5.1：

$$Innov_{i,t+1} = \beta_0 + \beta_1 Comp_{i,t} + \beta_2 \sum Control_{i,t} + \beta_3 \sum Ind_{i,t} + \beta_4 \sum Yr_{i,t} + \varepsilon_{i,t}$$

模型 5.2：

$$Patent_{i,t+1} = \beta_0 + \beta_1 RD\_indep_{i,t} + \beta_2 Comp\_dummy_{i,t} + \beta_3 RD\_indep_{i,t} \times Comp\_dummy_{i,t} + \beta_4 \sum Control_{i,t} + \beta_5 \sum Ind_{i,t} + \beta_6 \sum Yr_{i,t} + \varepsilon_{i,t}$$

模型 5.3：

$$Innov_{i,t+1} = \beta_0 + \beta_1 Comp_{i,t} + \beta_2 Comp\_dummy_{i,t} + \beta_3 Comp_{i,t} \times Comp\_dummy_{i,t} + \beta_4 \sum Control_{i,t} + \beta_5 \sum Ind_{i,t} + \beta_6 \sum Yr_{i,t} + \varepsilon_{i,t}$$

其中，$Innov$ 表示的是企业技术创新水平，包括研发投入 RD 和发明专利申请数量 $Patent$；解释变量 $Comp$ 指的是高管薪酬的三种形式：货币薪酬 $T3mc$、在职消费 NPC 和股权激励 EOR。$Comp\_dummy$ 表示的是薪酬的高低虚拟变量 $T3mc1$、$NPC1$ 以及 $EOR1$。模型 5.3 中的薪酬连续变量 $Comp$ 和虚拟变量 $Comp\_dummy$ 分别是高管薪酬中的两种不同的薪酬。

由于因变量研发投入为普通的面板数据，本部分对其考察了面板数据的固定效应回归和随机效应回归,并通过严格的 Hausman 检验来选择,如果 p 值小于或等于 0.1,则固定效应更佳,接着再通过 Wald 检验在固定效应和混合 OLS 效应中做出选择;如果 Hausman 检验不能拒绝原假设,则随机效应更为合适,下一步应该再通过 BP 检验来比较随机效应和混合 OLS 效应的孰优孰劣。

而发明专利申请数量只能取非负整数,首先考察 Poisson 回归,如其方差明显大于期望,可能存在过度分散,此时,执行混合负二项回归,并且使用聚类稳健标准误,通过 Alpha 检验来确定发明专利申请数量是否存在过度分散,如果存在过度分散,选择负二项回归更为适合。最后使用严格的 LR 检验和 Hausman 检验在负二项回归的混合效应、固定效应与随机效应之间做出选择。

同时,虽然面板数据不需要过多关注多重共线性问题,但本部分仍然对此进行一定处理,一方面观察自变量之间的相关系数是否较低,另一方面使用 Uncentered VIF(方差膨胀因子)进行检验,全部变量 VIF 值均低于 10,表示多重共线性问题不会对实证结果产生重要影响。

此外,以上全部连续变量采用其分布 1% 及 99% 分位上的缩尾方法进行调整,以去除异常值。由于高管决策的实施存在滞后性以及为了尽量避免出现内生性问题,所有的自变量都使用滞后一年的数据。

5.4 实证结果与分析

5.4.1 描述性统计结果

本部分实证设计包含 2010—2017 年总样本与 7 个子样本。表 5-2 为总样本与子样本的行业和年度分布情况,其中总样本数为 2312 个,成长期、成熟期和衰退期企业样本数分别为 1413 个、787 个和 112 个;技术密集型行业样本为 1667 个,非技术密集型行业样本为 645 个;创新型城市试点样本为 1598 个,非创新型城市试点样本为 714 个。因为是创业板上市企业,处于成长期的企业样本数量明显最多,技术密集型行业子样本和创新型城市试点子样本的数量也都明显比其对照组的更多。此外,创业板上市企业数量随着年份逐渐增加,主要集中在制造业和信息技术业。

表 5 – 2　2010—2017 年总样本与子样本的年度、行业分布

A：样本的行业分布

行业	总样本	企业层面			行业层面		区域层面	
		成长期	成熟期	衰退期	非技密行业	技密行业	非创新城市	创新城市
A	26	18	5	3	26	0	9	17
B	27	18	6	3	27	0	0	27
C0	29	14	14	1	29	0	29	0
C1	1	1	0	0	1	0	1	0
C4	235	138	90	7	235	0	125	110
C5	279	161	104	14	0	279	87	192
C6	105	68	32	5	105	0	56	49
C7	715	429	247	39	0	715	262	453
C8	166	91	73	2	0	166	47	119
C9	18	12	6	0	18	0	0	18
D	5	4	1	0	5	0	0	5
E	34	27	6	1	34	0	8	26
F	4	2	2	0	4	0	4	0
G	507	325	152	30	0	507	66	441
H	18	10	6	2	18	0	1	17
K	112	71	36	5	112	0	17	95
L	31	24	7	0	31	0	2	29
总数	2312	1413	787	112	645	1667	714	1598

B：样本的年度分布

年份	总样本	企业层面			行业层面		区域层面	
		成长期	成熟期	衰退期	非技密行业	技密行业	非创新城市	创新城市
2010	35	29	6	0	8	27	29	6
2011	136	105	31	0	41	95	52	84
2012	228	138	87	3	68	160	94	134
2013	295	144	142	9	84	211	103	192
2014	293	129	146	18	81	212	82	211
2015	324	182	120	22	89	235	94	230
2016	455	320	110	25	126	329	120	335
2017	546	366	145	35	148	398	140	406
总数	2312	1413	787	112	645	1667	714	1598

注：行业代码 I 为金融行业，基于其行业特质性已从样本中剔除。

表5-3 主要变量描述性统计分析结果

A: 按照企业生命周期分组

主要变量	总样本 (2312 个)		成长期 企业样本 (1413 个)		成熟期 企业样本 (787 个)		衰退期 企业样本 (112 个)	
	均值	中位数	均值	中位数	均值	中位数	均值	中位数
RD	17.42	17.37	17.48	17.44	17.33	17.26	17.35	17.27
Patent	7.35	3.00	7.62	3.00	6.82	3.00	7.79	3.00
RD_indep	17.20	17.14	17.23	17.18	17.14	17.09	17.21	17.18
TAC	14.98	14.95	14.99	14.96	14.96	14.95	14.98	15.01
T3mc	13.98	13.99	13.98	13.99	13.97	13.98	13.99	14.00
NPC	0.14	0.12	0.14	0.12	0.15	0.13	0.18	0.15
EOR	0.34	0.38	0.33	0.37	0.36	0.40	0.33	0.36

B: 按照是否为技术密集型行业分组

主要变量	总样本 (2312 个)		非技密 行业样本 (645 个)		技密行业 样本 (1667 个)		Wilcoxon 检验	t 检验
	均值	中位数	均值	中位数	均值	中位数	z 值	t 值
RD	17.42	17.37	17.22	17.19	17.50	17.43	-6.71*	-6.94*
Patent	7.35	3.00	6.43	2.00	7.71	3.00	-4.83*	-1.36
RD_indep	17.20	17.14	17.01	16.93	17.27	17.21	-6.42*	-6.70*
TAC	14.98	14.95	14.96	14.94	14.98	14.96	-0.93	-0.80
T3mc	13.98	13.99	13.96	13.97	13.99	13.99	-1.09	-1.11
NPC	0.14	0.12	0.11	0.10	0.16	0.13	-12.68*	-11.89*
EOR	0.34	0.38	0.34	0.37	0.34	0.38	-0.59	-0.76

C: 按照是否在创新型城市试点分组

主要变量	总样本 (2312 个)		非创新 城市样本 (714 个)		创新 城市样本 (1598 个)		Wilcoxon 检验	t 检验
	均值	中位数	均值	中位数	均值	中位数	z 值	t 值
RD	17.42	17.37	17.18	17.13	17.53	17.47	-8.76*	-9.07*
Patent	7.35	3.00	5.47	3.00	8.19	3.00	-1.63	-2.98*
RD_indep	17.20	17.14	16.98	16.90	17.30	17.23	-8.36*	-8.55*

（续上表）

C：按照是否在创新型城市试点分组

主要变量	总样本 （2312 个）		非创新 城市样本 （714 个）		创新 城市样本 （1598 个）		Wilcoxon 检验	t 检验
	均值	中位数	均值	中位数	均值	中位数	z 值	t 值
TAC	14.98	14.95	14.78	14.77	15.06	15.04	−11.32*	−11.55*
T3mc	13.98	13.99	13.76	13.75	14.08	14.07	−11.78*	−12.38*
NPC	0.14	0.12	0.12	0.11	0.15	0.13	−9.70*	−9.72*
EOR	0.34	0.38	0.32	0.37	0.35	0.39	−2.14*	−2.50*

注：*表示中位数的 Wilcoxon 检验或均值的 t 检验在 5% 水平上显著。

表 5 - 3 是主要变量描述性统计分析结果。从表中可见，创业板企业的创新投入（包括 RD 和滞后一期的 RD_indep）以及发明专利申请数量 Patent 的均值都呈现先减后升的趋势，说明企业在成熟期时的创新力度较小，成长期企业研发投入均值最高，然而专利申请数量并不是最高。在高管薪酬方面，不同阶段的企业的货币薪酬水平相近，成熟期企业的均值最小；在职消费呈现上升趋势，衰退期企业的在职消费水平较高；成熟期企业的股权激励水平最高。

中位数的 Wilcoxon 检验和均值的 t 检验结果表明，按照企业是否在技术密集型行业分组，可以发现技术密集型行业样本的研发投入（包括 RD 和滞后一期的 RD_indep）、发明专利申请数量 Patent 以及在职消费 NPC 都显著高于非技术密集型行业样本。最后，按照企业注册地是否在创新型城市试点分组，结果显示创新型城市试点样本的 7 个主要解释变量和被解释变量都显著更高。

5.4.2 相关性分析结果

表 5 - 4　主要变量的相关性分析

主要变量	*RD*	*Patent*	*RD_indep*	*TAC*	*T3mc*	*NPC*	*EOR*
RD	1.00						
Patent	0.26*	1.00					
RD_indep	0.93*	0.25*	1.00				
TAC	0.55*	0.18*	0.56*	1.00			
T3mc	0.49*	0.16*	0.50*	0.90*	1.00		

（续上表）

主要变量	RD	Patent	RD_indep	TAC	T3mc	NPC	EOR
NPC	0.14*	0.03	0.18*	0.17*	0.16*	1.00	
EOR	-0.17*	0.00	-0.17*	-0.16*	-0.21*	0.06**	1.00

注：*、**分别表示相关系数在5%和10%水平上显著。

从表5-4相关性分析可以看出，t期的货币薪酬、在职消费与$t+1$期研发投入之间均存在显著的正相关关系，而股权薪酬却与研发投入显著负相关。另外，三种薪酬中仅货币薪酬与发明专利申请数量之间呈现显著的正相关性，表明当年高管货币薪酬越高，下一年公司的发明专利申请数量就越多。最后，t期的研发投入RD_indep与$t+1$期的研发投入和发明专利申请数量正相关，相关系数分别是0.93和0.25，表明t期的研发投入增加，$t+1$期的研发投入和发明专利申请数量有所提升。高管薪酬与技术创新之间的联系需要进一步检验和分析。

5.4.3　高管薪酬与技术创新的回归结果

1. 高管薪酬与研发投入的回归结果

基于上述的相关性分析结果，货币薪酬和在职消费均与研发投入之间存在显著的正相关关系。为了进一步检验高管薪酬与研发投入之间的关系，由于研发投入RD为普通的面板数据，本部分采取了面板数据的OLS回归模型。首先，使用严格的Hausman检验对比三个模型的固定效应和随机效应，然后依据Wald检验和BP检验对其与OLS混合回归做比较，最终得出自变量是货币薪酬$T3mc$或高管持股比例EOR时采用固定效应更佳，在职消费NPC与研发投入RD的模型则选择随机效应。从表5-4的左半部分可以发现，货币薪酬$T3mc$、在职消费NPC均对研发投入RD有显著的正向促进作用，即货币薪酬或在职消费增加都会使研发投入显著增加，因此假设$H1$和$H2$成立。然而，股权激励EOR与研发投入RD之间却没有显著的相关性。除此之外，我们还发现了总经理年龄Age越大，研发投入RD就越多。企业的销售收入$Sales$、股东制衡程度$Balance$与研发投入RD之间也呈现显著的正相关性。

2. 高管薪酬与创新产出的回归结果

由于发明专利申请数量$Patent$是严格的非负整数，首先考察Poisson回归，其方差明显大于期望，可能存在过度分散，此时进行混合负二项回归，并使用聚类稳健标准误，通过Alpha检验来确定发明专利申请数量确实存在过度分散，因此使用负二项回归更适合。最后使用严格的LR检验和Hausman检验在负二项回归的混合效应、固定效应与随机效应之间做出选择，结果显示三个模型均选择随机负二项回归更佳。我们观察表 5-5 的右半部分发现，货币薪酬 $T3mc$ 和在职消费 NPC 与发明专利申请数量 $Patent$ 之间均存在显著的正相关关系，因此假设 $H1$ 和 $H2$ 成立。然而，高管持股比例 EOR 对发明专利申请数量 $Patent$ 并无显著的促进作用。至于控制变量的影响，首先，董事会规模 $Board\_size$ 和销售收入 $Sales$ 对发明专利申请数量 $Patent$ 有着显著的积极影响；其次，总经理任期 $Tenure$ 越久，以及总经理性别为男性时，发明专利申请数量越少。

表 5-5　货币薪酬、在职消费和高管持股比例对创新投入与产出的影响（总样本）

解释变量	被解释变量：研发投入 RD			被解释变量：专利数量 Patent		
	固定效应	随机效应	固定效应	随机负二项	随机负二项	随机负二项
	总样本 （2312 个）	总样本 （2312 个）	总样本 （2312 个）	总样本 （2312 个）	总样本 （2312 个）	总样本 （2312 个）
$T3mc$	0.08			0.13		
	$(2.09)^*$			$(1.98)^*$		
NPC		3.64			1.83	
		$(14.60)^*$			$(4.33)^*$	
EOR			0.13			-0.13
			(0.89)			(-0.84)
Age	0.01	0.00	0.01	-0.01	-0.01	-0.01
	$(2.40)^*$	(1.48)	$(2.50)^*$	(-1.33)	(-1.08)	(-1.32)
$Tenure$	0.01	0.01	0.01	-0.02	-0.02	-0.02
	(1.14)	(1.90)	(1.00)	(-1.29)	$(-2.09)^*$	(-1.85)
$Education$	0.00	0.04	0.00	0.01	0.03	0.04
	(-0.03)	$(3.09)^*$	(0.18)	(0.34)	(1.00)	(1.24)
$Gender$	-0.05	-0.01	-0.05	-0.37	-0.17	-0.13
	(-0.47)	(-0.15)	(-0.45)	$(-2.27)^*$	(-1.37)	(-1.05)
$Board\_size$	0.01	0.01	0.01	0.07	0.07	0.07
	(0.50)	(0.79)	(0.72)	$(2.36)^*$	$(2.61)^*$	$(2.68)^*$
$Indp\_dir$	0.16	0.05	0.23	0.27	-0.04	0.00
	(0.47)	(0.19)	(0.67)	(0.35)	(-0.07)	(-0.00)

（续上表）

解释变量	被解释变量：研发投入 RD			被解释变量：专利数量 Patent		
	固定效应	随机效应	固定效应	随机负二项	随机负二项	随机负二项
	总样本	总样本	总样本	总样本	总样本	总样本
	(2312 个)	(2312 个)	(2312 个)	(2312 个)	(2312 个)	(2312 个)
Sales	0.49	0.83	0.50	0.22	0.36	0.25
	(10.34)*	(28.90)*	(10.72)*	(3.48)*	(6.62)*	(5.02)*
Sales_growth	0.02	0.04	0.02	−0.08	−0.05	−0.07
	(0.70)	(1.58)	(0.50)	(−1.17)	(−0.82)	(−1.09)
Combined	−0.03	0.01	−0.03	0.08	0.08	0.07
	(−0.77)	(0.34)	(−0.73)	(1.09)	(1.34)	(1.13)
DYDGD	0.15	0.12	0.12	0.18	0.61	0.46
	(0.40)	(0.61)	(0.25)	(0.35)	(1.56)	(1.16)
Balance	0.12	0.07	0.11	−0.09	0.00	0.00
	(1.96)*	(1.99)*	(1.77)	(−1.05)	(0.03)	(−0.03)
LEV	−0.14	−0.35	−0.15	−0.40	−0.32	−0.32
	(−0.92)	(−2.80)*	(−0.97)	(−1.56)	(−1.46)	(−1.46)

注：括号内数据为对应估计量的 t 值或 z 值，* 表示此估计量在5%水平上显著。

3. 高管薪酬与创新效率的回归结果

本部分为了检验高管薪酬对创新效率的影响，设置了货币薪酬、在职消费和高管持股比例的高低虚拟变量 $T3mc1$、$NPC1$ 和 $EOR1$，并使它们分别与滞后一期的研发投入交互（详见模型5.2），从而探究不同水平的高管薪酬会给研发投入的产出水平带来何种影响。由于模型5.2的被解释变量仍是发明专利申请数量 $Patent$，因此与上节一样考虑负二项回归，并使用 LR 检验和 Hausman 检验在混合效应、固定效应与随机效应之间进行选择，最后的最优模型选择结果详见表5-6。基于表5-6模型①的回归结果可以清晰看出，t 期的研发投入 RD_indep 会对 $t+1$ 期的发明专利申请数量 $Patent$ 有显著的正向促进效果。模型②的 $T3mc1$ $\times RD\_indep$ 交互项的系数以及模型③的 $NPC1 \times RD\_indep$ 的回归系数并不显著，这说明，首先货币薪酬与创新效率之间并无显著关联，但由于之前结果显示货币薪酬可以显著增加研发投入和发明专利申请数量，因此假设 $H1$ 依然成立。其次，在职消费也无法明显改善创新效率，然而因为前文已经检验了在职消费与研发投入和发明专利申请数量之间具有显著正相关性，因此假设 $H2$ 依然成立。有趣的是，虽然上一节的结果显示股权激励并不会显著增加研发投入 RD 和发明专利申请数量 Patent，但是从表 5 -6 模型④的结果中可以看到，$EOR1 \times RD\_indep$ 的回归系数显著为正，说明高管持股比例 EOR 增加时，t 期研发投入 RD_indep 对 $t+1$ 期专利申请数量 Patent 的促进作用增强，即高管持股比例促进了创新效率，因此对企业技术创新有着正向的激励效果，一定程度上接受 H3。控制变量的回归结果中，表 5 -6 四个模型的总经理任期 Tenure 对发明专利申请数量 Patent 的回归系数均显著为负；而董事会规模 Board_size 越大，发明专利申请数量 Patent 显著越多。

总的来说，货币薪酬、在职消费均对研发投入和发明专利申请数量产生显著的正向作用，但它们与创新效率之间并无显著关联性；与之相反，股权激励与创新效率之间存在显著的正相关关系，但它对研发投入和发明专利申请数量没有显著影响。

表 5 -6 货币薪酬、在职消费和高管持股比例对创新效率的影响（总样本）

解释变量	被解释变量：专利数量 Patent			
	①随机负二项	②随机负二项	③随机负二项	④随机负二项
	总样本 （2312 个）	总样本 （2312 个）	总样本 （2312 个）	总样本 （2312 个）
RD_indep	0.42	0.37	0.44	0.36
	$(7.68)^*$	$(5.73)^*$	$(6.52)^*$	$(5.85)^*$
$T3mc1$		0.08		
		(1.55)		
$T3mc1 \times RD\_indep$		0.06		
		(1.00)		
$NPC1$			0.07	
			(1.18)	
$NPC1 \times RD\_indep$			-0.07	
			(-1.21)	
$EOR1$				-0.08
				(-1.45)
$EOR1 \times RD\_indep$				0.13
				$(2.27)^*$

（续上表）

解释变量	被解释变量：专利数量 Patent			
	①随机负二项	②随机负二项	③随机负二项	④随机负二项
	总样本 （2312 个）	总样本 （2312 个）	总样本 （2312 个）	总样本 （2312 个）
Age	-0.01	-0.01	-0.01	-0.01
	（-1.19）	（-1.32）	（-1.26）	（-1.30）
Tenure	-0.03	-0.02	-0.03	-0.02
	（-2.20）*	（-2.18）*	（-2.21）*	（-2.12）*
Education	0.01	0.01	0.01	0.01
	（0.33）	（0.20）	（0.32）	（0.26）
Gender	-0.16	-0.16	-0.17	-0.18
	（-1.31）	（-1.32）	（-1.38）	（-1.48）
Board_size	0.06	0.06	0.06	0.06
	（2.39）*	（2.36）*	（2.42）*	（2.32）*
Indp_dir	-0.03	-0.05	-0.06	0.08
	（-0.05）	（-0.08）	（-0.09）	（0.12）
Sales	-0.04	-0.05	-0.01	-0.04
	（-0.63）	（-0.76）	（-0.11）	（-0.69）
Sales_growth	-0.01	0.00	-0.01	-0.01
	（-0.15）	（-0.03）	（-0.17）	（-0.14）
Combined	0.07	0.07	0.07	0.08
	（1.24）	（1.29）	（1.27）	（1.41）
DYDGD	0.62	0.61	0.65	0.64
	（1.59）	（1.58）	（1.67）	（1.64）
Balance	-0.03	-0.03	-0.02	-0.02
	（-0.40）	（-0.46）	（-0.33）	（-0.28）
LEV	-0.18	-0.16	-0.19	-0.16
	（-0.85）	（-0.74）	（-0.88）	（-0.73）

注：括号内数据为对应估计量的 z 值，*表示此估计量在 5% 水平上显著。

高管薪酬与技术创新的分层回归结果

1. 高管薪酬与技术创新的企业层面分析：基于生命周期分组

表5-7至表5-9依次为不同生命周期下创业板上市公司高管三种薪酬激励模式分别对研发投入、发明专利申请数量和创新效率的回归结果。

表5-7的结果显示，三种分组样本中仅成长期样本中的货币薪酬对研发投入 RD 的回归系数在5%的水平上显著为正；而在职消费在成长期和成熟期样本中均对研发投入产生显著的正相关性，在衰退期样本中回归系数则显著为负；而在衰退期样本中，股权激励 EOR 对研发投入 RD 的回归系数显著为正。

从表5-8的结果可以看到，首先，货币薪酬对发明专利申请数量的回归系数在成长期和成熟期显著为正，而在衰退期则不显著；其次，在职消费在三个阶段的样本中均对发明专利申请数量呈现出显著的正相关性；最后，成长期企业的股权激励对发明专利申请数量的回归系数在5%的水平上显著为负，而成熟期和衰退期的回归系数不显著。

表5-9显示了不同阶段高管薪酬对创新效率的回归结果。结果显示，$T3mc1 \times RD\_indep$ 的系数在成熟期样本中显著为正，说明该阶段货币薪酬的增加会增强研发投入对发明专利申请数量的积极激励效果，即货币薪酬促进了创新效率。$EOR1 \times RD\_indep$ 的回归系数在成长期样本中显著为正，表明成长期企业提高股权激励会增强研发投入对发明专利申请数量的正相关性，也就是改善了创新效率。

表5-7　货币薪酬、在职消费和高管持股比例对研发投入的影响（生命周期分组）

解释变量	被解释变量：研发投入 RD								
	固定效应			固定效应			固定效应		
	成长期	成熟期	衰退期	成长期	成熟期	衰退期	成长期	成熟期	衰退期
	1413个	787个	112个	1413个	787个	112个	1413个	787个	112个
$T3mc$	0.12	0.01	-0.35						
	(2.18)*	(0.14)	(-1.46)						
NPC				2.08	2.44	-1.66			
				(5.87)*	(4.60)*	(-2.09)*			
EOR							-0.12	0.18	2.70
							(-0.58)	(0.90)	(4.16)*

（续上表）

解释变量	被解释变量：研发投入 RD								
	固定效应			固定效应			固定效应		
	成长期	成熟期	衰退期	成长期	成熟期	衰退期	成长期	成熟期	衰退期
	1413 个	787 个	112 个	1413 个	787 个	112 个	1413 个	787 个	112 个
Age	0.01	0.01	0.18	0.01	0.00	0.21	0.01	0.01	0.29
	(1.84)	(1.39)	(7.22)*	(1.98)*	(0.85)	(6.21)*	(1.93)	(1.39)	(8.47)*
Tenure	0.00	0.01	−0.36	0.01	0.01	−0.48	0.01	0.01	−0.63
	(0.50)	(0.69)	(−5.87)*	(0.80)	(0.96)	(−5.84)*	(0.68)	(0.59)	(−8.36)*
Education	−0.01	0.00	−1.90	−0.01	0.00	−2.20	−0.01	0.00	−2.91
	(−0.49)	(0.10)	(−7.46)*	(−0.44)	(0.18)	(−6.10)*	(−0.33)	(0.17)	(−8.02)*
Gender	−0.10	0.11	0.92	−0.09	0.02	0.78	−0.11	0.12	0.49
	(−0.71)	(0.75)	(2.41)*	(−0.62)	(0.14)	(3.11)*	(−0.75)	(0.82)	(2.55)*
Board_size	0.00	0.01	0.69	0.00	0.02	0.93	0.01	0.02	1.10
	(−0.01)	(0.62)	(5.26)*	(0.10)	(0.90)	(5.61)*	(0.18)	(0.78)	(8.49)*
Indp_dir	0.07	0.18	9.07	0.05	0.39	15.27	0.19	0.21	18.29
	(0.14)	(0.38)	(3.14)*	(0.11)	(0.78)	(4.97)*	(0.40)	(0.44)	(7.56)*
Sales	0.45	0.50	−0.25	0.63	0.69	−0.73	0.47	0.50	−0.94
	(8.50)*	(6.07)*	(−0.90)	(10.79)*	(8.31)*	(−3.03)*	(9.05)*	(6.13)*	(−5.26)*
Sales_growth	0.02	0.02	−0.23	0.02	0.03	−0.18	0.01	0.02	−0.44
	(0.46)	(0.25)	(−1.59)	(0.50)	(0.57)	(−1.33)	(0.23)	(0.28)	(−2.90)*
Combined	−0.02	−0.01	−0.96	−0.03	0.02	−1.37	−0.03	−0.01	−1.67
	(−0.50)	(−0.13)	(−4.69)*	(−0.61)	(0.24)	(−5.38)*	(−0.62)	(−0.08)	(−7.64)*
DYDGD	−0.47	0.32	−3.25	−0.20	0.37	−3.58	−0.35	0.26	−5.13
	(−0.87)	(0.56)	(−1.65)	(−0.38)	(0.68)	(−2.05)*	(−0.66)	(0.45)	(−4.20)*
Balance	0.13	0.01	0.69	0.14	0.03	1.00	0.14	0.00	0.42
	(1.57)	(0.12)	(3.00)*	(1.76)	(0.43)	(3.29)*	(1.65)	(−0.02)	(1.94)**
LEV	−0.01	−0.44	2.29	−0.15	−0.64	3.34	−0.02	−0.47	4.96
	(−0.08)	(−1.14)	(2.49)*	(−0.97)	(−1.81)	(3.25)*	(−0.12)	(−1.18)	(5.54)*

注：括号内数据为对应估计量的 z 值，＊、＊＊分别表示此估计量在 5%、10% 水平上显著。

表 5-8 货币薪酬、在职消费和高管持股比例对专利数量的影响（生命周期分组）

解释变量	被解释变量：专利数量 *Patent*								
	随机负二项			随机负二项			随机负二项		
	成长期	成熟期	衰退期	成长期	成熟期	衰退期	成长期	成熟期	衰退期
	1413 个	787 个	112 个	1413 个	787 个	112 个	1413 个	787 个	112 个
T3mc	0.31	0.35	0.28						
	(4.52)*	(3.62)*	(1.29)						
NPC				2.30	3.35	5.64			
				(4.06)*	(4.85)*	(3.63)*			
EOR							-0.53	0.28	0.88
							(-2.84)*	(1.11)	(1.38)
Age	-0.01	-0.02	-0.04	-0.01	-0.01	-0.03	-0.01	-0.01	-0.03
	(-1.57)	(-1.83)	(-1.64)	(-1.12)	(-1.64)	(-1.45)	(-1.59)	(-1.47)	(-1.22)
Tenure	-0.03	0.02	-0.01	-0.04	0.00	-0.01	-0.03	0.01	-0.02
	(-2.16)*	(0.73)	(-0.19)	(-2.41)*	(0.24)	(-0.28)	(-2.22)*	(0.27)	(-0.43)
Education	0.04	-0.04	-0.09	0.05	-0.03	-0.20	0.05	-0.01	-0.12
	(0.99)	(-0.65)	(-0.69)	(1.20)	(-0.59)	(-1.59)	(1.23)	(-0.09)	(-0.96)
Gender	-0.15	-0.30	0.72	-0.17	-0.32	0.38	-0.12	-0.23	0.73
	(-1.02)	(-1.30)	(1.36)	(-1.10)	(-1.45)	(0.76)	(-0.80)	(-0.98)	(1.37)
Board_size	0.07	0.04	0.12	0.08	0.04	0.11	0.08	0.05	0.13
	(2.10)*	(0.90)	(0.89)	(2.42)*	(0.94)	(0.85)	(2.34)*	(1.18)	(0.99)
Indp_dir	-0.15	-0.17	1.38	-0.13	-0.05	0.64	-0.02	-0.01	1.81
	(-0.17)	(-0.17)	(0.43)	(-0.16)	(-0.04)	(0.22)	(-0.02)	(-0.01)	(0.56)
Sales	0.14	0.39	0.72	0.32	0.68	1.26	0.18	0.49	0.84
	(2.26)*	(4.39)*	(3.26)*	(4.94)*	(7.27)*	(5.60)*	(2.97)*	(5.64)*	(4.22)*
Sales_growth	-0.09	0.10	-0.24	-0.08	0.10	-0.48	-0.10	0.06	-0.36
	(-1.06)	(0.71)	(-0.79)	(-0.95)	(0.69)	(-1.61)	(-1.24)	(0.43)	(-1.22)
Combined	0.00	0.32	-0.20	0.01	0.35	-0.15	0.03	0.30	-0.23
	(-0.00)	(3.07)*	(-0.79)	(0.13)	(3.35)*	(-0.60)	(0.34)	(2.79)*	(-0.90)
DYDGD	0.10	0.06	0.78	0.57	0.23	1.73	0.37	0.16	0.12
	(0.21)	(0.09)	(0.57)	(1.16)	(0.36)	(1.34)	(0.74)	(0.24)	(0.09)
Balance	-0.10	-0.12	-0.17	0.00	-0.09	-0.11	-0.01	-0.08	-0.32
	(-1.09)	(-0.99)	(-0.62)	(-0.05)	(-0.81)	(-0.40)	(-0.10)	(-0.67)	(-1.08)

（续上表）

解释变量	被解释变量：专利数量 *Patent*								
	随机负二项			随机负二项			随机负二项		
	成长期 1413 个	成熟期 787 个	衰退期 112 个	成长期 1413 个	成熟期 787 个	衰退期 112 个	成长期 1413 个	成熟期 787 个	衰退期 112 个
LEV	0.15	−1.36	−3.98	0.01	−1.50	−4.24	0.07	−1.52	−3.92
	(0.57)	(−2.95)*	(−3.68)*	(0.04)	(−3.33)*	(−4.31)*	(0.27)	(−3.28)*	(−3.75)*

注：括号内数据为对应估计量的 *z* 值，* 表示此估计值在 5% 水平上显著。

表 5−9　货币薪酬、在职消费和高管持股比例对创新效率的影响（生命周期分组）

解释变量	被解释变量：专利数量 *Patent*								
	随机负二项			随机负二项			随机负二项		
	成长期 1413 个	成熟期 787 个	衰退期 112 个	成长期 1413 个	成熟期 787 个	衰退期 112 个	成长期 1413 个	成熟期 787 个	衰退期 112 个
RD_indep	0.45	0.50	0.37	0.50	0.64	0.23	0.41	0.63	0.52
	(5.65)*	(4.22)*	(1.39)	(6.27)*	(4.90)*	(0.62)	(5.45)*	(5.94)*	(1.84)
T3mc1	0.09	0.17	0.13						
	(1.34)	(1.76)**	(0.52)						
T3mc1 × *RD_indep*	0.06	0.21	0.19						
	(0.77)	(1.76)**	(0.58)						
NPC1				0.02	0.16	0.94			
				(0.23)	(1.48)	(2.80)*			
NPC1 × *RD_indep*				−0.03	−0.07	−0.16			
				(−0.50)	(−0.57)	(−0.46)			
EOR1							−0.188**	0.06	0.19
							(−2.64)*	(0.66)	(0.72)
EOR1 × *RD_indep*							0.16	0.04	−0.11
							(2.22)*	(0.33)	(−0.36)
Age	−0.01	−0.01	−0.04	−0.01	−0.01	−0.03	−0.01	−0.01	−0.03
	(−1.28)	(−1.74)	(−1.78)	(−1.21)	(−1.55)	(−1.56)	(−1.42)	(−1.45)	(−1.49)

（续上表）

解释变量	被解释变量：专利数量 Patent								
	随机负二项			随机负二项			随机负二项		
	成长期 1413个	成熟期 787个	衰退期 112个	成长期 1413个	成熟期 787个	衰退期 112个	成长期 1413个	成熟期 787个	衰退期 112个
Tenure	-0.03	0.00	-0.02	-0.03	0.00	-0.02	-0.03	0.00	-0.03
	(-2.29)*	(0.05)	(-0.43)	(-2.35)*	(0.10)	(-0.38)	(-2.22)*	(0.13)	(-0.63)
Education	0.02	-0.08	-0.14	0.02	-0.07	-0.13	0.02	-0.07	-0.15
	(0.50)	(-1.57)	(-1.14)	(0.59)	(-1.38)	(-0.99)	(0.48)	(-1.29)	(-1.16)
Gender	-0.16	-0.21	0.65	-0.17	-0.23	0.44	-0.19	-0.21	0.62
	(-1.12)	(-0.97)	(1.19)	(-1.13)	(-1.06)	(0.85)	(-1.32)	(-0.97)	(1.12)
Board_size	0.07	0.01	0.13	0.07	0.01	0.12	0.07	0.01	0.13
	(2.21)*	(0.22)	(0.98)	(2.29)*	(0.30)	(0.88)	(2.14)*	(0.27)	(1.05)
Indp_dir	-0.09	-0.41	0.86	-0.07	-0.49	1.08	0.14	-0.38	0.86
	(-0.11)	(-0.40)	(0.28)	(-0.08)	(-0.48)	(0.34)	(0.16)	(-0.37)	(0.28)
Sales	-0.15	0.01	0.40	-0.14	0.11	1.08	-0.16	0.05	0.49
	(-2.04)*	(0.12)	(1.52)	(-1.62)	(0.98)	(3.26)*	(-2.08)*	(0.45)	(1.95)
Sales_growth	-0.01	0.14	-0.40	-0.01	0.12	-0.44	0.00	0.12	-0.38
	(-0.10)	(1.03)	(-1.29)	(-0.16)	(0.89)	(-1.50)	(-0.02)	(0.82)	(-1.28)
Combined	-0.01	0.32	-0.21	-0.01	0.32	-0.31	0.01	0.31	-0.22
	(-0.13)	(3.17)*	(-0.84)	(-0.14)	(3.17)*	(-1.28)	(0.21)	(3.07)*	(-0.89)
DYDGD	0.57	0.39	1.10	0.59	0.52	1.54	0.65	0.40	0.87
	(1.17)	(0.63)	(0.84)	(1.22)	(0.83)	(1.21)	(1.35)	(0.64)	(0.65)
Balance	-0.03	-0.13	-0.16	-0.03	-0.08	-0.14	-0.01	-0.11	-0.19
	(-0.36)	(-1.16)	(-0.60)	(-0.32)	(-0.77)	(-0.54)	(-0.08)	(-0.95)	(-0.65)
LEV	0.20	-1.18	-3.38	0.17	-1.23	-4.09	0.22	-1.24	-3.43
	(0.75)	(-2.70)*	(-3.24)*	(0.64)	(-2.80)*	(-3.87)*	(0.86)	(-2.82)*	(-3.28)*

注：括号内数据为对应估计量的 z 值，*、＊＊分别表示此估计值在 5%、10% 水平上显著。

综合上述结果，发现划分不同生命周期后，高管三种薪酬形式对企业技术创新的影响存在差异。在成长期，货币薪酬、在职消费都可以促进研发投入，并与发明专利申请数量呈显著正相关，这说明：其一，在成长期阶段，高管对企业未来前景充满信心，为了企业有更好的发展从而使自己的货币薪酬大幅提高，高管在促进企业技术创新上更有动力，此时提高货币薪酬有较大的激励力度；其二，成长期企业高管"新官上任三把火"，会积极投资创新项目来证明自己的经营实力（谷丰、张林和张凤元，2018），因此假设 $H4a$ 和 $H4b$ 成立，而拒绝 $H4c$。然而，对于成长期股权激励的激励作用，我们发现了较有意思的结果：股权激励提高，能增加每单位研发投入的专利产出结果，改善创新效率，符合"利益趋同效应"，但与此同时，它与专利数量显著负相关，显示出一定的"堑壕效应"。该结果拒绝 $H4d$。在成熟期，货币薪酬对研发投入的回归系数不显著，但与专利数量和创新效率之间均有显著的正相关关系；在职消费能正向促进研发投入和专利数量；股权激励对企业技术创新没有显著的影响。因此，假设 $H5a$ 和 $H5b$ 成立，拒绝 $H5c$ 和 $H5d$。在衰退期，货币薪酬已经无显著的激励作用；在职消费与研发投入之间存在显著的负相关关系，但与专利数量显著正相关；股权激励虽然可以促进研发投入，但没有对创新绩效（包括专利数量和创新效率）产生显著的激励效果。因此，$H6a$、$H6b$ 和 $H6d$ 成立，而拒绝 $H6c$。

2. 高管薪酬与技术创新的行业层面分析：基于是否为技术密集型行业分组

参考鲁桐和党印（2014）的结果，把2001年证监会行业分类标准中的C5电子制造业，C7机械、设备、仪表制造业，C8医药、生物制品制造业，C9其他制造业以及G信息技术业分组为技术密集型行业，而其他行业都属非技术密集型行业。按上述标准，把总样本分成技术密集型行业组和非技术密集型行业组（下面简称为技密行业组和非技密行业组），样本数量分别为1667个和645个。主要分层回归结果如表5-10、表5-11所示。

根据表5-10结果可得，其一，货币薪酬 $T3mc$ 对研发投入 RD 的正向促进作用均仅在技密行业组显著；在职消费 NPC 在两组子样本中的回归系数均显著为正。其二，两组子样本的货币薪酬 $T3mc$ 与专利数量 $Patent$ 之间都存在显著的正相关性；在职消费 NPC 只在技密行业组与专利数量 $Patent$ 之间呈显著正相关；高管持股比例 EOR 在两组子样本中均与研发投入 RD、专利数量 $Patent$ 无显著的相关性。

表5-11显示了两组子样本高管薪酬形式与创新效率的分层回归结果。表中研究在职消费与创新效率相关性的模型③④结果显示，技密行业组的滞后一期研发投入 RD_indep 单独项回归系数显著为正，然而交互项 $NPC1 \times RD\_indep$ 的系数却显著为负，说明技密行业组企业高管在职消费增加会减弱研发投入的产出水平，降低创新效率；此外，模型⑥技密行业组的 RD_indep 和股权激励虚拟变量 $EOR1$ 的交互项系数在10%的水平上显著为正，这表明技密行业组企业的股权激励增加可以促进研发投入的产出水平，改善创新效率。总体而言，高管薪酬形式对技术创新的激励效果在技密行业组更为突出，上述结果支持了假设 $H7$。

表 5-10　货币薪酬、在职消费和高管持股比例对创新投入和产出的影响（是否为技术密集型行业）

解释变量	被解释变量：研发投入 RD						被解释变量：专利数量 Patent					
	固定效应	固定效应	固定效应	固定效应	固定效应	固定效应	随机负二项	固定负二项	随机负二项	固定负二项	随机负二项	固定负二项
	非技密行业	技密行业	非技密行业	技密行业	非技密行业	技密行业	非技密行业	技密行业	非技密行业	技密行业	非技密行业	技密行业
	(645个)	(1667个)	(645个)	(1667个)	(645个)	(1667个)	(645个)	(1667个)	(645个)	(1667个)	(645个)	(1667个)
$T3mc$	0.09 (1.30)	0.08 (1.79)**					0.19 (1.84)**	0.17 (2.12)*				
NPC			1.92 (3.13)*	2.14 (7.04)*					-0.02 (-0.02)	1.60 (2.86)*		
EOR					-0.01 (-0.08)	0.18 (0.86)					-0.14 (-0.47)	-0.12 (-0.49)
Age	0.00 (0.67)	0.01 (2.50)*	0.01 (0.94)	0.01 (2.38)*	0.00 (0.68)	0.01 (2.61)*	-0.01 (-0.64)	-0.01 (-1.21)	-0.01 (-0.57)	-0.01 (-0.89)	-0.01 (-0.56)	-0.01 (-1.03)
$Tenure$	0.04 (3.01)*	-0.01 (-0.93)	0.04 (3.05)*	0.00 (-0.56)	0.04 (2.92)*	-0.01 (-1.13)	-0.04 (-1.71)**	-0.01 (-0.95)	-0.04 (-1.61)	-0.02 (-1.06)	-0.04 (-1.61)	-0.02 (-1.04)
$Education$	-0.02 (-0.39)	0.00 (-0.14)	-0.01 (-0.22)	0.00 (-0.11)	-0.01 (-0.25)	0.00 (0.05)	0.08 (1.26)	0.00 (0.03)	0.10 (1.54)	0.00 (0.04)	0.10 (1.54)	0.01 (0.21)
$Gender$	-0.18 (-0.92)	0.08 (1.00)	-0.19 (-0.88)	0.04 (0.73)	-0.20 (-1.00)	0.09 (1.24)	-0.08 (-0.35)	-0.55 (-2.78)*	-0.06 (-0.26)	-0.55 (-2.82)*	-0.06 (-0.25)	-0.51 (-2.59)*
$Board\_size$	-0.05 (-0.73)	0.02 (1.18)	-0.05 (-0.74)	0.03 (1.60)	-0.04 (-0.62)	0.03 (1.38)	0.26 (4.06)*	0.04 (1.13)	0.28 (4.41)*	0.04 (1.19)	0.28 (4.29)*	0.04 (1.19)

（续上表）

解释变量	被解释变量：研发投入 RD						被解释变量：专利数量 Patent					
	固定效应	固定效应	固定效应	固定效应	固定效应	固定效应	随机负二项	固定负二项	随机负二项	固定负二项	随机负二项	固定负二项
	非技密行业	技密行业	非技密行业	技密行业	非技密行业	技密行业	非技密行业	技密行业	非技密行业	技密行业	非技密行业	技密行业
	(645个)	(1667个)	(645个)	(1667个)	(645个)	(1667个)	(645个)	(1667个)	(645个)	(1667个)	(645个)	(1667个)
Indp_dir	-0.66	0.14	-0.70	0.08	-0.44	0.17	2.72	0.33	3.23	0.36	3.15	0.36
	(-0.51)	(0.44)	(-0.54)	(0.27)	(-0.35)	(0.54)	(1.72)**	(0.38)	(2.05)*	(0.42)	(2.00)*	(0.42)
Sales	0.53	0.47	0.65	0.66	0.54	0.48	0.19	0.23	0.21	0.38	0.21	0.27
	(5.57)*	(9.03)*	(6.66)*	(12.10)*	(5.94)*	(9.10)*	(1.87)**	(3.29)*	(1.84)	(4.88)*	(2.12)*	(3.87)*
Sales_growth	-0.03	0.05	-0.02	0.05	-0.04	0.04	-0.30	-0.03	-0.30	-0.04	-0.30	-0.05
	(-0.68)	(1.47)	(-0.38)	(1.70)**	(-0.83)	(1.30)	(-2.30)*	(-0.37)	(-2.31)*	(-0.47)	(-2.28)*	(-0.64)
Combined	-0.08	-0.02	-0.08	0.00	-0.08	-0.01	0.09	0.06	0.09	0.07	0.09	0.06
	(-1.10)	(-0.36)	(-1.04)	(0.02)	(-1.06)	(-0.35)	(0.74)	(0.68)	(0.79)	(0.86)	(0.79)	(0.65)
DYDGD	1.37	-0.12	1.28	0.01	1.30	-0.16	-1.26	0.72	-1.26	0.97	-1.23	0.82
	(1.83)	(-0.29)	(1.76)**	(0.01)	(1.70)**	(-0.39)	(-1.48)	(1.24)	(-1.46)	(1.66)**	(-1.43)	(1.40)
Balance	0.31	0.09	0.30	0.08	0.30	0.08	-0.27	-0.02	-0.27	0.03	-0.26	0.03
	(2.13)*	(1.40)	(2.12)*	(1.44)	(1.97)*	(1.27)	(-1.86)**	(-0.16)	(-1.80)**	(0.29)	(-1.74)**	(0.25)
LEV	-0.50	0.04	-0.52	-0.12	-0.50	0.02	0.25	-0.45	0.23	-0.53	0.22	-0.50
	(-1.88)**	(0.24)	(-1.97)*	(-0.71)	(-1.84)**	(0.13)	(0.60)	(-1.51)	(0.54)	(-1.78)**	(0.51)	(-1.66)**

注：括号内数据为对应估计量的 z 值，*、**分别表示此估计量在 5%、10% 水平上显著。

表5－11　货币薪酬、在职消费和高管持股比例对创新效率的影响（是否为技术密集型行业）

解释变量	被解释变量：专利数量 *Patent*					
	①随机负二项	②固定负二项	③随机负二项	④固定负二项	⑤随机负二项	⑥固定负二项
	非技密行业 (645个)	技密行业 (1667个)	非技密行业 (645个)	技密行业 (1667个)	非技密行业 (645个)	技密行业 (1667个)
RD_indep	0.31	0.29	0.32	0.41	0.34	0.25
	(2.38)*	(3.11)*	(2.63)*	(4.22)*	(2.74)*	(2.97)*
T3mc1	0.30	−0.02				
	(2.79)*	(−0.26)				
T3mc1 × RD_indep	0.07	0.04				
	(0.60)	(0.50)				
NPC1			−0.01	0.09		
			(−0.04)	(1.03)		
NPC1 × RD_indep			0.15	−0.18		
			(1.23)	(−2.46)*		
EOR1					−0.05	−0.10
					(−0.46)	(−1.18)
EOR1 × RD_indep					0.10	0.13
					(0.83)	(1.68)**
Age	−0.01	−0.01	−0.01	−0.01	−0.01	−0.01
	(−0.77)	(−0.94)	(−0.72)	(−1.21)	(−0.80)	(−1.06)
Tenure	−0.05	−0.02	−0.04	−0.01	−0.04	−0.01
	(−2.12)*	(−1.14)	(−1.75)**	(−1.00)	(−1.85)**	(−0.98)
Education	0.06	−0.01	0.08	−0.01	0.08	−0.01
	(0.97)	(−0.17)	(1.21)	(−0.25)	(1.28)	(−0.29)
Gender	−0.09	−0.53	−0.04	−0.55	−0.06	−0.57
	(−0.40)	(−2.73)*	(−0.19)	(−2.86)*	(−0.28)	(−2.95)*
Board_size	0.28	0.04	0.28	0.04	0.28	0.04
	(4.37)*	(1.07)	(4.37)*	(1.16)	(4.37)*	(1.04)
Indp_dir	3.43	0.32	3.51	0.31	3.45	0.49
	(2.23)*	(0.38)	(2.27)*	(0.37)	(2.24)*	(0.58)
Sales	−0.06	0.07	−0.09	0.09	−0.08	0.07
	(−0.49)	(0.83)	(−0.69)	(0.90)	(−0.63)	(0.85)

（续上表）

解释变量	被解释变量：专利数量 Patent					
	①随机负二项	②固定负二项	③随机负二项	④固定负二项	⑤随机负二项	⑥固定负二项
	非技密行业 (645 个)	技密行业 (1667 个)	非技密行业 (645 个)	技密行业 (1667 个)	非技密行业 (645 个)	技密行业 (1667 个)
Sales_growth	−0.29	0.00	−0.25	0.00	−0.25	0.00
	(−2.18)*	(0.04)	(−1.94)**	(−0.02)	(−1.91)**	(−0.05)
Combined	0.09	0.06	0.10	0.07	0.11	0.08
	(0.81)	(0.78)	(0.82)	(0.88)	(0.90)	(0.95)
DYDGD	−1.44	1.00	−1.29	1.03	−1.18	0.97
	(−1.72)**	(1.72)	(−1.53)	(1.76)	(−1.39)	(1.66)**
Balance	−0.30	0.00	−0.29	0.00	−0.28	0.00
	(−2.03)*	(−0.01)	(−1.95)**	(−0.03)	(−1.84)**	(−0.02)
LEV	0.50	−0.45	0.43	−0.46	0.41	−0.41
	(1.19)	(−1.49)	(1.03)	(−1.53)	(0.98)	(−1.35)

注：括号内数据为对应估计量的 z 值，*、** 分别表示此估计量在 5%、10% 水平上显著。

3. 高管薪酬与技术创新的区域层面分析：基于是否为创新型城市试点分组

根据科技部公布的国家创新型城市试点名单和相应的入选年份，本部分不仅是横向区分创新型城市试点和非创新型城市，而且纵向区分入选创新城市试点的时间先后，即把创新型城市试点入选前的年份样本也都归为非创新型城市组。因此，创新型城市试点样本有 1598 个，非创新型城市样本有 714 个。

根据表 5 - 12 可得，首先，货币薪酬 T3mc 对研发投入 RD 和专利数量 Patent 的正向促进作用仅在创新城市组显著。说明在创新型城市试点中，增加高管的货币薪酬可显著提高企业的创新投入及产出。其次，在职消费 NPC 在两组子样本中均与研发投入 RD 有显著的正向关系，但对专利数量 Patent 的回归系数仅在创新城市组显著为正。而股权激励 EOR 对研发投入 RD 和专利数量 Patent 的回归系数均不显著。

另外从表 5 - 13 可以看到，无论是否为创新型城市试点，三个模型的薪酬虚拟变量与滞后一期研发投入 RD_indep 的交互项均不显著，说明所有子样本中的高管薪酬都无法改善创新效率。因此，假设 H8 并不完全成立。

表 5 - 12　货币薪酬、在职消费和高管持股比例对创新投入和产出的影响（是否为创新型城市试点）

解释变量	被解释变量: 研发投入 RD						被解释变量: 专利数量 Patent					
	固定效应 非创新城市 (714个)	固定效应 创新城市 (1598个)	固定效应 非创新城市 (714个)	固定效应 创新城市 (1598个)	固定效应 非创新城市 (714个)	固定效应 创新城市 (1598个)	固定 负二项 非创新城市 (714个)	随机 负二项 创新城市 (1598个)	固定 负二项 非创新城市 (714个)	随机 负二项 创新城市 (1598个)	固定 负二项 非创新城市 (714个)	随机 负二项 创新城市 (1598个)
T3mc	0.01 (0.08)	0.09 (1.97)*					0.11 (0.81)	0.19 (2.74)*				
NPC			2.09 (3.09)*	2.22 (7.88)*					1.40 (0.97)	1.65 (3.48)*		
EOR					0.22 (1.40)	-0.01 (-0.03)					-0.17 (-0.50)	0.04 (0.22)
Age	0.00 (0.16)	0.01 (1.79)**	0.00 (0.30)	0.01 (1.87)**	0.00 (0.14)	0.01 (1.95)**	-0.01 (-0.87)	-0.01 (-1.01)	-0.01 (-0.90)	0.00 (-0.50)	-0.01 (-0.86)	0.00 (-0.62)
Tenure	0.03 (2.19)*	0.00 (0.02)	0.03 (2.15)*	0.01 (0.99)	0.03 (2.07)*	0.00 (0.51)	0.00 (0.16)	-0.03 (-2.08)*	0.00 (0.16)	-0.03 (-2.43)*	0.00 (0.18)	-0.03 (-2.26)*
Education	0.02 (0.79)	0.00 (0.02)	0.02 (0.90)	0.01 (0.37)	0.02 (0.69)	0.01 (0.29)	0.06 (0.90)	0.02 (0.62)	0.07 (0.95)	0.03 (0.69)	0.07 (0.99)	0.04 (0.91)
Gender	0.23 (1.61)	-0.17 (-1.22)	0.25 (1.88)**	-0.18 (-1.40)	0.23 (1.60)	-0.17 (-1.25)	-0.67 (-2.47)*	-0.06 (-0.40)	-0.65 (-2.41)*	-0.07 (-0.43)	-0.63 (-2.28)*	-0.02 (-0.13)
Board_size	0.04 (1.38)	-0.01 (-0.48)	0.04 (1.31)	-0.01 (-0.28)	0.04 (1.39)	-0.01 (-0.33)	0.23 (3.02)*	0.04 (1.34)	0.23 (3.02)*	0.05 (1.48)	0.22 (2.97)*	0.05 (1.52)

（续上表）

解释变量	被解释变量：研发投入 RD						被解释变量：专利数量 Patent					
	固定效应	固定效应	固定效应	固定效应	固定效应	固定效应	固定负二项	随机负二项	固定负二项	随机负二项	固定负二项	随机负二项
	非创新城市	创新城市	非创新城市	创新城市	非创新城市	创新城市	非创新城市	创新城市	非创新城市	创新城市	非创新城市	创新城市
	(714个)	(1598个)	(714个)	(1598个)	(714个)	(1598个)	(714个)	(1598个)	(714个)	(1598个)	(714个)	(1598个)
Indp_dir	0.34	-0.14	0.22	-0.15	0.38	-0.06	1.82	0.05	1.91	0.11	1.76	0.14
	(0.51)	(-0.35)	(0.34)	(-0.39)	(0.57)	(-0.16)	(0.98)	(0.07)	(1.04)	(0.15)	(0.95)	(0.18)
Sales	0.40	0.48	0.50	0.68	0.39	0.49	0.11	0.19	0.20	0.33	0.14	0.23
	(5.15)*	(7.54)*	(5.75)*	(10.92)*	(5.07)*	(7.97)*	(0.84)	(3.14)*	(1.35)	(5.08)*	(1.05)	(3.90)*
Sales_growth	0.13	-0.02	0.14	0.00	0.13	-0.02	-0.01	-0.08	-0.01	-0.08	-0.02	-0.11
	(2.19)*	(-0.49)	(2.47)*	(-0.02)	(2.23)*	(-0.69)	(-0.08)	(-1.00)	(-0.08)	(-0.99)	(-0.15)	(-1.32)
Combined	-0.11	0.02	-0.11	0.03	-0.10	0.02	-0.14	0.06	-0.10	0.07	-0.14	0.05
	(-1.73)**	(0.40)	(-1.71)**	(0.60)	(-1.73)**	(0.32)	(-0.91)	(0.88)	(-0.67)	(0.92)	(-0.90)	(0.69)
DYDGD	0.37	-0.11	0.44	-0.07	0.21	-0.12	-1.27	0.06	-1.07	0.27	-1.15	0.05
	(0.72)	(-0.22)	(0.89)	(-0.16)	(0.41)	(-0.24)	(-1.31)	(0.13)	(-1.10)	(0.55)	(-1.18)	(0.10)
Balance	0.02	0.16	0.02	0.15	0.01	0.16	-0.34	-0.07	-0.33	-0.03	-0.33	-0.05
	(0.24)	(2.07)*	(0.24)	(2.19)*	(0.13)	(2.09)*	(-1.74)**	(-0.84)	(-1.68)**	(-0.30)	(-1.69)*	(-0.54)
LEV	-0.06	-0.13	-0.12	-0.25	-0.06	-0.13	-1.14	0.03	-1.20	0.02	-1.19	0.01
	(-0.24)	(-0.70)	(-0.47)	(-1.41)	(-0.23)	(-0.67)	(-2.27)*	(0.12)	(-2.41)*	(0.07)	(-2.38)*	(0.05)

注：括号内数据为对应估计量的 z 值，*、**分别表示此估计量在 5%、10% 水平上显著。

154

表 5-13　货币薪酬、在职消费和高管持股比例对创新效率的影响（是否为创新型城市试点）

解释变量	被解释变量：专利数量 Patent					
	①固定负二项	②随机负二项	③固定负二项	④随机负二项	⑤固定负二项	⑥随机负二项
	非创新城市（714个）	创新城市（1598个）	非创新城市（714个）	创新城市（1598个）	非创新城市（714个）	创新城市（1598个）
RD_indep	0.23	0.35	0.37	0.39	0.16	0.35
	(1.36)	(4.41)*	(2.11)*	(4.92)*	(0.91)	(4.90)*
$T3mc1$	0.11	0.04				
	(0.90)	(0.62)				
$T3mc1 \times RD\_indep$	0.04	0.05				
	(0.29)	(0.72)				
$NPC1$			-0.06	0.11		
			(-0.45)	(1.40)		
$NPC1 \times RD\_indep$			-0.20	-0.07		
			(-1.40)	(-0.97)		
$EOR1$					-0.12	-0.03
					(-0.91)	(-0.39)
$EOR1 \times RD\_indep$					0.195	0.0807
					(1.34)	(1.14)
Age	-0.01	0.00	-0.01	0.00	-0.01	0.00
	(-0.96)	(-0.55)	(-1.02)	(-0.57)	(-0.91)	(-0.55)
$Tenure$	0.00	-0.04	0.01	-0.04	0.01	-0.04
	(0.14)	(-2.59)*	(0.28)	(-2.60)*	(0.33)	(-2.59)*
$Education$	0.05	0.01	0.05	0.01	0.05	0.01
	(0.73)	(0.18)	(0.68)	(0.33)	-0.71	(0.29)
$Gender$	-0.66	-0.09	-0.65	-0.11	-0.61	-0.11
	(-2.42)*	(-0.58)	(-2.43)*	(-0.71)	(-2.22)*	(-0.73)
$Board\_size$	0.23	0.04	0.21	0.04	0.22	0.04
	(3.02)*	(1.41)	(2.84)*	(1.46)	(2.94)*	(1.37)
$Indp\_dir$	2.15	0.09	1.74	0.09	2.07	0.14
	(1.17)	(0.12)	(0.95)	(0.12)	(1.14)	(0.18)

（续上表）

解释变量	被解释变量：专利数量 *Patent*					
	①固定 负二项	②随机 负二项	③固定 负二项	④随机 负二项	⑤固定 负二项	⑥随机 负二项
	非创新 城市 （714 个）	创新 城市 （1598 个）	非创新 城市 （714 个）	创新 城市 （1598 个）	非创新 城市 （714 个）	创新 城市 （1598 个）
Sales	− 0.07	− 0.04	− 0.08	0.01	− 0.03	− 0.03
	（− 0.41）	（− 0.51）	（− 0.43）	（0.16）	（− 0.19）	（− 0.44）
Sales_growth	0.02	− 0.03	0.02	− 0.04	0.01	− 0.04
	（0.18）	（− 0.43）	（0.13）	（− 0.47）	（0.09）	（− 0.53）
Combined	− 0.11	0.06	− 0.13	0.06	− 0.13	0.07
	（− 0.70）	（0.89）	（− 0.83）	（0.86）	（− 0.82）	（0.97）
DYDGD	− 1.25	0.36	− 1.49	0.41	− 1.22	0.35
	（− 1.28）	（0.75）	（− 1.51）	（0.84）	（− 1.26）	（0.71）
Balance	− 0.36	− 0.05	− 0.42	− 0.03	− 0.38	− 0.04
	（− 1.81）**	（− 0.57）	（− 2.10）*	（− 0.41）	（− 1.93）**	（− 0.53）
LEV	− 1.03	0.13	− 1.12	0.12	− 1.05	0.13
	（− 2.05）*	（0.48）	（− 2.23）*	（0.44）	（− 2.09）*	（0.49）

注：括号内数据为对应估计量的 *z* 值，*、* * 分别表示此估计值在 5%、10% 水平上显著。

5.4.5　高管薪酬结构内部关系与技术创新

1. 在职消费、股权激励对货币薪酬的替代/互补作用：基于技术创新

我们观察到表 5 − 14 主要包括左中右三个板块。从最左边（1）的回归结果可得，被解释变量为专利数量 *Patent* 时，货币薪酬单独项 *T3mc* 的系数均显著为正，而在职消费高度虚拟变量 *NPC*1 与货币薪酬 *T3mc* 的交互项系数显著为负，说明在职消费越高，货币薪酬对专利数量的积极影响就越小；而股权激励与货币薪酬交互项 *EOR*1 × *T3mc* 的回归系数显著为正，表示股权激励增加，货币薪酬与专利数量之间的正相关关系也显著增强。因此假设 *H*9*a* 成立。

2. 货币薪酬、股权薪酬对在职消费的替代/互补作用：基于技术创新

表 5 − 14 中间板块（2）的回归结果显示，在职消费对研发投入和专利数量

的系数均显著为正，说明在职消费能显著正向促进企业的研发投入和创新产出；而货币薪酬的虚拟变量 $T3mc1$ 与在职消费 NPC 的交互项系数均不显著，货币薪酬并不增强或减弱在职消费对研发投入及专利数量的影响。交互项 $EOR1 \times NPC$ 的系数在被解释变量为 $Patent$ 的模型中显著为正，说明高管持股比例增强了在职消费与专利数量之间的正相关关系。表 5 – 15 中间第二个板块的结果显示，无论是按照货币薪酬高低还是股权激励高低分组，$NPC1 \times RD\_indep$ 的回归系数均变得不显著。因此假设 $H9b$ 并不完全成立。

3. 货币薪酬、在职消费对股权激励的替代/互补作用：基于技术创新

观察表 5 – 14 右边板块（3）的回归结果，我们可以看到，当被解释变量为研发投入 RD 时，交互项 $T3mc1 \times EOR$ 和 $NPC1 \times EOR$ 的回归系数均不显著；当被解释变量为 $Patent$ 时，最后两个模型的单独项 EOR 的回归系数均显著为负，分别是 -0.35 和 -0.53，$T3mc1 \times EOR$ 和 $NPC1 \times EOR$ 的系数则显著为正，分别是 0.44 和 0.78，明显大于单独项系数绝对值，说明货币薪酬或者在职消费提高，对股权激励进行了有效补充，此时股权激励对专利数量呈现出正向的激励作用。同时，观察表 5 – 15 的板块（3）可看到，股权激励与滞后一期研发投入交互项 $EOR1 \times RD\_indep$ 对专利数量 $Patent$ 的系数仅在高货币薪酬和高在职消费组显著为正，说明货币薪酬或在职消费越高，股权激励对创新效率的激励效应越为明显。因此假设 $H9c$ 成立。

综上所述，我们得出结论：

第一，股权激励与货币薪酬、在职消费之间都存在互补作用：货币薪酬或在职消费增加时，股权激励对专利数量呈现正向的激励作用，而且此时高管持股比例对研发效率有正向促进作用；高管持股比例高时，货币薪酬、在职消费与专利数量之间的正相关性均有所增强。

第二，在职消费与货币薪酬之间存在替代作用：当在职消费高时，货币薪酬与专利数量之间的正向效应减弱。

表 5-14　高管薪酬结构内部关系与研发投入、专利数量的回归结果

(1)

(1) 解释变量	研发投入 RD 固定效应 总样本(2312个)	研发投入 RD 固定效应 总样本(2312个)	专利数量 Patent 随机负二项 总样本(2312个)	专利数量 Patent 随机负二项 总样本(2312个)
T3mc	0.06 (1.34)	0.12 (2.62)*	0.28 (4.12)*	0.14 (1.98)*
NPC1	0.11 (3.99)*		0.17 (2.94)*	
NPC1 × T3mc	0.03 (0.66)		−0.15 (−1.82)**	
EOR1		−0.22		−0.07 (−1.16)
EOR1 × T3mc		−0.07 (−1.52)		0.20 (2.36)*
Age	0.01 (2.42)*	0.01	−0.01 (−1.55)	−0.01 (−1.66)
Tenure	0.01 (1.17)	0.01	−0.02 (−1.85)**	−0.02 (−1.68)
Education	0.00 (−0.12)	0.00 (0.04)	0.02 (0.72)	0.02 (0.61)
Gender	−0.05 (−0.40)	−0.05 (−0.44)	−0.17 (−1.36)	−0.18 (−1.40)

(2)

(2) 解释变量	研发投入 RD 固定效应 总样本(2312个)	研发投入 RD 固定效应 总样本(2312个)	专利数量 Patent 随机负二项 总样本(2312个)	专利数量 Patent 随机负二项 总样本(2312个)
NPC	1.99 (8.01)*	2.03 (5.57)*	1.99 (3.69)*	1.04 (1.99)*
T3mc1	0.06 (2.53)*		0.10 (1.86)**	
T3mc1 × NPC	0.41 (1.37)		−0.45 (−0.76)	
EOR1		0.01 (0.36)		−0.08 (−1.36)
EOR1 × NPC		0.33 (0.88)		1.67 (2.67)*
Age	0.01 (2.22)*	0.01 (2.47)*	−0.01 (−1.22)	−0.01 (−1.19)
Tenure	0.01 (1.53)	0.01 (1.48)	−0.02 (−2.04)*	−0.02 (−2.04)*
Education	0.00 (0.02)	0.00 (0.20)	0.03 (0.83)	0.03 (0.89)
Gender	−0.07 (−0.59)	−0.08 (−0.66)	−0.19 (−1.49)	−0.18 (−1.45)

(3)

(3) 解释变量	研发投入 RD 随机效应 总样本(2312个)	研发投入 RD 固定效应 总样本(2312个)	专利数量 Patent 随机负二项 总样本(2312个)	专利数量 Patent 负二项 总样本(2312个)
EOR	0.14 (0.95)	0.03 (0.19)	−0.35 (−1.71)*	−0.53 (−2.65)**
T3mc1	0.06 (2.54)*		0.123 (2.26)*	
T3mc1 × EOR	−0.02 (−0.17)		0.44 (1.86)**	
NPC1		0.11 (4.08)*		0.21 (3.70)*
NPC1 × EOR		0.14 (1.09)		0.78 (3.28)*
Age	0.01 (2.38)*	0.01 (2.51)*	−0.01 (−1.41)	−0.01 (−1.22)
Tenure	0.01 (1.02)	0.01 (0.98)	−0.02 (−1.77)**	−0.02 (−2.10)*
Education	0.00 (0.04)	0.00 (0.07)	0.03 (0.97)	0.03 (0.91)
Gender	−0.05 (−0.46)	−0.05 (−0.44)	−0.15 (−1.19)	−0.15 (−1.16)

（续上表）

所有列样本均为总样本（2312个）。

解释变量	(1) 研发投入 RD 固定效应	(1) 研发投入 RD 随机	(1) 专利数量 Patent 随机	(1) 专利数量 Patent 负二项	(2) 研发投入 RD 固定效应	(2) 研发投入 RD 随机	(2) 专利数量 Patent 随机	(2) 专利数量 Patent 负二项	(3) 研发投入 RD 随机效应	(3) 研发投入 RD 固定效应	(3) 专利数量 Patent 随机	(3) 专利数量 Patent 负二项
Board_size	0.01 (0.52)	0.01 (0.52)	0.06 (2.44)*	0.06 (2.40)*	0.01 (0.69)	0.01 (0.68)	0.07 (2.51)*	0.07 (2.50)*	0.01 (0.68)	0.01 (0.69)	0.07 (2.61)*	0.07 (2.72)*
Indp_dir	0.14 (0.41)	0.14 (0.40)	−0.13 (−0.19)	−0.03 (−0.05)	0.13 (0.39)	0.11 (0.35)	−0.06 (−0.09)	−0.05 (−0.07)	0.22 (0.63)	0.20 (0.58)	0.06 (0.09)	−0.05 (−0.08)
Sales	0.52 (11.08)*	0.48 (10.33)*	0.25 (4.72)*	0.20 (3.95)*	0.66 (13.61)*	0.66 (13.99)*	0.34 (6.12)*	0.35 (6.39)*	0.49 (10.55)*	0.53 (11.47)*	0.23 (4.65)*	0.30 (5.79)*
Sales_growth	0.03 (0.92)	0.02 (0.67)	−0.04 (−0.65)	−0.05 (−0.76)	0.03 (1.11)	0.03 (1.05)	−0.05 (−0.79)	−0.05 (−0.78)	0.02 (0.53)	0.02 (0.75)	−0.07 (−1.09)	−0.06 (−0.96)
Combined	−0.03 (−0.79)	−0.03 (−0.73)	0.07 (1.22)	0.07 (1.18)	−0.02 (−0.41)	−0.02 (−0.39)	0.08 (1.38)	0.09 (1.45)	−0.03 (−0.70)	−0.03 (−0.74)	0.07 (1.09)	0.07 (1.21)
DYDGD	0.20 (0.56)	0.14 (0.37)	0.45 (1.15)	0.38 (0.97)	0.26 (0.73)	0.20 (0.58)	0.58 (1.46)	0.58 (1.46)	0.10 (0.28)	0.13 (0.37)	0.45 (1.14)	0.50 (1.26)
Balance	0.12 (2.00)**	0.12 (1.96)**	−0.03 (−0.43)	−0.04 (−0.57)	0.11 (1.94)**	0.11 (2.00)*	0.00 (−0.07)	0.01 (0.19)	0.11 (1.78)**	0.11 (1.79)**	−0.01 (−0.17)	0.00 (0.03)
LEV	−0.14 (−0.94)	−0.14 (−0.91)	−0.21 (−0.97)	−0.23 (−1.07)	−0.25 (−1.67)**	−0.25 (−1.70)*	−0.28 (−1.28)	−0.28 (−1.29)	−0.14 (−0.90)	−0.15 (−0.97)	−0.28 (−1.27)	−0.26 (−1.19)

注：括号内数据为对应估计量的 z 值，*、**分别表示此估计值在 5%、10% 水平上显著。

表 5 - 15 高管薪酬结构内部关系与创新效率的回归结果

被解释变量：专利数量 Patent

解释变量	(1)				(2)				(3)			
	随机负二项 低在职消费 (1126个)	随机负二项 高在职消费 (1186个)	固定负二项 低股权激励 (986个)	随机负二项 高股权激励 (1186个)	随机负二项 低货币薪酬 (1125个)	随机负二项 高货币薪酬 (1187个)	固定负二项 低股权激励 (986个)	随机负二项 高股权激励 (1186个)	随机负二项 低货币薪酬 (1125个)	随机负二项 高货币薪酬 (1187个)	随机负二项 低在职消费 (1126个)	随机负二项 高在职消费 (1186个)
RD_indep	0.42* (3.92)*	0.35 (3.63)*	0.41 (4.38)*	0.40 (4.32)*	0.35 (3.46)*	0.58 (6.23)*	0.48 (5.24)*	0.43 (4.17)*	0.43 (4.52)*	0.47 (5.79)*	0.50 (4.86)*	0.00 (−0.00)
$T3mc1$	0.14 (1.67)	0.08 (1.07)	0.01 (0.13)	0.181* (2.30)								
$T3mc1 \times RD\_indep$	0.15 (1.56)	−0.01 (−0.08)	0.04 (0.45)	0.11 (1.24)								
$NPC1$					0.11 (1.14)	0.04 (0.44)	−0.01 (−0.17)	0.15 (1.64)				
$NPC1 \times RD\_indep$					0.03 (0.35)	−0.08 (−0.96)	−0.06 (−0.80)	−0.02 (−0.22)				
$EOR1$									−0.31 (−3.68)*	0.04 (0.52)	−0.15 (−1.74)**	−0.03 (−0.28)

5 高管特征、制度环境对企业技术创新的作用机理研究——基于高管薪酬激励的视角

被解释变量：专利数量 *Patent*

解释变量	(1)				(2)				(3)			
	随机负二项 低在职消费 (1126个)	随机负二项 高在职消费 (1186个)	固定负二项 低股权激励 (986个)	随机负二项 高股权激励 (1186个)	随机负二项 低货币薪酬 (1125个)	随机负二项 高货币薪酬 (1187个)	固定负二项 低股权激励 (986个)	随机负二项 高股权激励 (1186个)	随机负二项 低货币薪酬 (1125个)	随机负二项 高货币薪酬 (1187个)	随机负二项 低在职消费 (1126个)	随机负二项 高在职消费 (1186个)
$EORI \times RD\_indep$									-0.03 (-0.33)	0.18 (2.30)*	0.00 (-0.03)	0.17 (1.80)**
Age	0.00 (-0.21)	-0.01 (-1.71)**	-0.01 (-1.28)	-0.01 (-1.12)	0.00 (-0.42)	-0.01 (-1.10)	-0.01 (-1.34)	-0.01 (-0.88)	0.00 (-0.61)	-0.01 (-0.97)	0.00 (-0.07)	-0.02 (-1.92)**
Tenure	-0.02 (-1.36)	-0.04 (-2.53)*	-0.02 (-1.15)	-0.0446 (-2.56)*	0.01 (0.45)	-0.05 (-3.39)*	-0.02 (-1.10)	-0.05 (-2.69)*	0.01 (0.56)	-0.05 (-3.40)*	-0.02 (-1.37)	-0.03 (-1.50)
Education	-0.01 (-0.24)	0.01 (0.33)	-0.05 (-1.11)	0.08 (1.81)	0.05 (1.13)	-0.05 (-1.14)	-0.05 (-1.10)	0.09 (1.98)*	0.04 (0.91)	-0.05 (-1.10)	-0.01 (-0.29)	0.01 (0.21)
Gender	-0.23 (-1.37)	-0.09 (-0.49)	-0.22 (-1.22)	-0.08 (-0.48)	-0.02 (-0.10)	-0.04 (-0.19)	-0.23 (-1.26)	-0.10 (-0.57)	-0.02 (-0.13)	-0.07 (-0.32)	-0.22 (-1.33)	-0.43 (-1.86)**
Board_size	0.06 (1.46)	0.05 (1.30)	0.06 (1.80)	0.03 (0.81)	-0.03 (-0.80)	0.10 (2.91)*	0.06 (1.81)**	0.04 (0.90)	-0.04 (-0.92)	0.09 (2.79)*	0.06 (1.49)	0.03 (0.72)
Indp_dir	-1.01 (-1.04)	0.52 (0.60)	0.13 (0.14)	-0.60 (-0.64)	-3.40 (-3.46)*	1.82 (2.16)*	0.11 (0.11)	-0.71 (-0.75)	-3.19 (-3.24)*	1.92 (2.28)*	-0.90 (-0.91)	0.14 (0.13)

高管特征、制度环境对企业技术创新的作用机理研究

解释变量	(1)				(2)				(3)			
	随机负二项 低在职消费 (1126个)	随机负二项 高在职消费 (1186个)	固定负二项 低股权激励 (986个)	随机负二项 高股权激励 (1186个)	随机负二项 低货币薪酬 (1125个)	随机负二项 高货币薪酬 (1187个)	固定负二项 低股权激励 (986个)	随机负二项 高股权激励 (1186个)	随机负二项 低货币薪酬 (1125个)	随机负二项 高货币薪酬 (1187个)	随机负二项 低在职消费 (1126个)	随机负二项 高在职消费 (1186个)
Sales	-0.11	0.05	-0.06	-0.09	-0.03	-0.05	-0.07	0.01	-0.12	-0.05	-0.11	0.16
	(-0.96)	(0.57)	(-0.67)	(-1.02)	(-0.28)	(-0.50)	(-0.72)	(0.09)	(-1.34)	(-0.57)	(-1.00)	(1.36)
Sales_growth	0.03	0.03	0.09	-0.13	-0.04	0.02	0.08	-0.14	-0.02	0.02	0.03	-0.09
	(0.39)	(0.30)	(1.09)	(-1.25)	(-0.44)	(0.25)	(0.99)	(-1.41)	(-0.21)	(0.17)	(0.34)	(-0.77)
Combined	0.03	0.14	0.186*	-0.04	0.09	0.09	0.19	-0.04	0.11	0.09	0.04	0.22
	(0.34)	(1.73)	(2.29)	(-0.44)	(1.02)	(1.16)	(2.33)*	(-0.44)	(1.26)	(1.12)	(0.42)	(2.08)*
DYDGD	0.13	0.63	0.55	0.90	1.10	0.27	0.52	0.94	1.32	0.17	0.24	-0.70
	(0.22)	(1.18)	(1.11)	(1.37)	(1.96)*	(0.53)	(1.03)	(1.43)	(2.35)*	(0.34)	(0.41)	(-0.89)
Balance	-0.11	-0.03	-0.08	0.08	0.06	-0.07	-0.08	0.09	0.11	-0.08	-0.08	-0.21
	(-1.04)	(-0.33)	(-0.86)	(0.71)	(0.56)	(-0.75)	(-0.85)	(0.85)	(1.07)	(-0.94)	(-0.79)	(-1.59)
LEV	-0.40	0.28	0.16	-0.32	-0.25	0.05	0.13	-0.35	-0.21	0.11	-0.33	0.40
	(-1.27)	(0.90)	(0.52)	(-1.01)	(-0.79)	(0.15)	(0.43)	(-1.09)	(-0.67)	(0.35)	(-1.08)	(1.01)

被解释变量：专利数量 *Patent*

注：括号内数据为对应估计量的 z 值，*、**分别表示此估计值在 5%、10% 水平上显著。

5.4.6 稳健性检验

为了使得结果更具稳健性，本部分进行了以下一系列的处理：

（1）用高管年度报酬总额 TAC 作为前三名高管薪酬总额 $T3mc$ 的替代变量，重新进行各项回归，回归结果的符号与显著性基本一致，说明结果具有较高的稳健性。

（2）为了尽可能避免可能存在的反向因果关系，本部分的解释变量均使用滞后一期的数据，结果更具稳健性。

（3）采用面板数据工具变量的 2SLS 方法。关于各个主要解释变量的对应工具变量的选择，首先，本部分选择货币薪酬的行业年度中位数 $mT3mc$ 作为货币薪酬 $T3mc$ 的工具变量，$mT3mc$ 通过了识别不足检验和弱工具变量检验以后被证实是有效合理的，在此基础上进行 David – MacKinnon（1993）检验，结果无法拒绝原假设，说明内生性问题对 OLS 估计结果几乎无影响。其次，$Lag1\_wNPC$，即在职消费的一阶滞后项，被引入作为在职消费 NPC 的工具变量。在检验了工具变量有效的基础上进行 Hausman – Wu 检验，以检验内生性的存在，结果表明内生性不存在。最后，本部分使用高管持股的行业年度中位数 $mEOR$ 和一阶滞后项 $Lag1\_wEOR$ 为股权激励 EOR 的工具变量，继而对其分别进行识别不足检验、弱工具变量检验和过度识别检验，结果显示所选工具变量是合理的。Hausman – Wu 检验结果表明确实存在内生性，但引入工具变量控制内生性后的回归结果表明股权激励 EOR 仍然对研发投入 RD 无显著的影响，与本部分结果一致。

5.5 研究结论

本部分以 2010—2017 年在创业板上市的 563 家企业为研究样本，建立了高管薪酬形式（货币薪酬、在职消费和股权激励）对于企业技术创新的概念模型，并进行了实证检验。研究结果发现，第一，创业板上市公司的高管货币薪酬和在职消费可以对企业的研发投入和专利数量产生显著的积极影响，而股权激励则可显著改善企业的技术创新效率。第二，企业处于成长期时，货币薪酬、在职消费都能显著提高企业技术创新程度，而股权激励的效果较为复杂，在对专利数量产生显著负向作用的同时却能改善企业的创新效率；成熟期企业的货币薪酬和在职消费对企业技术创新具有积极的激励效果；当企业处于衰退期时，三种薪酬形式中，只有在职消费与专利数量之间存在显著的正相关关系，股权激励虽显著促进了研发投入，但对专利数量和创新效率并无显著影响。第三，技术密集型行业样本中的货币薪酬、在职消费和股权激励对企业技术创新均具有更明显的促进作用。第四，注册地在创新型城市试点的企业的货币薪酬和在职消费对企业技术创新的激励效果更加显著，而股权激励在两组样本中则无显著差异。关于高管三种薪酬形式的相互作用对企业技术创新的影响，主要结论有以下两点：首先，股权激励与货币薪酬、在职消费之间都存在互补作用：货币薪酬或在职消费增加时，股权激励对专利数量呈现出正向的激励作用，而且高管持股比例对研发效率的正向促进作用也更加明显；当高管持股比例增加时，货币薪酬、在职消费与专利数量之间的正相关关系也显著增强。其次，货币薪酬和在职消费之间存在替代作用：当在职消费上升时，货币薪酬对专利数量的正向影响减弱。

基于上述结论，提出以下政策建议：

第一，完善高管的薪酬激励机制。研究结果显示，货币薪酬和在职消费对企业研发投入与创新产出的激励效果是显著的，而股权激励也能对创新效率产生正向作用。因此需要适当提升高管三种不同形式的薪酬，使它们对企业技术创新发挥最大的激励效果。

第二，根据高管对于三种薪酬方式的敏感性在企业的不同生命周期阶段的差异，在不同时期选择更有效的薪酬激励方案。在成长期和成熟期，企业均可以采用货币薪酬和在职消费双重主导的薪酬激励方案，而谨慎使用股权激励。在衰退期，企业采用以在职消费为主的薪酬激励方案会更加显著地提高企业的技术创新水平。

第三，建立面向技术创新的企业内部治理机制。从实证结果可以看出技术密集型行业的高管薪酬对企业技术创新的激励效果更加明显，这是因为技术密集型行业产品竞争更加激烈，有更完整的公司治理机制，为技术创新提供更为优渥的土壤。

第四，政府有必要加大创新型城市的建设力度。创新型城市因具有相关政策支持，比其他城市拥有更多的优势，例如产权保护制度相比其他城市更加完善，同时聚集了更多更优秀的人才，为公司的技术创新提供更强有力的支持。

第五，应对高管薪酬激励方案进行全盘考虑和分析，而不应仅限于采用更为方便、更为常用的单一薪酬形式。注意显性激励（高管货币薪酬和在职消费）和隐性薪酬（股权激励）的搭配使用，从而使高管薪酬显现出最好的激励效果。

6

高管特征、制度环境对企业技术创新的
作用机理研究——基于高管捐赠行为的视角

6.1 基本研究框架

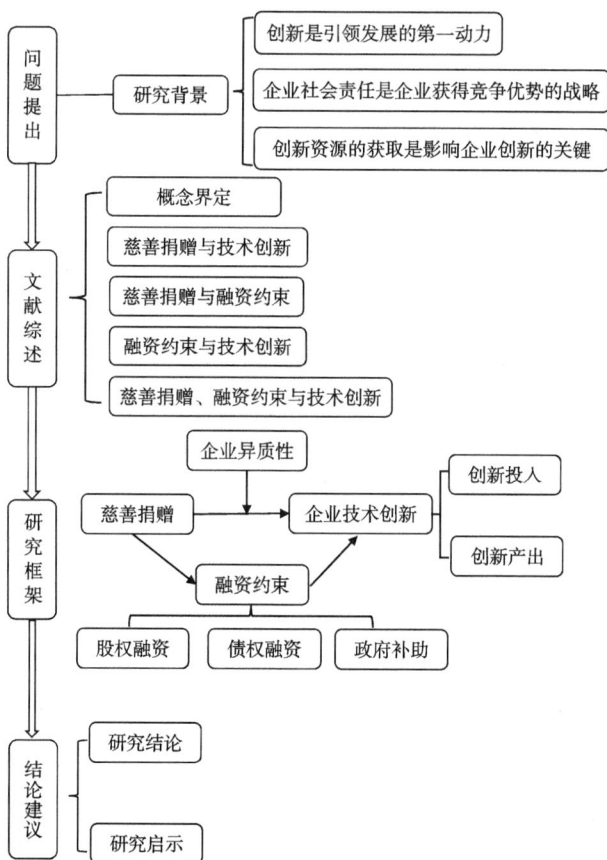

图 6-1　基于高管捐赠行为的基本框架

6.2 研究假设

6.2.1 慈善捐赠与技术创新

企业开展创新活动需要有较好的物质基础，仅靠企业的内部资源是无法支持企业进行持续创新的，因此，从外部寻找资源是企业开展创新活动的重要渠道（赵立雨，2016）。故企业的慈善行为可以通过外部资源机制作用于企业创新。

战略慈善理论同时关注社会和经济目标，认为捐赠是企业发展的一种战略手段，有利于企业提升其在市场中的战略地位，获得企业声誉以及财力资本等战略性资源，并最终增强企业市场竞争力（Zhang，Zhu，2010）和企业绩效（Godfrey，2005）。周虹、李端生和张苇锟（2019）以制造业上市公司为研究对象，通过对战略性慈善的考察，指出当消费者了解到企业的战略性慈善活动时，会对企业绩效具有促进作用。张建君（2013）发现，在中国转轨经济背景下，慈善捐赠是增加市场潜在客户和社会大众的好感、树立企业良好形象、提升企业竞争力的一种战略方案和营销策略。孙红莉（2019）以民营企业为研究对象，实证研究发现战略性慈善捐赠行为可通过提高银行贷款可获得性和外部投资者数量等方式显著激励经营良好的企业的研发投入。欧锦文、陈艺松和林洲钰（2021）指出慈善捐赠带来的媒体报道和关注，会引导企业未来发展的战略方向，吸引更多来自外部的技术资源，进而促进有技术需求的民营企业的创新。

声誉信息理论注重声誉能向外界传递信号的功能。企业的慈善捐赠是不可回收的资金流出，将在企业的财务报表和社会责任报告中披露，可向新闻媒体与公众传递企业财务状况良好的信号。这种信号有助于被投资者识别，降低了信息不对称所引起的投资决策风险，帮助企业缓解资金困难局面，提升企业技术创新能力。同样，这种信号也有助于被银行等金融机构识别，银行考虑财务状况良好的企业更有可能履行债务，维护企业声誉，所以更愿意贷款给有过捐赠行为的企业。郭桂华和崔业成（2019）指出慈善捐赠的信号传递功能，能获取与公司利益较为密切的相关者提供的创新资源，从而增加企业的创新投入力度。

资源依赖理论认为企业处于社会关系网络之中，为了实现最重要的生存目标，需要获取一定的资源，而任何企业是不可能具备自身生存发展所需的全部资源。许多关系到企业生存的关键资源存在于企业的外部环境里，需要企业不断从外部环境中吸取资源，进而凭借自身的能力转换资源，例如政府资源、人力资本、财力资源、技术资源等，这就使企业处于一个相互依存的社会关系网络之中。而企业进行慈善捐赠，在能够帮助企业传递积极的信号，获得外部利益相关者的资源的同时，还可以帮助企业建立一个社会关系网。这张关系网可以让企业的外部利益相关者主动提供帮助企业发展的资源，这对提升企业的技术创新水平至关重要。以往的研究也表明了企业进行慈善捐赠，能获得外部相关者提供的资源。陈守明和周洁（2018）研究表明有慈善捐赠行为的企业，更易吸纳外界的关键资源，为企业打造一个良好的创新环境，从而激励企业的创新产出。徐莉萍、刘亦姝和张淑霞（2020）指出企业向高校进行慈善捐赠，为其科研提供资金，既可以直接帮助高校增加科研经费，又能将高校的知识转移到企业，增强企业科技创新产出。张振刚、李云健和李莉（2016）认为企业进行慈善捐赠，有利于获取政府的科技资源，进而促进其创新绩效。金宇、王培林和李田（2018）以2007—2015 年 A 股上市公司作为研究对象，研究表明民营企业可通过慈善捐赠获得外源融资，从而促进企业研发投入。

企业进行慈善捐赠与创新都需要大量的资金投入。虽然慈善捐赠会挤占公司的内部资源，但是企业要保持创新持续性，不仅需要自身的资源，还需要获取外部资源。根据战略慈善理论、声誉信息理论以及资源依赖理论，本部分认为来自外部资源的机制影响了企业慈善和企业技术创新之间的关系。企业的捐赠行为向政府、投资者等传递了积极的信号，树立了良好的形象，有助于企业获取创新所需的资源，加大企业对创新的投入，从而有更好的创新产出，提高了企业的竞争优势。因此，企业慈善捐赠行为与企业创新的战略目标是一致的，都是企业为了生存和发展的重要战略选择，这两者并不是相互挤占的关系，而是促进的关系。

基于此，本部分提出以下研究假设：

$H1a$：慈善捐赠对创新投入具有"促进效应"。

$H1b$：慈善捐赠对创新产出具有"促进效应"。

6.2.2 企业异质性因素分析

新古典经济学的假设前提是企业同质性，完全将企业可自行分配资源的影响排除了。但现实中，企业不断在发展，能力和知识不断在积累，所以企业之间是存在异质性的（易靖韬、张修平和王化成，2015）。在中国特殊的制度背景下，产权性质是企业重要的特征，政府在给予资源和机会时，不能做到绝对的平衡，导致各企业的资源存在差异，影响企业的决策（冷建飞、高云，2019）。熊彼特（1942）指出，企业规模是影响企业创新的因素，规模大的企业具有更高的风险管理水平，融资便利程度高；而小规模企业由于自身经济实力有限，难以开展高难度的创新活动。此外，盈利能力也是衡量企业创新绩效的关键，袁建国、程晨和后青松（2015）指出企业的盈利能力越强，才能积累更多的流动性资产，支持企业的创新活动。因此，产权性质、企业规模、盈利状况是影响企业技术创新的重要因素，共同塑造了企业进行慈善捐赠的企业情境。本部分将从产权性质、企业规模和盈利状况等方面进行研讨。

在我国，产权性质的不同造成了各企业融资约束程度具有明显差异。一方面，根据预算软约束理论，国有企业是政府控制股权，所以政府会优先提供相关补助资源（刘慧龙等，2010），保障国有企业的资金来源，并且由于我国金融市场存在"信贷歧视"，使得国有企业更易获得国有银行的资金支持（李广子、刘力，2009）。与国有企业相比，非国有企业一直存在外部融资难度高的困扰，缺乏政策支持（徐光、赵茜和王宇光，2019）。另一方面，从慈善捐赠动机来看，国有企业不必出于获取外部资源的战略动机进行慈善捐赠，更多是作为政府职能的体现，帮政府减轻负担，维护社会稳定（Lin，Tan，1999；Bai et al.，2000）。所以，国有企业面临的融资约束是更小的，慈善捐赠责任对于缓解融资约束的影响更体现在非国有企业中。面对融资约束困境，非国有企业更有战略动机通过履行慈善捐赠责任获取一定的经济回报（苏蕊芯、仲伟周，2011）。而技术创新成果是具有经济收益的，且国有企业资金实力雄厚，政治职能明显，国有企业高管更注重短期收益和政治目标的达成（陈海声，2010），从而使其对创新这类高风险项目的投资倾向较弱。此外，非国有企业较少受到政府干预（刘春济、朱梦兰，2018），面对激烈的市场竞争和缺乏政策支持的环境，非国有企业将更注重自身产品的技术含量以及各利益相关者的诉求，以提升自己的竞争优势。因此，与国有企业相比，非国有企业履行慈善捐赠责任能够提升其整体创新产出，对研发投入资金的增加具有促进作用。

基于此，本部分提出以下研究假设：

H2a：相比国有企业，非国有企业进行慈善捐赠对创新投入的影响更大。

H2b：相比国有企业，非国有企业进行慈善捐赠对创新产出的影响更大。

企业规模是公司重要的特征，能反映公司的经营现状，体现竞争优势（卢正文，2016）。李双龙（2005）表明，不同的企业在面对相同成本的慈善捐赠责任时，其捐赠动力来自自身规模的大小以及自身经济实力程度，因而企业规模可能会影响慈善捐赠与技术创新之间的关系。首先，企业规模大小能显示企业内部资源丰富程度，企业的创新活动离不开各种资源的支持（简兆权、刘念和黄如意，2020）。Brown 等（2006）研究表明小规模企业主要依赖内源融资进行研发活动。相比大规模企业，小规模企业可用于创新的内部资源更加紧缺，所以进行慈善捐赠时，可能会挤出自身的创新资金。其次，规模越大的企业，在与客户议价时处于有利地位，能减少客户对价格的挤压和商业信用占用的风险，减少不必要的资金占用，提升资金周转率（Simona，Thanaset，2018），为企业的研发活动提供资金支持。再次，大规模企业的信息更加透明，降低了金融机构评估企业偿还债务能力的难度，使企业更容易获得银行贷款（Driverv，Munozbugarin，2019）。所以，小规模企业在面临严重的融资约束时，进行慈善捐赠会挤占企业内部资源，在资金限制的情况下是无法促进企业创新的。

另外，随着规模的扩大，企业仅靠内源融资难以为继，会增加对外源融资的需求，而这种融资需求需要相应的信号显示机制跟进。Roberts（1992）表明，大规模企业更容易受到来自政府、公众和媒体等外部的关注，其感知到的社会压力越大，就越会对社会问题进行响应，承担社会责任。所以，大规模企业进行慈善捐赠的信号更容易被识别，有利于积累社会资本，向一般大众展现企业形象、给银行展示还贷能力、与政府维持良好关系，降低外源融资的壁垒，保证研发活动的进行（高帆、汪亚楠和方晏荷，2014）。

基于此，本部分提出以下研究假设：

$H3a$：相比小规模企业，大规模企业进行慈善捐赠对创新投入的影响更大。

$H3b$：相比小规模企业，大规模企业进行慈善捐赠对创新产出的影响更大。

企业的盈利能力是其履行慈善捐赠责任的基础，也是企业市场竞争力和战略地位的体现（Richard et al.，2013）。相比盈利状况好的企业，盈利状况较差的企业可能更少对社会的期望进行响应，即使其想要对社会的期望进行回应，树立良好的企业形象，但因其可利用资源的有限，承担慈善捐赠责任会对财务造成一定压力，导致行动受限（Preston，1997；Orlitzky，2003）。Waddock 和 Graves（1997）根据冗余资源理论，指出盈利状况差的企业没有更多的冗余资源去开展有关社会责任的活动，从而满足社会需求和期望。

根据融资优序理论，企业利用内部资金的成本是最低的，但创新活动具有难度大、持续时间长等特点，仅靠企业内部资金难以持续。另外，从成本角度看，外源融资高于内源融资，企业还需要承担还本付息的压力。所以，盈利状况越好的企业，除了使用内源融资渠道以外，也更有能力使用外部融资渠道为研发活动融资，抵御创新所带来的高风险，极大提升企业创新的能力和意愿，而盈利状况较差的企业会减少创新投入以降低风险（范高乐、叶莉，2020；詹宇波、孙鑫和曾军辉，2018）。另外，从慈善捐赠动机看，盈利状况较差的企业可能通过慈善捐赠建立政企关系，获得政府补助、债务减免等外部资源用于相对保险的投资活动，而不是用于风险高的创新活动（童锦治等，2018）。

基于以上分析，当企业盈利状况差时，企业可用于慈善捐赠的资源有限，且没有能力抵御创新所带来的高风险，所以慈善捐赠难以发挥对企业技术创新的正向作用。

基于此，本部分提出以下研究假设：

H4a：相较于盈利状况差的企业，盈利状况好的企业进行慈善捐赠对创新投入影响更大。

H4b：相较于盈利状况差的企业，盈利状况好的企业进行慈善捐赠对创新产出影响更大。

6.2.3 慈善捐赠、 融资约束及企业创新

1. 融资约束在慈善捐赠与企业创新关系中的中介效应

从梳理的文献看，企业履行慈善捐赠责任能够在一定程度上缓解融资约束。基于声誉信息理论和信息不对称理论，企业履行慈善捐赠责任能提升自身品牌在社会大众心目中的形象地位，积累声誉。而这种声誉信号更容易使企业从金融机构融资，增强资本市场的投资意愿，降低信息不对称所引起的投资决策风险。基于社会交换理论，慈善捐赠能加强与政府的关系，获取政府补贴，同时还能传递有利信号，即能获得政府补助的项目是市场潜力大、质量高的，因此更容易与其他利益相关者交换资源，获取社会资本。

同时融资约束是影响企业技术创新的重要因素，相比企业其他投资活动，技术创新会面临更加严重的融资约束。主要原因有以下几点：一是技术创新是企业提高竞争力的关键路径，所以与创新相关的机密信息披露较少，加剧了企业与资本市场的信息不对称；二是技术创新周期长、风险大，投资者难以评估收益；三是技术创新形成的无形资产价值难以评估，难以将其作为质押物进行外部融资。这些原因加剧了企业的融资困境。因企业技术创新周期长、资金投入大，若企业仅靠内部资金，难以持续进行技术创新。这意味着面临融资约束的企业会更易中断创新活动，融资约束对企业的创新活动具有抑制效应（康志勇，2013；谢家智、刘思亚和李后建，2014）。

经过上述分析，慈善捐赠在一定程度上可以缓解融资约束，而融资约束是影响企业技术创新的重要原因，那么履行慈善捐赠责任很可能通过缓解融资约束的路径对企业技术创新有间接促进作用。近年来，有部分学者从理论和实践角度来研究企业履行慈善捐赠责任的行为与企业创新的作用路径。基于声誉信息理论和资源依赖理论，金宇、王培林和李田（2018）以2007—2015年A股上市公司作为研究对象，研究表明慈善捐赠可通过声誉效应传递信号，获取外部投资者和金融机构的资金，通过广告效应改善消费者对企业的满意度和信任度，增加主营业务收入，积累内部资金，以及通过政治效应获取政策优惠，缓解融资约束，进而为企业的创新活动提供更多的资源。郭桂华和崔业成（2019）则表明政府补助在

慈善捐赠促进创新投入这一作用路径上发出了利好信号，容易吸引更多的资源。吴迪、赵奇锋和韩嘉怡（2020）研究表明，外部投资者如果感知到企业有较强的社会责任感时，他们就更愿意为其提供创新所需的资金，进而促进企业创新绩效。基于战略慈善理论，孙红莉（2019）研究表明战略性慈善可通过降低信息不对称、提高声誉来增加银行贷款和外部投资数量，进而激励企业的研发投入。

综上，慈善捐赠是企业缓解融资约束的一个前因变量，并可能经融资约束的缓解，进而影响企业技术创新。

因此，本部分提出以下假设：

$H5a$：融资约束在慈善捐赠与创新投入之间存在中介作用。

$H5b$：融资约束在慈善捐赠与创新产出之间存在中介作用。

2. 慈善捐赠缓解融资约束进而促进企业创新的渠道效应

熊彼特的创新理论表明，在技术创新中，资金的可获得性对其产生了重大影响。由于创新活动具有前期投入大和沉没成本的特点，尤其是对于技术密集型企业来说，仅靠内源融资难以承担前期巨额投入，需要进行外部融资（Czarnitzki，Hottenrott，2011）。另外，现代信息技术的快速发展推动着金融工具的创新，金融机构的风险识别、监督和控制能力都得到了一定的加强，这使金融机构能掌握企业更多的信息。由于信息透明度较高，金融机构较易把控风险，更愿意提供创新资金，也逐渐增加了企业对外部融资的依赖度（Czarnitzki，Binz，2008）。李汇东、唐跃军和左晶晶（2013）也指出相比内部融资，我国企业发展外部融资更能促进企业的创新投入，故企业研发对于外部融资的依赖性更强。

外部融资渠道主要分为股权融资、债权融资和政府补助。资本市场的外部融资渠道主要是股权融资和债权融资。已有研究认为，相比债权融资渠道，利用股权融资引入创新资金是企业所偏好的方式。其中可能的原因是，以银行为代表的债权人为了规避债务人无法偿还的风险，会提出抵押固定资产的融资要求，而创新产出多是无形资产形式，投资收益也存在不确定性，所以较难获取债权投资者的资金（Hall，Lerner，2010）。此外，企业在获得资金前，债权人会订制一份合同，里面包含一些较为机密的信息。如果信息泄露，那么企业努力创新的成果就会随之而去。Rajan（1992）曾表明，以银行为首的债权人有机会去了解企业客户的技术创新信息，可将这些信息传达给其他有关客户，以达到赚取信息租金的目的，这样将会抑制企业的创新。同时，股权投资者更注重长期收益较高的项目，重视企业未来的发展潜力，因此更愿意提供资金给企业的研发项目。从研发资金投入连续性的角度出发，债权融资要求企业能够定期还本付息，由此造成的财务压力会使企业难以维持研发资金的持续投入，而股权融资则可保证企业持续投入资金开展创新项目。张劲帆、李汉涯和何晖（2017）研究发现由于创新的高风险特征，债权融资无法满足技术创新项目的融资需求，股权融资扩宽了企业的融资渠道，能为创新项目提供资金保障。李汇东、唐跃军和左晶晶（2013）也发现由于创新项目不能提供固定资产进行抵押，企业更多地将债务资金投资于固定资产，债权融资对企业创新的作用不明显。

政府补助作为企业创新资金来源之一也起到了重大作用，在国家创新驱动战略背景下，政府加大了对企业的创新资助。政府补助对企业创新既有直接影响，又有间接影响。直接影响体现在政府补助可以直接向企业提供创新资金，减少企业为创新项目所耗费的成本。间接影响主要体现在政府补助具有信号传递功能。政府在向企业提供补助前，会对企业的创新项目进行严格筛查，选择有技术、有发展前景、有经济贡献的项目。因此，政府补助会传递该项目有市场潜力等有价值的信息。在企业收到补助后，政府又会监督管理项目的进度，进一步规范和指引企业进行创新活动。所以，政府补助向外传递了企业技术优势的积极信号以及监管信号，在一定程度上可以使外部投资者防范道德风险，帮助企业增加获取债务融资和股权融资的可能性，进而缓解企业的创新项目资金短缺困境。郭玥（2018）分析企业获得政府补助不仅可以直接补充企业的研发资金，还能通过信号传递机制，向外传递企业技术优势的积极信号，从而增强投资者积极性，缓解道德风险以及规避逆向选择，促使金融机构与社会资金的投入，支持企业创新。陈璐、张彩江和贺建风（2019）指出政府补助能释放企业创新项目有前景的信号，吸引更多的股权投资者，从而激励企业增加研发投入，并且这种信号在东部地区作用明显。陈红、张玉和刘东霞（2019）基于企业生命周期，发现政府补助有助于成长期企业（服务业和制造业）的开发性创新，以及成熟期企业（制造业）的探索性创新。

从以上文献可知，慈善捐赠可以通过声誉信号传递给市场，来获取资本市场投资者的资金，以及政府补助等外部融资，以此增加公司项目资金可得性，帮助企业项目的顺利展开。企业的融资约束程度越低，就越能减轻企业的财务压力，进而能为企业持续的创新活动提供资金。

因此，本部分提出以下假设：

H6a：相比债权融资，慈善捐赠更容易通过股权融资以及政府补助促进创新投入。

H6b：相比债权融资，慈善捐赠更容易通过股权融资以及政府补助促进创新产出。

结合上述的理论分析和研究假设，本部分将构建如下研究框架：

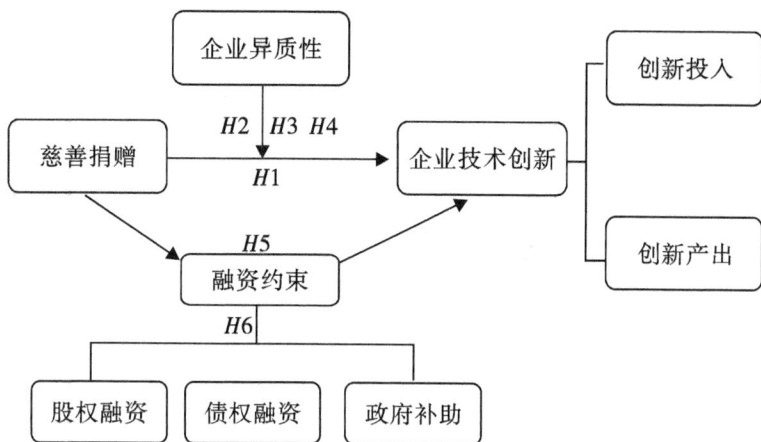

图6-2 研究框架

6.3 研究设计

6.3.1 数据来源与样本筛选

本部分拟选取截至 2020 年 12 月 31 日已经在沪深两市 A 股上市的所有企业为初始样本，研究的时间窗口为 2008—2020 年（专利数据从 2007 年之后才可得，且 2008 年出现了特大自然灾害事件，即汶川地震）。为了尽可能避免研究结果的不准确性，保证样本的合理性，将对数据进行如下处理：①剔除金融类上市公司；②剔除核心变量数据缺失或财务数据异常的样本；③剔除 PT、ST 以及 ST * 公司样本。

本部分慈善捐赠数额取自国泰安 CSMAR 数据库中的"损益项目"一栏下的"营业外收入或支出"，然后剔除营业外收入以及其他营业外支出数据；创新产出的专利数量来自中国研究数据服务平台 CNRDS；创新投入数据从国泰安和万得 Wind 数据库下载，以及整理公司年报获得。此外，产权性质来自中国经济研究中心（CCER）的色诺芬数据库，其他数据均来自国泰安 CSMAR 数据库。数据的统计与分析均在 Stata 15 软件中完成。考虑到涉及的连续变量存在异常值的可能性，将对其用分布 1% 及 99% 分位上的缩尾方法进行处理。

6.3.2 变量界定

1. 被解释变量

以往学者的研究，大多数都采取了创新投入的指标，且主要是以研发资金支出以及研发技术人员数量来解释创新投入指标；也有学者采取了创新产出的指标，主要是以企业的发明专利申请数或授权数、研发产品的销量及收入来解释创新产出的指标（段军山、庄旭东，2021）。基于本部分的研究假设，将技术创新划分为投入和产出两个维度，研究慈善捐赠对其的影响效果。以研发资金支出来解释创新投入（*RD*），以专利数量来解释创新产出（*Patent*）。并借鉴了杨国超等（2017）学者的做法，即创新投入用研发投入自然对数衡量；参考孔东民等（2017）学者的方法，即创新产出用有效专利数量加 1 后的自然对数衡量。并且考虑到企业的研发创新可能存在一定的时滞，因此在模型设计时考虑将变量滞后一期。

2. 解释变量

本部分涉及的解释变量主要是慈善捐赠。借鉴戴亦一（2016）、张振刚等（2016）关于慈善捐赠的研究，采取 1 加捐赠数额后的自然对数来衡量慈善捐赠。

基于企业融资约束（2006）构建的 *WW* 指数以及 Hadlock 和 Pierce（2010）构建的 *SA* 指数。以 Fazzari 等（1988）的投资—现金流敏感性和 Almeida 等（2004）的现金—现金流敏束来衡量，目前学术界存在两种主流的研究方式。一种是融资约束指数式，主要是由 Kaplan 和 Zingales（1997）构建的以 *KZ* 指数、Whited 和 Wu 为代表的现金流敏感性研究范式。本部分借鉴吴迪等（2020）、李波等（2020）的研究，选取融资约束指数式 *SA* 指数来衡量变量融资约束程度（*FC*），因为其计算公式中的变量符合相对外生又稳健的标准。*SA* 指数的计算公式如下：

$$SA_{\text{Index}} = -0.737 \times Size + 0.043 \times Size^2 - 0.04 \times Firm\ age$$

其中，变量 *Size* 为企业规模，由于数据库中的企业总资产数据单位为元，在此转换为百万元，并通过自然对数处理来衡量该变量；*Firm age* 为企业的上市年龄，考虑用数据当年的年度减去上市年度来表示。由于计算出来的 *SA* 指数为负数，将 *SA* 指数做绝对值处理。以 *SA* 指数衡量的 *FC* 值越大，则企业面临着越高的融资约束程度。

此外，在融资渠道效应检验部分，还会涉及股权融资（*Equity*）、债权融资

（*Debt*）以及政府补助（*GOV*）。为了消除企业规模的影响，本部分将借鉴李汇东等（2013）、孙早等（2016）关于融资渠道的研究。股权融资（*Equity*）是用股本和资本公积之和除以总资产；债权融资（*Debt*）则用短期借款加长期借款再加应付债券的和除以总资产；政府补助（*GOV*）则用政府补助除以总资产。

3. 控制变量

除了企业慈善捐赠外，影响企业技术创新的因素还有很多。参考吴超鹏等（2016）、郭玥（2018）、沈弋等（2018）、顾夏铭（2018）关于企业技术创新的研究，本部分共引入可能影响企业技术创新投入和产出的 7 个控制变量：①企业规模（*Size*）；②财务杠杆（*LEV*）；③企业年龄（*Listage*）；④资产收益率（*ROA*）；⑤股权集中度（*Share*）；⑥产权性质（*Soe*）；⑦管理费用率（*Manratio*）；最后是行业和年度虚拟变量。具体界定如下表所示：

表 6 - 1　模型变量的界定与计算方法

变量类型	变量名称	变量符号	定义
被解释变量	创新投入	*RD*	研发投入的自然对数
	创新产出	*Patent*	有效专利数量加 1 后的自然对数
解释变量	慈善捐赠	*Lndonate*	1 加捐赠数额后的自然对数
	融资约束	*FC*	SA 指数
中介变量	债权融资	*Debt*	"短期借款 + 长期借款 + 应付债券" 与总资产的比值
	政府补助	*GOV*	政府补助与总资产的比值
	股权融资	*Equity*	"股本 + 资本公积" 与总资产的比值
	企业规模	*Size*	企业期末总资产的自然对数
	财务杠杆	*LEV*	期末总负债/期末总资产
	企业年龄	*Listage*	企业上市年数
控制变量	资产收益率	*ROA*	净利润/总资产
	股权集中度	*Share*	用第一大股东持股比例进行衡量
	产权性质	*Soe*	企业为国有企业取 1，否则取 0
	管理费用率	*Manratio*	管理费用/主营业务收入
虚拟变量	企业行业	*Industry*	行业虚拟变量
	调查年份	*Year*	年份虚拟变量

6.3.3　模型设定与研究方法

为了检验企业慈善捐赠行为与创新投入和创新产出之间的关联性，建立模型 6.1 和 6.2；企业异质性分析通过在基础模型 6.1 和 6.2 上做分组回归来实证验证；中介效应检验借鉴温忠麟和叶宝娟（2014）提出的逐步回归法，由模型 6.1、6.3、6.4 共同检验融资约束是否在慈善捐赠与创新投入之间起中介作用；由模型 6.2、6.3、6.5 共同检验融资约束是否在慈善捐赠与创新产出之间起中介作用。此外，外部融资渠道的差异性将通过在基础模型 6.1 和 6.2 中逐步引入股权融资、债权融资、政府补助分别与慈善捐赠交互的模型进行检验。构建的模型如下：

模型 6.1：

$$RD_{i,t+1} = \alpha_0 + \alpha_1 Lndonate_{i,t} + \alpha_2 \sum Control_{i,t} + \alpha_3 \sum Industry_{i,t} + \alpha_4 \sum Year_{i,t} + \varepsilon_{i,t}$$

模型 6.2：

$$Patent_{i,t+1} = \alpha_0 + \alpha_1 Lndonate_{i,t} + \alpha_2 \sum Control_{i,t} + \alpha_3 \sum Industry_{i,t} + \alpha_4 \sum Year_{i,t} + \varepsilon_{i,t}$$

模型 6.3：

$$FC_{i,t+1} = \beta_0 + \beta_1 Lndonate_{i,t} + \beta_2 \sum Control_{i,t} + \beta_3 \sum Industry_{i,t} + \beta_4 \sum Year_{i,t} + \varepsilon_{i,t}$$

模型 6.4：

$$RD_{i,t+1} = \gamma_0 + \gamma_1 Lndonate_{i,t} + \gamma_2 FC + \gamma_3 \sum Control_{i,t} + \gamma_4 \sum Industry_{i,t} + \gamma_5 \sum Year_{i,t} + \varepsilon_{i,t}$$

模型 6.5：

$$Patent_{i,t+1} = \gamma_0 + \gamma_1 Lndonate_{i,t} + \gamma_2 FC + \gamma_3 \sum Control_{i,t} + \gamma_4 \sum Industry_{i,t} + \gamma_5 \sum Year_{i,t} + \varepsilon_{i,t}$$

6.4　实证结果与分析

6.4.1　描述性统计

本部分主要变量描述性统计结果如表 6-2 所示，从企业研发投入强度来看，全样本中创新投入（RD）最大值为 23.73，最小值为 7.720，均值为 17.84。从企业创新产出（Patent）来看，最大值为 8.501，最小值为 0，均值为 1.407。可以看出不同的公司由于所处环境不同，以及自身特性存在差异，导致各公司的技术创新水平具有明显差异。慈善捐赠（*Lndonate*）的均值为 12.63，最大值为 20.49，最小值为 0。可以看出有许多企业都进行了慈善捐赠，但各企业捐赠的现金或实物数量还是有较大的差异。通过观察企业的资产收益率（*ROA*）的最小值，可以反映出捐赠存在差异可能是受到自身规模和盈利能力的影响。产权性质（*Soe*）平均值为 0.280，说明样本中约有 28% 的公司为国有企业。公司平均财务杠杆（*LEV*）为 39.8%；平均管理费用率（*Manratio*）为 8.8%；此外，平均企业年龄（*Listage*）为 8.2 年。

表 6-3 是按照企业是否曾有过慈善捐赠行为进行的分组，结果可以发现没有慈善捐赠的企业的创新投入均值为 16.66，低于有慈善捐赠的企业。同样地，没有慈善捐赠的企业的创新产出均值为 1.25，低于有慈善捐赠的企业。反映出有过慈善捐赠行为的企业在技术创新方面具有良好的表现。

表 6-4 是按照企业产权性质进行的分组，结果可以发现国有企业的创新投入均值为 17.80，低于非国有企业的 17.94。同样地，国有企业的创新产出均值为 1.10，低于非国有企业的 1.39。反映出非国有企业在技术创新方面具有良好的表现。

表 6-5 是按照企业规模进行的分组，可以发现小规模企业的创新投入均值为 17.25，低于大规模企业的 18.42。同样地，小规模企业的创新产出均值为 1.30，低于大规模企业的 1.51。反映出大规模企业在技术创新方面具有良好的表现。

表 6-6 是按照企业的盈利状况进行的分组，可以发现盈利状况较差企业的创新投入均值为 17.76，低于盈利状况较好企业的 17.91。同样地，盈利状况较差企业的创新产出均值为 1.29，低于盈利状况较好企业的 1.52。反映出盈利状况较好企业在技术创新方面具有良好的表现。

表 6-2　主要变量描述性统计分析结果

变量	N	mean	p50	sd	min	max
RD	14559	17.84	17.85	1.503	7.720	23.73
Patent	14559	1.407	1.386	1.347	0	8.501
Lndonate	14559	12.63	12.76	2.318	0	20.49
Equity	14523	0.374	0.361	0.176	0.053	0.838
Debt	7032	0.173	0.162	0.140	0	0.535

（续上表）

变量	N	mean	p50	sd	min	max
GOV	11412	0.004	0.002	0.006	0	0.032
FC	14559	-3.762	-3.758	0.248	-4.397	-3.102
Size	14559	22.180	22.010	1.244	19.020	28.810
Share	14559	34.030	32.070	14.470	8.880	72.880
Soe	14559	0.280	0	0.449	0	1.000
ROA	14559	0.047	0.043	0.054	-0.185	0.203
Manratio	14557	0.088	0.075	0.058	0.011	0.338
LEV	14559	0.398	0.390	0.192	0.053	0.836
Listage	14559	8.197	6.000	6.727	0	30.000

表6-3　主要变量描述统计分析结果（是否进行慈善捐赠分组）

变量	有慈善捐赠的企业		没有慈善捐赠的企业	
	mean	sd	mean	sd
RD	17.85	1.50	16.66	1.48
Patent	1.41	1.35	1.25	1.19
Equity	0.38	0.18	0.50	0.19
Debt	0.17	0.14	0.13	0.14
GOV	0.00	0.01	0.01	0.01
FC	-3.76	0.25	-3.56	0.24
Size	22.19	1.24	21.12	0.94
Share	34.03	14.48	34.82	12.97
Soe	0.28	0.45	0.36	0.48
ROA	0.05	0.05	0.05	0.04

（续上表）

变量	有慈善捐赠的企业		没有慈善捐赠的企业	
	mean	sd	mean	sd
Manratio	0.09	0.06	0.10	0.06
LEV	0.40	0.19	0.34	0.22
Listage	8.22	6.73	5.71	6.09

表6-4　主要变量描述统计分析结果（产权性质分组）

变量	非国有企业		国有企业	
	mean	sd	mean	sd
RD	17.94	2.00	17.80	1.26
Patent	1.39	1.54	1.10	1.26
Lndonate	12.92	2.54	12.52	2.21
Equity	0.28	0.15	0.41	0.17
Debt	0.22	0.14	0.15	0.13
GOV	0.00	0.01	0.00	0.01
FC	-3.80	0.27	-3.75	0.24
Size	23.02	1.40	21.86	1.01
Share	38.41	15.44	32.33	13.70
ROA	0.04	0.05	0.05	0.06
Manratio	0.08	0.05	0.09	0.06
LEV	0.49	0.19	0.36	0.18
Listage	13.82	6.79	6.02	5.28

表6-5　主要变量描述统计分析结果（企业规模分组）

变量	大规模企业		小规模企业	
	mean	sd	mean	sd
RD	18.42	1.65	17.25	1.06

（续上表）

变量	大规模企业		小规模企业	
	mean	*sd*	*mean*	*sd*
Patent	1.51	1.53	1.30	1.13
Lndonate	13.39	2.15	11.87	2.23
Equity	0.29	0.15	0.46	0.16
Debt	0.23	0.13	0.11	0.12
GOV	0.00	0.01	0.00	0.01
FC	−3.81	0.25	−3.72	0.24
Soe	0.42	0.49	0.14	0.35
Share	35.21	15.48	32.86	13.27
ROA	0.04	0.05	0.05	0.06
Manratio	0.07	0.05	0.10	0.06
LEV	0.48	0.18	0.31	0.16
Listage	11.18	6.75	5.22	5.21

表6-6　主要变量描述统计分析结果（盈利状况分组）

变量	盈利状况较好企业		盈利状况较差企业	
	mean	*sd*	*mean*	*sd*
RD	17.91	1.37	17.76	1.62
Patent	1.52	1.34	1.29	1.34
Lndonate	12.77	2.32	12.49	2.31
Equity	0.39	0.17	0.36	0.19
Debt	0.11	0.11	0.23	0.14
GOV	0.00	0.01	0.00	0.01
FC	−3.74	0.25	−3.78	0.25
Soe	0.20	0.40	0.36	0.48
Share	35.25	14.66	32.82	14.17

（续上表）

变量	盈利状况较好企业		盈利状况较差企业	
	mean	*sd*	*mean*	*sd*
ROA	0. 08	0. 04	0. 01	0. 04
Manratio	0. 09	0. 05	0. 09	0. 06
LEV	0. 32	0. 16	0. 48	0. 19
Listage	6. 60	6. 32	9. 80	6. 74

6.4.2 相关性分析

本部分对各变量进行了相关性分析，结果基本在1%水平上显著相关。从中可以看到，慈善捐赠与研发投入、创新产出的 Pearson 相关系数分别为 0. 282 和 0. 077，且均在1%水平上显著，说明慈善捐赠与企业技术创新之间是显著正相关的，与假设 $H1$ 基本一致。此外，融资约束与慈善捐赠在1%水平上显著负相关，这说明了企业进行慈善捐赠在一定程度上能缓解融资约束，因此，融资约束的作用路径可能成立，但还需要进一步验证。公司规模、资产收益率与创新投入、创新产出显著正相关，说明规模越大、盈利状况更好的公司更具有创新能力。企业性质与创新产出在10%水平上显著负相关，反映了企业的国有性质可能对企业创新的正向促进作用不大。此外，根据下表可知，没有大于 0. 6 的相关系数，且结合 VIF 检验，发现 Mean VIF 均低于 5，这说明了本部分选取的变量之间未有严重多重共线性，不会对后续的回归结果产生重要影响。

表 6-7 主要变量相关性分析结果

	RD	*Patent*	*Lndonate*	*FC*	*Size*	*Share*	*Soe*	*ROA*	*Manratio*	*LEV*	*Listage*
RD	1										
Patent	0. 407 ***	1									
Lndonate	0. 282 ***	0. 077 ***	1								
FC	−0. 025 ***	−0. 055 ***	−0. 036 ***	1							
Size	0. 480 ***	0. 119 ***	0. 438 ***	−0. 026 ***	1						
Share	−0. 022 ***	0. 013	0. 056 ***	0. 171 ***	0. 147 ***	1					
Soe	0. 042 ***	−0. 015 ***	0. 079 ***	−0. 084 ***	0. 418 ***	0. 188 ***	1				

（续上表）

	RD	Patent	Lndonate	FC	Size	Share	Soe	ROA	Manratio	LEV	Listage
ROA	0.069***	0.090***	0.101***	0.066***	−0.051***	0.129***	−0.061***	1			
Manratio	−0.058***	0.001	−0.118***	0.083***	−0.228***	−0.088***	−0.107***	−0.092***	1		
LEV	0.172***	0.021**	0.153***	−0.075***	0.554***	0.028**	0.311***	−0.342***	0.225***	1	
Listage	0.146***	−0.083***	0.168***	−0.438***	0.500***	−0.087***	0.521***	−0.135***	−0.101***	0.345***	1

6.4.3 多元回归结果与分析

1. 企业慈善捐赠与技术创新

为了验证慈善捐赠与技术创新的关系，采用最小二乘估计方法对基准模型进行回归检验。在回归过程中对年份和行业进行了控制，检验结果如表6-8所示。

根据表6-8中的模型1的回归结果可以发现，慈善捐赠对创新投入的回归系数约为0.04，且在1%水平上显著正相关。这表明，企业本年度进行慈善捐赠，企业下一年度会增加约4个百分点的创新投入，验证了研究假设 H1a，说明了公司慈善捐赠与创新投入之间的促进效应较为显著。从控制变量来看，企业规模、资产收益率、管理费用率在1%水平上显著正相关，说明规模越大、盈利状况越好的企业有更多的资源和能力，筹集研发所需资金，增强研发资金的投入力度。企业年龄、财务杠杆对企业创新投入影响均为显著负相关，这表明企业上市时间越久、财务杠杆越高，创新投入强度反而越低。

根据模型2的结果可知，慈善捐赠对企业专利数量的估计系数为0.034，且在1%水平上显著正相关，意味着企业慈善捐赠的金额越大，会使得企业下一年发明专利申请数量越多，平均增加约3.4%，增加了企业的技术创新产出数量，验证了假设 H1b。至此，本部分的研究假设1均得到验证，且回归系数检验显著，可以继续进行中介效应检验。控制变量方面，企业规模、管理费用率以及资产收益率对企业创新产出的影响在1%水平上显著正相关，说明规模越大、盈利状况越好的企业有更多的资源用于企业的创新活动，加快企业的创新产出。企业年龄估计系数在1%水平上显著为负，表明企业成立时间越长，创新产出反而越低，反映了上市越久的公司可能存在"惰性假说"，而新上市的公司为了吸引更多的投资者，更趋向于加强创新产出。

模型6.1和6.2中，企业规模的系数都为正，反映了小规模企业由于自身实力有限，不能开展有难度的技术创新活动，而大规模企业的制度较为完善，风险管理水平较高，融资渠道较为多样，招揽的优秀人才较多，从而更有实力进行复杂、高难度的创新活动，增加创新产出的数量。这一结果支持了熊彼特假说，初步验证了企业规模对慈善捐赠与技术创新之间的关系具有影响，表明了企业规模越大，企业承担慈善捐赠责任越多，更有利于企业的技术创新。资产收益率的系数为正，表明了盈利状况好的企业，利用利益相关者提供的关键资源的能力更强，并能将关键资源转化为企业进行技术创新所需的资源，提高企业的创新水平。这也初步验证了企业盈利状况对慈善捐赠与技术创新之间关系具有影响，表明了盈利状况越好的企业，进行慈善捐赠更能促进企业技术创新。产权性质对创新投入的系数为 -0.074，在5%水平上显著负相关，表明了企业国有等因素对其技术创新具有一定的抑制效应。企业年龄的系数为负，支持了我国上市企业存在"惰性假说"这一结论，表明了随着企业上市的时间越久，企业对自身内部现有的知识架构和管理体系更容易产生依赖感，这种依赖感会在企业运作中变为一种"惰性"，从而抑制了企业的创新活动。

表 6 - 8　慈善捐赠对企业技术创新的影响

变量	创新投入模型1 RD	创新产出模型2 Patent
Lndonate	0.040***	0.034***
	(0.006)	(0.006)
Size	0.804***	0.323***
	(0.013)	(0.019)
Share	-0.001	-0.003***
	(0.001)	(0.001)
Soe	-0.074**	0.204***
	(0.030)	(0.036)
ROA	2.683***	2.166***
	(0.254)	(0.235)
Manratio	0.955***	1.091***
	(0.183)	(0.204)
LEV	-0.292***	0.001
	(0.077)	(0.088)
Listage	-0.013***	-0.031***
	(0.002)	(0.003)
Constant	-1.373***	-6.164***
	(0.438)	(0.417)

（续上表）

变量	创新投入模型 1	创新产出模型 2
	RD	*Patent*
Year	控制	控制
Industry	控制	控制
N	10689	10689
r2	0.565	0.224
r2_a	0.561	0.217
估计方法	OLS	OLS

注：＊＊为 $p < 0.05$，＊＊＊为 $p < 0.01$。

另外，表 6-9 是对企业融资约束程度变量取中位数进行划分的回归结果。由于 *SA* 指数的数值为负，因此将 *SA* 指数做绝对值处理，数值越大，则表明融资约束程度越高，获取资金困难。将公司 *SA* 指数的绝对值按照年度—行业进行排序，将大于 *SA* 指数中位数的样本定义为融资约束高的公司，取值为 1；反之，定义为融资约束低的公司，取值为 0。从表 6-9 可以看出融资约束高的企业的慈善捐赠与创新投入、创新产出在 1% 水平上显著正相关，回归系数分别为 0.036和 0.045；融资约束低的企业的慈善捐赠与创新投入、创新产出在 1% 水平上显著正相关，回归系数分别为 0.022 和 0.020。根据实证结果可知，不管企业融资约束程度如何，慈善捐赠都能对企业的技术创新水平起到了积极的推动作用，但通过对回归系数的观察，这种正向作用在融资约束程度高的企业更明显。这说明了企业可以通过慈善捐赠缓解融资约束，使得融资约束高的企业提高创新投入与创新产出，初步验证了假设 5。

表 6-9　慈善捐赠对企业技术创新的影响（融资约束程度分组）

变量	融资约束高		融资约束低	
	RD	*Patent*	*RD*	*Patent*
Lndonate	0.036＊＊＊	0.045＊＊＊	0.022＊＊＊	0.020＊＊＊
	(0.007)	(0.007)	(0.007)	(0.007)
Size	0.711＊＊＊	0.243＊＊＊	0.779＊＊＊	0.248＊＊＊
	(0.021)	(0.017)	(0.017)	(0.020)

（续上表）

变量	融资约束高		融资约束低	
	RD	*Patent*	*RD*	*Patent*
Share	-0.007***	-0.001	-0.013***	-0.001
	(0.001)	(0.001)	(0.001)	(0.001)
Soe	-0.485***	0.217***	-0.407***	-0.060*
	(0.039)	(0.048)	(0.045)	(0.034)
ROA	1.689***	1.761***	1.456***	1.860***
	(0.258)	(0.224)	(0.221)	(0.239)
Manratio	0.369**	1.483***	1.751***	0.767**
	(0.186)	(0.314)	(0.211)	(0.302)
LEV	-0.674***	0.152	-0.474***	-0.103
	(0.104)	(0.107)	(0.100)	(0.103)
Listage	-0.014***	0.011**	-0.016***	-0.031***
	(0.003)	(0.005)	(0.004)	(0.004)
Constant	2.261***	-5.034***	0.947***	-4.112***
	(0.419)	(0.489)	(0.318)	(0.469)
Year	控制	控制	控制	控制
Industry	控制	控制	控制	控制
N	5616	5616	5079	5079
r2	0.171	0.028	0.076	0.050
r2_a	0.170	0.027	0.075	0.049

注：＊为 $p < 0.1$，＊＊为 $p < 0.05$，＊＊＊为 $p < 0.01$。

2. 进一步分组检验结果

由于企业自身所处的环境以及其特点不同，在面对同样的战略活动时，其获取的收益可能有所不同。根据前文的文献梳理，产权性质、企业规模以及企业盈利状况有可能会对慈善捐赠与企业技术创新的关联性施加影响。但这种影响并不是在任何情况下都具有正向的促进效应。因此，本部分将进一步对这三个企业特征进行分组回归，检验不同的分组效果。

表6-10为不同产权性质的分组检验结果，非国有企业的慈善捐赠与创新投

入及创新产出在 1% 水平上显著正相关，其系数分别为 0.0328 和 0.0143；但国有企业的慈善捐赠对创新投入、创新产出的系数并未通过显著性检验，假设 2 得以验证。这反映了非国有企业进行慈善捐赠更易吸纳外源融资，而容易获得政府资源的国有企业，通过慈善捐赠缓解自身融资困境的意义不明显。此外，创新具有周期长、风险高等特点，国有企业的管理层可能会在政府的干预下选择稳妥的投资项目，而非国有企业的控股股东更多考虑企业价值最大化，愿意承担更高的风险（Boubakri et al.，2013）。因此，民营企业比国有企业更有动力进行技术研发和创新，也就是说相比国有企业，非国有企业进行慈善捐赠对企业技术创新的促进效应更明显。

表 6 – 10　慈善捐赠对企业技术创新的影响（产权性质分组）

变量	非国有企业		国有企业	
	RD	Patent	RD	Patent
Lndonate	0.0328***	0.0143***	0.00764	– 0.00106
	(0.00486)	(0.00605)	(0.0118)	(0.00997)
Size	0.786***	0.242***	0.734***	0.357***
	(0.0138)	(0.0172)	(0.0253)	(0.0231)
LEV	– 0.231***	0.376***	– 0.552***	– 0.459***
	(0.0707)	(0.0879)	(0.180)	(0.165)
Listage	– 0.0222***	– 0.0423***	– 0.00580	– 0.0385***
	(0.00220)	(0.00274)	(0.00400)	(0.00365)
ROA	2.591***	2.957***	3.411***	1.890***
	(0.196)	(0.243)	(0.645)	(0.589)
Share	– 0.00734***	– 0.00312***	– 0.0156***	– 0.0161***
	(0.000733)	(0.000912)	(0.00180)	(0.00164)
Manratio	2.268***	2.030***	3.311***	1.340***
	(0.175)	(0.218)	(0.558)	(0.510)
Constant	0.322	– 4.170***	1.523***	– 5.254***
	(0.273)	(0.340)	(0.491)	(0.449)

（续上表）

变量	非国有企业		国有企业	
	RD	Patent	RD	Patent
Year	控制	控制	控制	控制
Industry	控制	控制	控制	控制
N	7684	7684	3011	3011
r2	0.365	0.061	0.177	0.088
r2_a	0.360	0.055	0.173	0.083

注：＊＊＊为 $p < 0.01$。

表 6 – 11 为不同企业规模的分组检验结果，可以看出大规模企业的慈善捐赠与创新投入、创新产出在 1% 水平上显著正相关，回归系数分别为 0.151 和 0.043；小规模企业的慈善捐赠与创新投入、创新产出在 1% 水平上显著正相关，回归系数分别为 0.064 和 0.019。虽然在大规模企业与小规模企业中，慈善捐赠对企业技术创新的正向作用都很显著，但两组还是存在着差异。根据对数据的观察，大规模企业的慈善捐赠对创新投入的系数为 0.151，明显大于小规模企业的 0.064；大规模企业慈善捐赠对创新产出的系数为 0.043，大于小规模企业的 0.019，因而假设 3 得以验证。这表明了大规模企业相比小规模企业，内部资源较为充裕，承担慈善捐赠责任对研发资金的影响相对较弱，同时大规模企业有更强的能力利用慈善捐赠所带来的媒体关注以及声誉优势，将它们用于缓解融资约束的困境时能发挥更强的作用。

表 6 – 11　慈善捐赠对企业技术创新的影响（企业规模分组）

变量	大规模企业		小规模企业	
	RD	Patent	RD	Patent
Lndonate	0.151＊＊＊	0.043＊＊＊	0.064＊＊＊	0.019＊＊＊
	(0.009)	(0.008)	(0.005)	(0.006)
LEV	0.165	0.316＊＊＊	0.769＊＊＊	0.436＊＊＊
	(0.119)	(0.112)	(0.081)	(0.088)
Listage	−0.006＊	−0.034＊＊＊	0.004	−0.035＊＊＊
	(0.003)	(0.003)	(0.003)	(0.003)

（续上表）

变量	大规模企业		小规模企业	
	RD	Patent	RD	Patent
ROA	2.165***	2.468***	1.754***	1.472***
	(0.347)	(0.326)	(0.174)	(0.189)
Soe	-0.095**	0.166***	-0.506***	0.037
	(0.045)	(0.043)	(0.040)	(0.044)
Share	-0.006***	-0.006***	-0.007***	-0.005***
	(0.001)	(0.001)	(0.001)	(0.001)
Manratio	0.114	0.314	1.524***	0.831***
	(0.239)	(0.224)	(0.165)	(0.179)
Constant	16.522***	1.183***	16.305***	1.123***
	(0.140)	(0.132)	(0.083)	(0.090)
Year	控制	控制	控制	控制
Industry	控制	控制	控制	控制
N	5886	5886	4809	4809
r2	0.053	0.031	0.074	0.036
r2_a	0.053	0.030	0.073	0.036

注：**为 $p < 0.05$，***为 $p < 0.01$。

表 6-12 为不同盈利状况的分组检验结果，可以看出盈利状况较好的企业的慈善捐赠与创新投入、创新产出在 1% 水平上显著正相关，回归系数为分别为 0.163 和 0.052；盈利状况较差的企业的慈善捐赠与创新投入、创新产出在 1% 水平上显著正相关，回归系数分别为 0.129 和 0.035。虽然在盈利状况较好的企业与盈利状况较差的企业中，慈善捐赠均与企业技术创新显著正相关，但盈利状况较好的企业的慈善捐赠对创新投入的系数（0.163）高于盈利状况较弱的企业（0.129），盈利状况较好企业的慈善捐赠对创新产出的系数（0.052）高于盈利状况较差的企业（0.035），假设 4 得以验证。这表明了盈利状况较差的企业进行慈善捐赠的主要动机是为了向外界传递经营状况良好的信号，以获取相关资源来提升企业绩效，避免因经营不善所造成的退市或者破产风险。而盈利状况良好的企业往往有更强的资源整合能力，可以充分利用慈善捐赠所带来的资源，并投入企业技术创新活动中，推动企业长远发展。

表6-12　慈善捐赠对企业技术创新的影响（盈利状况分组）

变量	盈利状况较好的		盈利状况较差的	
	RD	*Patent*	*RD*	*Patent*
Lndonate	0.163 ***	0.052 ***	0.129 ***	0.035 ***
	(0.007)	(0.007)	(0.008)	(0.007)
LEV	2.282 ***	1.235 ***	0.990 ***	0.364 ***
	(0.105)	(0.113)	(0.105)	(0.089)
Listage	0.041 ***	-0.015 ***	0.006 *	-0.036 ***
	(0.003)	(0.003)	(0.003)	(0.003)
Size	4.517 ***	1.805 ***	0.619 **	1.294 ***
	(0.379)	(0.409)	(0.271)	(0.230)
Soe	-0.401 ***	-0.021	-0.008	0.255 ***
	(0.043)	(0.046)	(0.047)	(0.040)
Share	-0.003 ***	-0.003 **	-0.004 ***	-0.006 ***
	(0.001)	(0.001)	(0.001)	(0.001)
Manratio	1.863 ***	1.902 ***	-0.177	-0.059
	(0.256)	(0.276)	(0.200)	(0.170)
Constant	14.919 ***	0.569 ***	15.340 ***	0.937 ***
	(0.101)	(0.109)	(0.117)	(0.099)
Year	控制	控制	控制	控制
Industry	控制	控制	控制	控制
N	5101	5101	5594	5594
r2	0.195	0.026	0.083	0.034
r2_a	0.194	0.025	0.082	0.033

注：＊为 $p < 0.1$，＊＊为 $p < 0.05$，＊＊＊为 $p < 0.01$

3. 企业慈善捐赠、融资约束与企业技术创新

结合前文的分析，融资约束能够对慈善捐赠与企业技术创新水平之间的关系施加正向的影响。为了进一步探究这一作用机理，对融资约束的中介作用进行检验。本部分以 *SA* 指数作为中介变量，依据温忠麟等（2014）提出的经典中介检验方法进行检验。

中介检验的具体步骤如下：第一步，检验基准模型中慈善捐赠对创新投入及创新产出的回归系数是否显著，如果系数不显著，则表明中介效应不存在成立的基础，此刻需停止检验；第二步，如上述系数检验显著，进一步检验模型 6.3 中的系数 β_1，即慈善捐赠是否对融资约束这一中介变量存在影响；第三步，如果 β_1 的系数检验显著，则将模型 6.4 和 6.5 中的 γ_1 与 γ_2 一同检验，如果两个系数均显著，则表明存在部分中介效应；如果 γ_2 显著，γ_1 不显著，则说明存在完全中介效应；当 β_1 与 γ_2 至少有一个不显著时，则要继续用 Sobel 检验，若 Sobel 的 z 值结果不显著，则中介效应不存在，反之则存在。

表 6 - 13 为慈善捐赠促进创新投入的中介效应检验结果，在模型 6.1 的路径基础检验中，慈善捐赠对创新投入的回归系数为 0.04，在 1% 水平上显著正相关，反映融资约束具有中介效应基础；在模型 6.3 的中介变量检验中，慈善捐赠对融资约束的回归系数为 - 0.005，在 1% 水平上显著负相关，即慈善捐赠能明显缓解企业的融资约束困境；在模型 6.4 的中介效应检验中，慈善捐赠的 γ_1、融资约束的 γ_2 均与创新投入之间存在显著关系，表明融资约束在慈善捐赠与创新投入中存在部分中介效应。即慈善捐赠通过缓解企业融资约束这一机制来影响企业的创新投入，研究假设 $H5a$ 得以验证。

表 6 - 13　融资约束对慈善捐赠和创新投入的中介效应检验

变量	模型 6.1 RD	模型 6.3 FC	模型 6.4 RD
Lndonate	0.040***	- 0.005***	0.020***
	(0.006)	(0.000)	(0.006)
FC			- 0.698***
			(0.159)
Size	0.804***	0.035***	0.690***
	(0.013)	(0.002)	(0.016)
Share	- 0.001	0.001***	- 0.007***
	(0.001)	(0.000)	(0.001)
Soe	- 0.074**	0.010***	- 0.340***
	(0.030)	(0.002)	(0.038)

（续上表）

变量	模型 6.1 RD	模型 6.3 FC	模型 6.4 RD
ROA	2.683***	-0.056***	3.038***
	(0.254)	(0.014)	(0.279)
Manratio	0.955***	0.083***	1.761***
	(0.183)	(0.011)	(0.637)
LEV	-0.292***	-0.062***	-0.208*
	(0.077)	(0.007)	(0.107)
Listage	-0.013***	-0.042***	-0.053***
	(0.002)	(0.000)	(0.007)
Constant	-1.373***	-3.849***	-0.828
	(0.438)	(0.058)	(0.667)
Year	控制	控制	控制
Industry	控制	控制	控制
N	10689	10689	10689
r2	0.565	0.844	0.313
r2_a	0.561	0.844	0.312

注：*为 $p < 0.1$，**为 $p < 0.05$，***为 $p < 0.01$。

表 6-14 为慈善捐赠促进创新产出的中介效应检验结果，在模型 6.2 的路径基础检验中，慈善捐赠对创新产出的回归系数为 0.034，在 1% 水平上显著正相关，表明融资约束具有中介效应基础；在模型 6.3 的中介变量检验中，慈善捐赠对融资约束的回归系数为 -0.005，在 1% 水平上显著负相关，即慈善捐赠能显著降低企业的融资约束水平；在模型 6.5 的中介效应检验中，慈善捐赠的 γ_1 与融资约束的 γ_2 均与创新产出存在显著关系，表明融资约束在慈善捐赠与创新产出中存在部分中介效应。即慈善捐赠通过缓解企业融资约束这一机制来影响企业的创新产出，研究假设 H5b 得以验证。

表 6 – 14　融资约束对慈善捐赠和创新产出的中介效应检验

变量	模型 6.2 Patent	模型 6.3 FC	模型 6.5 Patent
Lndonate	0.034***	– 0.005***	0.036***
	(0.006)	(0.001)	(0.007)
FC			– 0.127***
			(0.158)
Size	0.323***	0.028***	0.255***
	(0.019)	(0.002)	(0.017)
Share	– 0.003***	0.000***	– 0.001
	(0.001)	(0.000)	(0.001)
Soe	0.204***	0.010***	0.027
	(0.036)	(0.002)	(0.033)
ROA	2.166***	– 0.064***	2.321***
	(0.235)	(0.015)	(0.241)
Manratio	1.091***	– 0.000	0.960***
	(0.204)	(0.039)	(0.201)
LEV	0.001	– 0.088***	– 0.001
	(0.088)	(0.008)	(0.088)
Listage	– 0.031***	– 0.042***	0.011
	(0.003)	(0.000)	(0.007)
Constant	– 6.164***	– 3.677***	– 3.404***
	(0.417)	(0.055)	(0.603)
Year	控制	控制	控制
Industry	控制	控制	控制
N	10689	10689	10689
r2	0.224	0.860	0.214
r2_a	0.217	0.858	0.207

注：＊＊＊为 $p < 0.01$。

4. 融资渠道效应检验

根据前文的理论分析，由于内部融资难以为继，企业逐渐依赖于外部融资，外部融资成为创新项目融资的主要渠道。已有研究认为企业将慈善作为一种融资战略，能够获取资金促进企业的研发创新。也就是说，企业承担慈善责任可以通过外部融资渠道缓解企业的融资困难，进而加大企业研发投入。那么，当企业进行慈善捐赠后，在缓解融资的渠道效应上会显示出怎样的不同？借鉴孙早、肖利平的做法，本部分将在基准回归模型的基础上，将股权融资、债权融资、政府补助逐个引入，分别与慈善捐赠交互，研究在企业进行慈善捐赠以后，不同融资渠道对企业技术创新的作用。

根据表6-15结果显示，股权融资与慈善捐赠的交互项系数显著为正，表明慈善捐赠能够增强股权融资对企业创新投入的促进作用。债权融资与慈善捐赠的交互项系数显著为负，表明慈善捐赠会削弱债权融资对企业创新投入的正向效应。政府补助与慈善捐赠的交互项系数显著为正，表明慈善捐赠在一定程度上增强了政府补助对企业创新投入的促进作用。

根据表6-16结果显示，股权融资与慈善捐赠的交互项系数显著为正，表明慈善捐赠会增强股权融资对企业创新产出的促进作用。但债权融资与慈善捐赠的交互项系数均未能通过显著性检验，反映出债权融资的渠道作用并不明显。政府补助与慈善捐赠的交互项系数显著为正，表明慈善捐赠在一定程度上增强了政府补助对企业创新产出的促进作用。

由表6-15和表6-16的结果可知，本部分的研究假设6得到了验证。本部分推断存在如下原因：①在股权融资市场上，企业进行慈善捐赠能够释放信号，易吸引重视长期收益的投资者，因而在股权融资渠道上展现出更好的缓解效果；股权投资者风险承担水平较高，偏好风险与投资收益成正比的项目，关注企业的未来发展，注重其未来价值的增值，所以较偏好投资于具有创新能力的高新技术企业。②债权投资者往往是保守型的，风险承担能力较弱，偏好投资于具有较为稳定收益的项目。以银行为首的债权人为了规避债务人无法偿还的风险，会提出抵押固定资产的融资要求，并且为了尽可能减少损失，会规定对方按期履行还本付息。但投资收益由于创新有着高风险的特点而存在不确定性，创新产出也多是以专利等无形资产形式存在，所以较难获取债权投资者的资金。③慈善捐赠作为一种社会责任行为，具有社会交换的性质。政府拥有合理分配社会资源的权利和义务，也需要及时有效地应对突发灾难，向社会弱势群体提供援助，以保障社会和谐稳定，但这会使得政府财政紧张。如果企业主动进行慈善捐赠，为政府履行社会责任的行动提供资金支持，赢得政府的信任，就更易获得政府在企业创新资源方面的支持（高勇强、陈亚静和张云均，2012）。

表6－15　慈善捐赠缓解融资约束进而促进创新投入的渠道效应

	RD	RD	RD
Equity	− 1. 395 * * *	− 1. 417 * * *	− 1. 401 * * *
	(− 0. 133)	(− 0. 133)	(− 0. 133)
Debt	− 2. 350 * * *	− 2. 311 * * *	− 2. 318 * * *
	(− 0. 183)	(− 0. 184)	(− 0. 184)
GOV	3. 113 * * *	3. 105 * * *	2. 757 * * *
	(− 0. 267)	(− 0. 266)	(− 0. 314)
Equity × Lndonate	0. 202 * * *	0. 156 * * *	0. 180 * * *
	(− 0. 04)	(− 0. 043)	(− 0. 044)
Debt × Lndonate		− 0. 167 * * *	− 0. 159 * * *
		(− 0. 061)	(− 0. 061)
GOV × Lndonate			0. 222 * *
			(− 0. 107)
Size	0. 591 * * *	0. 592 * * *	0. 590 * * *
	(− 0. 02)	(− 0. 02)	(− 0. 02)
LEV	− 0. 798 * * *	− 0. 850 * * *	− 0. 814 * * *
	(− 0. 154)	(− 0. 155)	(− 0. 156)
Listage	− 0. 049 * * *	− 0. 049 * * *	− 0. 049 * * *
	(− 0. 004)	(− 0. 004)	(− 0. 004)
ROA	0. 808 * *	0. 806 * *	0. 842 * *
	(− 0. 391)	(− 0. 39)	(− 0. 391)
Share	− 0. 007 * * *	− 0. 007 * * *	− 0. 007 * * *
	(− 0. 001)	(− 0. 001)	(− 0. 001)
Soe	− 0. 462 * * *	− 0. 463 * * *	− 0. 459 * * *
	(− 0. 042)	(− 0. 042)	(− 0. 042)
Manratio	1. 746 * * *	1. 749 * * *	1. 759 * * *
	(− 0. 229)	(− 0. 229)	(− 0. 229)
Constant	6. 832 * * *	6. 821 * * *	6. 857 * * *
	(− 0. 469)	(− 0. 469)	(− 0. 469)

（续上表）

	RD	RD	RD
Year	控制	控制	控制
Industry	控制	控制	控制
N	7563	7563	7563
r2	0.272	0.273	0.273
r2_a	0.271	0.272	0.271

注：＊＊为 $p < 0.05$，＊＊＊为 $p < 0.01$。

表 6-16　慈善捐赠缓解融资约束进而促进创新产出的渠道效应

	Patent	*Patent*	*Patent*
Equity	-0.886***	-0.896***	-0.844***
	(-0.136)	(-0.136)	(-0.136)
Debt	-1.621***	-1.603***	-1.623***
	(-0.186)	(-0.187)	(-0.186)
GOV	3.852***	3.848***	2.760***
	(-0.272)	(-0.272)	(-0.32)
Equity × Lndonate	0.097**	0.076*	0.150***
	(-0.04)	(-0.044)	(-0.045)
Debt × Lndonate		-0.076	-0.049
		(-0.062)	(-0.062)
GOV × Lndonate			0.696***
			(-0.109)
Size	0.038*	0.039*	0.031
	(-0.02)	(-0.02)	(-0.02)
LEV	-0.577***	-0.601***	-0.489***
	(-0.157)	(-0.158)	(-0.159)
Listage	-0.042***	-0.042***	-0.042***
	(-0.004)	(-0.004)	(-0.004)
ROA	-0.05	-0.051	0.062
	(-0.399)	(-0.399)	(-0.398)

（续上表）

	Patent	Patent	Patent
Share	0	0	0
	（−0.001）	（−0.001）	（−0.001）
Soe	−0.284***	−0.285***	−0.272***
	（−0.043）	（−0.043）	（−0.043）
Manratio	−0.144	−0.143	−0.111
	（−0.233）	（−0.233）	（−0.233）
Constant	2.786***	2.783***	2.889***
	（−0.476）	（−0.476）	（−0.476）
Year	控制	控制	控制
Industry	控制	控制	控制
N	7598	7598	7598
r2	0.092	0.093	0.097
r2_a	0.091	0.092	0.095

注：*为 $p < 0.1$，**为 $p < 0.05$，***为 $p < 0.01$。

6.4.4 稳健性检验

1. 滞后两期

为了消除创新活动的时滞效应，在使用滞后一期数据的基础上，在稳健性中使用了滞后两期的数据进行检验。如表6−17所示，可以看出，慈善捐赠与创新投入在1%水平上显著正相关，系数为0.034，与创新产出在1%水平下显著正相关，系数为0.031，即在考虑了创新活动的时滞效应后，本部分结论依然稳健。

表6−17　时滞效应检验

变量	模型1	模型2
	RD	Patent
Lndonate	0.034***	0.031***
	(0.005)	(0.007)

（续上表）

变量	模型 1 *RD*	模型 2 *Patent*
LEV	− 0. 168 * *	− 0. 080
	(0. 077)	(0. 098)
Size	0. 807 * * *	0. 346 * * *
	(0. 014)	(0. 018)
ROA	3. 283 * * *	2. 446 * * *
	(0. 199)	(0. 252)
Manratio	1. 307 * * *	1. 152 * * *
	(0. 171)	(0. 217)
Share	− 0. 001	− 0. 003 * * *
	(0. 001)	(0. 001)
Listage	− 0. 012 * * *	− 0. 031 * * *
	(0. 002)	(0. 003)
Soe	− 0. 024	0. 206 * * *
	(0. 031)	(0. 040)
Constant	− 0. 995 * * *	− 6. 540 * * *
	(0. 343)	(0. 434)
Year	控制	控制
Industry	控制	控制
N	8747	8747
r2	0. 550	0. 225
r2_a	0. 545	0. 217
估计方法	OLS	OLS

注： * * 为 $p < 0.05$，* * * 为 $p < 0.01$。

2. 对估计方法的替换

本部分主要的研究方法是使用了最小二乘法（OLS）进行检验，考虑创新投入为面板数据，先采用 Hausman 检验来选取合适的面板数据回归类型，检验结果显示拒绝原假设，可采用固定效应进行检验。由于本研究采取了对数化处理来衡量发明专利申请数，所以数据并非为非负整数。在此，将发明专利申请数不进行对数化处理，这时数据变为非负整数，是计数变量，所以线性模型对创新产出不能提供最优的拟合。计数变量服从由均值决定的泊松分布，且关键假定条件较为严格，即因变量的均值必须与方差相等，因此本部分采用负二项回归模型检验创新产出。

根据表6－18的结果，慈善捐赠与创新投入及创新产出在1%水平上正相关，系数分别为0.014和0.064，说明慈善捐赠能促进企业的技术创新。在改变估计方法进行检验后，结论依然稳健。

表6－18 替换估计方法的检验

变量	模型1 RD	模型2 Patent
Lndonate	0.014***	0.064***
	(0.004)	(0.004)
LEV	−0.331***	−0.081***
	(0.072)	(0.083)
Size	0.615***	0.0291***
	(0.020)	(0.022)
ROA	0.980***	0.701***
	(0.119)	(0.128)
Manratio	0.524***	0.401***
	(0.165)	(0.146)
Share	−0.000	0.003**
	(0.001)	(0.001)
Listage	0.093***	0.011***
	(0.004)	(0.004)
Soe	0.000	−0.078***
		(0.031)
Constant	3.511***	−3.714***
	(0.412)	(0.467)
Year	控制	控制
Industry	控制	控制
N	10693	10693
r2	0.476	0.225
r2_a	0.332	0.221
估计方法	固定效应	负二项

注：**为$p < 0.05$，***为$p < 0.01$。

3. 对重要灾害年份的考虑

如果某年发生了重大灾害，企业的捐款可能会相较于以往的规模更大，从而会影响整体的研究可信度。因此本部分在李维安等（2015）和金宇等（2018）的研究基础上，除了删除受 2008 年汶川地震影响的样本外，还对受 2010 年玉树地震以及 2020 年新冠肺炎疫情影响的样本进行删除。根据表 6 - 19 可以得到，在将某年发生过重大灾害的样本剔除后，慈善捐赠能够有效地促进企业创新投入和创新产出。

表 6 - 19　删除重要灾害年份的检验

变量	模型 1 RD	模型 2 Patent
Lndonate	0.016 ***	0.027 ***
	(0.006)	(0.006)
LEV	- 0.379 ***	- 0.054
	(0.079)	(0.081)
Size	0.708 ***	0.338 ***
	(0.014)	(0.014)
ROA	2.062 ***	1.683 ***
	(0.193)	(0.190)
Manratio	1.420 ***	0.733 ***
	(0.145)	(0.164)
Share	- 0.009 ***	- 0.003 ***
	(0.001)	(0.001)
Listage	- 0.024 ***	- 0.031 ***
	(0.002)	(0.002)
Soe	- 0.274 ***	0.202 ***
	(0.032)	(0.033)
Constant	1.682 ***	- 6.447 ***
	(0.276)	(0.306)
Year	控制	控制
Industry	控制	控制
N	8780	8780
r2	0.293	0.226

（续上表）

变量	模型 1 *RD*	模型 2 *Patent*
r2_a	0.292	0.220
估计方法	OLS	OLS

注：＊＊＊为 $p < 0.01$。

4. 工具变量法

在研究中，慈善捐赠与技术创新之间的反向因果问题是可能存在内生性问题的。这是因为如果企业的技术创新水平较高，那么其在本行业的市场竞争中具有很强的优势，企业为了保持自己的竞争优势，维护良好的社会形象，体现自身的责任担当，会经常履行慈善捐赠责任。因此，企业技术创新也对慈善捐赠有正向的效应，这也使得本部分的研究可能存在内生性问题。如高勇强、陈亚静和张云均（2012）通过分析非国有企业的捐赠动机，表明了创新投入更多的企业，慈善捐赠就越多。

在本部分之前的研究中，为了解决互为因果的内生性问题，采取了以下两种方式：一是对变量采取了滞后一期的处理方式；二是在稳健性部分采用滞后二期的方法。但为了能更好控制内生性，在此采用两阶段工具变量法。在工具变量的选取方面，基于外生性、过度识别和弱工具变量的考虑，借鉴 Du 等（2016）、Chen 等（2016）的做法，本部分选择了以上市公司为中心、半径 100 千米以内存在的宗教场所（*Religion*）作为慈善捐赠的工具变量。宗教在我国具有深厚的文化传统底蕴，经过与中国历史上其他文化的相互碰撞，成为中国传统文化的重要组成部分。王文龙等（2015）研究表明上市公司周围的佛教、道教等寺庙数量越多，反映了该公司所在地区的宗教文化传播时间较长，营造了较为浓厚的宗教氛围。而宗教中所提倡的"乐善好施"的优良传统会在一定程度上通过当地的宗教氛围间接影响着公司管理者的宗教信仰。从公司管理者视角出发，宗教信仰也会影响公司管理者的认知，从而指引着该企业的投资战略方向，因此一定程度上会增加企业承担慈善捐赠责任的动力（Vasconcelos，2010；Du et al.，2014）。另外，一个城市的宗教场所是在历史潮流中不断形成发展的，当今的经济因素不会影响它的运转，也不会对企业的创新活动产生直接作用，满足了工具变量的外生性。并且经检验发现不存在过度识别和弱工具变量问题。

表 6-20 列示了进行两阶段最小二乘法的检验结果，根据第一阶段回归结果可知，宗教场所对慈善捐赠的系数为 0.077，在 1% 水平上显著正相关，这表明作为非正式制度的宗教场所，会影响企业履行慈善捐赠责任的动力，且企业半径

100 千米以内的宗教场所越多，其对慈善捐赠投入的规模就会越大。根据第二阶段的回归结果来看，企业慈善捐赠对创新投入的系数为 0.606，在 1% 水平上显著正相关，对创新产出的系数为 0.443，在 5% 水平上显著正相关，进一步验证了假设 1。这反映了采取宗教场所作为工具变量控制内生性后，依然支持本部分的结论。

表 6-20 工具变量检验

变量	第一阶段	第二阶段	
	Lndonate	RD	Patent
Religion	0.077***		
	(0.019)		
Lndonate		0.606***	0.443**
		(0.198)	(0.209)
Size	0.974***	0.293	-0.126
	(0.025)	(0.192)	(0.204)
LEV	-0.767***	0.023	0.289
	(0.153)	(0.196)	(0.208)
Listage	-0.025***	0.002	-0.018***
	(0.004)	(0.006)	(0.006)
ROA	1.661***	-0.526	0.214
	(0.273)	(0.402)	(0.425)
Share	0.000	-0.001	-0.003**
	(0.002)	(0.001)	(0.001)
Soe	-0.259***	0.193**	0.337***
	(0.068)	(0.079)	(0.083)
Manratio	-0.227	-1.144***	-0.937**
	(0.440)	(0.356)	(0.376)
Constant	-8.282***	4.062**	-1.617
	(0.565)	(1.579)	(1.671)

（续上表）

变量	第一阶段	第二阶段	
	Lndonate	*RD*	*Patent*
Year	控制	控制	控制
Industry	控制	控制	控制
N	5 920	5 920	5 920
r2	0.371	0.194	0.002

注：＊＊为 $p < 0.05$，＊＊＊为 $p < 0.01$。

6.4.5 进一步研究

　　根据融资优序理论，企业利用内部资金的成本是最低的，是企业创新资金的来源之一，但由于创新活动需要持续的资金投入，仅靠企业内部资金，难以持续进行创新。企业经营活动现金流不确定性大，企业要依靠内源融资是有难度的，因此产生不同的外部融资依赖倾向（Rajan，1998）。外部融资依赖程度更高的企业，其经营活动现金流不确定性程度高，一旦获取了股权融资的资金，则会缓解融资约束，更有可能将资金投入到研发活动中，提高创新产出（刘端、陈诗琪和陈收，2019）。Hsu 等（2014）表明，对于更多依靠外部融资的行业，股权融资更能促进创新绩效，而债权融资作用却显著为负。

　　根据前文的中介效应和渠道效应检验结果，慈善捐赠会通过缓解企业的融资约束进而促进企业创新，为了进一步佐证该结论，本部分将按外部融资依赖程度的高低进行检验。如果慈善捐赠的确通过缓解企业的融资约束进而影响其技术创新，那么其对更少依赖外部融资的企业的影响就会比较弱；相反，如果企业更多依赖外部融资，那么慈善捐赠规模的扩大就会提高获得股权融资以及政府补助的可能性，进而为需要创新资金的企业提供帮助。借鉴参考张璇、李子健和李春涛（2019）的方法对企业的外部融资依赖程度进行衡量，采用长期负债除以固定资产的方法。

表 6 - 21　外部融资依赖程度检验

变量	外部融资依赖高		外部融资依赖低	
	RD	Patent	RD	Patent
Lndonate	0.201***	0.093***	0.124***	0.068***
	(0.008)	(0.008)	(0.008)	(0.009)
LEV	1.596***	0.587***	1.401***	0.911***
	(0.109)	(0.112)	(0.113)	(0.133)
Listage	0.016***	-0.017***	0.040***	-0.014***
	(0.003)	(0.003)	(0.003)	(0.004)
ROA	2.697***	1.935***	5.889***	4.013***
	(0.258)	(0.267)	(0.306)	(0.359)
Soe	0.260***	0.316***	-0.016	0.209***
	(0.046)	(0.048)	(0.047)	(0.056)
Share	0.006***	-0.000	0.004***	-0.002
	(0.001)	(0.001)	(0.001)	(0.001)
Manratio	-0.527**	0.207	0.988***	1.755***
	(0.246)	(0.255)	(0.292)	(0.343)
Constant	11.923***	-0.107	13.270***	-0.938**
	(0.387)	(0.400)	(0.345)	(0.406)
Year	控制	控制	控制	控制
Industry	控制	控制	控制	控制
N	6143	6143	4552	4552
r2	0.372	0.220	0.429	0.183
r2_a	0.363	0.208	0.418	0.167

注：**为 $p < 0.05$，***为 $p < 0.01$。

根据表 6 - 21 的结果，在外部融资依赖程度较高的企业中，慈善捐赠对创新投入及创新产出的系数显著为正，系数分别为 0.201 和 0.093，而在外部融资依赖程度较低的企业中，系数分别为 0.124 和 0.068。这表明在外部融资依赖程度较高的企业中，慈善捐赠通过缓解企业融资约束进而促进技术创新的作用更明

高管特征、制度环境对企业技术创新的作用机理研究

显。但在外部融资依赖程度较低的企业中，影响较小。该结果也进一步证明了缓解融资约束是慈善捐赠促进企业创新的机制。

6.5 研究结论与启示

从 2012 年开始，中国 GDP 结束了长达 30 年的两位数高速增长，经济增速放缓迫使中国需要寻求新的发展模式。2014 年，国务院总理李克强提出"大众创新，万众创业"的倡议。同时，中央政府加大了对基础研究和重大科技的专项投入，力求逐步缩小与发达国家在科技发展水平上的差距。中国政府已正式将科技创新提升到国家战略高度。企业作为创新的主体，有大量研究考察了影响企业创新的因素。

本部分以 2008—2020 年沪深 A 股上市公司为研究对象，基于战略慈善理论、资源依赖理论、声誉信息理论，深入探讨企业慈善捐赠与技术创新之间的关系，同时考虑了融资约束的中介效应，以探索影响企业技术创新的重要路径。研究结果表明：第一，企业慈善捐赠与创新投入、创新产出之间是显著的正相关关系，进行慈善捐赠的企业会促进其创新活动的进行。第二，融资约束在慈善捐赠与创新投入、创新产出中发挥了部分中介作用，即企业承担慈善捐赠责任可以通过缓解融资约束来促进企业的技术创新。进一步的渠道效应检验，也验证了企业慈善捐赠行为的外部融资效应，即慈善捐赠可以聚集更多的股权融资和政府补助等社会资源，从而缓解企业的融资约束困境，更有助于企业创新投入及产出。第三，在企业异质性的情况下，非国有企业、大规模企业和盈利状况较好的企业进行慈善捐赠更能促进企业技术创新。同时，以上研究在使用工具变量法等一系列稳健性检验中进一步证明了文章结论的稳健性。

结合以上的研究结论，本部分引发了如下思考：一是企业的社会责任有很多维度，慈善捐赠是其中之一，企业进行技术创新也是为我国能成为创新型国家贡献一分力量。在实践中，企业有时难以把握慈善捐赠与创新的资金用度，会使企业顾此失彼，但根据本部分的研究来看，慈善捐赠与技术创新应是企业能够获得双赢的战略。企业积极承担慈善捐赠责任不但是其应尽的义务，还是积累声誉和提高品牌知名度的重要经营战略，慈善捐赠可给企业融资带来新的发展机遇，改变创新项目融资困难局面，进而为其技术创新提供充足的资金，最终提高企业的市场竞争力，助推企业可持续发展。所以企业在积极履行慈善捐赠责任时，也要兼顾技术创新，将慈善捐赠与技术创新这两项战略协调发展，这也是体现企业具有竞争力的表现之一。慈善捐赠可给企业的融资带来新的发展机遇，改变创新项

204

目融资困难局面，进而为其技术创新提供充足的资金，最终提高企业的市场竞争力，助推企业可持续发展。

二是融资约束的中介效应检验表明，慈善捐赠可以在一定程度上通过缓解企业的融资约束困境，进而促进企业的技术创新，显示了慈善捐赠是企业获取外部融资的战略决策。在我国经济转型升级背景下，困扰中国企业的重大问题之一就是融资约束。而企业可通过履行慈善捐赠责任来为政府分担部分压力，传递积极信号，扩大自身品牌影响力，获取必要的政府补助和资本市场的投资，这一战略行为将向企业提供新的获取技术创新所需资金的思路。

三是产权性质、企业规模、盈利状况等均会对慈善捐赠促进企业技术创新的关系产生影响。政府和慈善机构等应积极鼓励盈利状况好、规模大的民营企业履行社会责任，尤其是政府部门可对具有技术创新活动的非国有企业进行补贴，以便更好发挥非国有企业的市场活力，为建设创新型国家做出贡献。

四是国家要重视并持续优化政府补助这一措施，本研究表明政府补助可以有效促进企业加大研发经费的投入力度，增强企业竞争力和创新能力。但政府要加强补助资金的监管力度，督促企业制定合理的资金使用管理规定，并对规定逐步进行完善。主要包括及时公开补助资金的用途，同时鼓励企业将政府补助用于创新和研发，提高创新资金的使用效率。此外，政府可为企业谋福利，建立合理的融资渠道，指引社会资本优先投资积极承担慈善捐赠等社会责任的企业，提高企业的市场竞争力，进而促进社会可持续发展。股权融资也有利于企业获得创新资金，促进企业技术创新水平。应该继续坚持推进金融体制改革，进一步完善金融基础设施，发展以股权融资为主的金融市场，进一步畅通股权融资渠道。

7

研究结论与局限

基于高管性别的行为视角

研究结论与政策建议

本书基于心理学、公司治理及组织行为学的相关成果，嵌入女性所处的本土社会环境与制度情境因素，厘清女性高管在风险厌恶程度与过度自信水平上呈现的两种基本行为特质，明确可能对企业技术创新决策产生影响的关键性职位，进而对"高管团队性别结构—企业技术创新投入及绩效"之间的内在关联性进行研究。得到的结论如下：

1. 高管团队性别结构、关键性职位与风险厌恶程度

总体来看，随着高管团队中女性占比的增加，企业的风险厌恶程度随之增加，这是男性和女性不同的生理与行为特点所决定的。男性通常更具攻击性、成就导向、主导性，他们更为激进，而女性经常被认为更加亲切和服从，所以组织中女性人数的增加会强化团队的风险规避倾向，从而使企业的风险厌恶程度增加。以上分析综合考虑了企业"董、监、高"三个层面分别对应的执行与指挥、监督、管理三种职能。当单独考察这三种职能时发现，在执行监事会的监督职能时，女性监事的存在会显著增强企业的风险厌恶程度；在执行高管层面的管理职能时，女性CEO会显著降低企业的风险厌恶程度。因为根据性别角色理论，能够承担高级管理职务的女性与普通女性相比具有不同的品质和经历，特别是在经历过许多困难后成为高管的女性更具有男性特质，她们付出了更多的努力，更加辛勤地工作，练就了比普通女性更加坚韧和刚毅的性格，风险承担意识就会更强。

2. 高管团队性别结构、关键性职位与过度自信水平

总体而言，高管团队性别结构与过度自信水平之间的关系不显著，因为基于象征主义理论，高管团队中女性数量过少，即使女性的过度自信水平相较于男性要低，但考虑到个体对群体的影响力问题，女性成员对高管团队过度自信水平的影响其实很有限。但细分具体的关键性职位时可以发现，女性监事和女性 CFO 会显著降低高管团队的过度自信水平，促使企业给出更为保守的盈利预测。可见女性在执行监督职能和财务决策职能时对高管团队的过度自信水平起到了显著的调节作用。

3. 高管团队性别结构与企业技术创新投入及绩效

企业高管团队性别多元化会显著降低企业的技术创新产出，即随着高管团队女性占比的不断提高，以创新产出衡量的企业技术创新绩效随之显著降低。造成这一结果的原因在于，企业的技术创新活动充满了不确定性并且具有很高的失败风险，因此管理者需要有雄心壮志和源源不断的资源来确保创新的最终成功。异质性的高管团队易导致意见分歧，且女性厌恶风险的特质也会阻碍企业创新，削弱企业的技术创新绩效。

4. 高管团队性别结构、关键性职位与企业技术创新投入及绩效

由于企业董事会、监事会和管理层分别对应执行与指挥、监督、管理三种企业决策类型，女性担任企业高管团队中的不同关键性职位对企业技术创新投入及绩效的影响具有明显的异质性。具体而言：①企业高管团队性别多元化对企业创新投入的影响具有异质性，其中正向影响通过董事长这一关键性职位体现，负向影响通过董事和监事长这两种关键性职位体现。因为女性担任董事长加大了高管团队中女性成员的话语权，不同性别在思考与处理问题上的优势得以凸显，异质性高管团队可以为企业战略决策的制定提供创新性的思考和观察角度，为解决问题带来新的、更有效的方法，而技术创新的产生正是以这些创造性的思维、观念和方法作为前提条件，这对企业技术创新活动十分有益。②高管团队性别结构对企业技术创新绩效（用创新产出衡量）的影响具有异质性，且女性高管处于特定关键性职位时，会强化高管团队性别多元化对企业技术创新绩效的影响。具体来说，高管团队性别多元化显著降低了企业技术创新绩效，且女性董事的存在显著加强了这一负相关关系，但女性董事长、女性监事长以及女性监事的存在会显著减弱这一负向影响。由此可见，高管团队性别多元化对企业技术创新绩效的影响并非总是消极的，特定关键性职位上女性的存在会显著改善这种消极影响，尤其是在执行监督职能的监事会中，女性的存在对于调节性别多元化对创新产出的负向影响十分有益。③高管团队性别结构对企业技术创新绩效（用创新效率衡量）的影响具有异质性，在董事会执行指挥职能时，高管团队性别多元化显著增

强了企业技术创新绩效，但执行管理职能时，高管团队性别多元化显著降低了企业技术创新绩效，且不同的关键性职位上是否存在女性会显著影响高管团队性别结构与企业技术创新绩效的关联性。

在国家实施创新驱动发展战略进行经济转型这一宏观背景下，如何提高企业进行技术创新的决策效果，保证技术创新决策的有效性和科学性，从而提高技术创新绩效，赢得企业竞争优势，从根本上提高企业价值、促进企业长远发展，越来越引起政策决策者与企业实务界的共同关注。本书从企业高管团队的微观视角来研究企业技术创新投入及绩效，提出以下建议：

（1）重视行为特质对企业技术创新决策的影响，优化高管团队性别结构。中国的传统观念认为"男尊女卑""女子无才便是德"等，女性拥有的资源、机会、地位等都不可与男性同日而语，相比于男性长久地占据着主导地位，女性通常是作为"附属品"而存在的，她们被默认为"主内"，不适合在公众场合中抛头露面……这些思维定式严重阻碍了女性的长远发展和实现自我价值。随着我国社会的进步与对女性权益的保障，越来越多女性开始崛起，她们逐渐在不同的领域崭露头角。由于女性相对于男性具有风险厌恶程度高和过度自信水平低的行为特质，在企业决策中，高管团队中的男性高管更容易采取冒险性的决策，增加技术创新支出，承担更高的经营风险。相反地，"谨慎行事"的女性高管会更加理智，减少技术创新支出，降低企业风险水平，这对防止企业盲目投资、开展无效率研发活动有十分重要的意义。因此，提高管理团队性别多元化程度，充分发挥女性在风险厌恶程度和过度自信水平上呈现的不同行为特质，对企业技术创新有益。

（2）明确不同关键性职位的职能特点，更好地发挥高管团队性别多元化对企业技术创新决策的重要作用。关键性职位具体覆盖企业"董、监、高"三个层面，其中，女性在董事会中担任的董事长、独立董事与董事，在监事会中担任的监事长与监事，在管理层中担任的 CEO 或 CFO 等关键性职位，分别依次对应了执行与指挥、监督、管理三种企业决策类型，女性就职于不同关键性职位所对应的是不同的企业决策类型，对企业技术创新投入和绩效的影响具有一定的异质性。比如女性担任董事长会显著提高企业技术创新投入，但会显著降低企业技术创新产出，女性独立董事对企业技术创新产出存在显著的促进作用等，且女性就职于某一关键性职位时，对"高管团队性别结构—企业技术创新投入及绩效"之间的关系会产生显著的促进或调节作用，比如女性监事长和女性监事的存在显著调节了高管团队性别多元化对企业技术创新产出的负向影响等。因此，只有明确了女性所处的不同关键性职位对企业技术创新投入及绩效的影响，并调节不同关键性职位的性别分布，才能使高管团队性别多元化对企业技术创新的正面效应达到最大。

7.1.2 局限与展望

基于对理论分析及实证研究结果的总结，本书的研究还存在如下几点局限，并据此提出未来可能的研究方向：

（1）相关变量的界定与测量。本书希望从性别的行为特质视角出发，研究高管团队性别结构与企业技术创新决策之间的内在关联性，但是对行为特质相关变量——风险厌恶程度和过度自信水平的衡量，一直都是相关实证研究面临的难点，变量界定的科学性和准确性直接影响研究结果。本书采纳了相关权威文献的度量方法，但这种度量方法的有效性依然有待验证。因此，未来研究方向的重点也应该包括与女性高管相关的重要研究变量的科学界定与准确测量。

（2）实证样本数量的影响。在实证过程中，由于高管个人特征数据以及关键性职位相关数据是通过多个数据库的整合及手动查询获得，不同数据库对相关指标的衡量方法可能存在微小差异，且经过整合仍存在较多缺失值，剔除此类样本使得总样本的数量减少，可能对实证结果产生影响。因此，未来在数据收集和处理方面要结合一些大数据分析技术，提高实证研究数据的完整性与精确度。

（3）实证研究结果。本书明确了可能对企业技术创新决策产生影响的关键性职位，对"高管团队性别结构—企业技术创新投入及绩效"之间的内在关联性进行研究，得出许多有价值的结论，但都具有差异性，如女性就职于不同的关键性职位对企业技术创新决策的影响各有不同，且对"高管团队性别结构—企业技术创新投入及绩效"的关联性存在正反两面的影响等，因而无法提出更为精确的建议，如高管团队性别多元化程度应该如何把握、在哪些关键性职位上需要提高女性比例才能使企业技术创新的效用达到最大化等。因此，未来研究的重点需要放在对这些结论的具体解释和应用方面。

7.2 基于高管从军经历的视角

7.2.1 研究结论与政策建议

在我国军民融合发展战略和创新驱动发展战略的宏观背景下，本书以企业董事会、监事会和高管为研究对象，基于管理者异质性理论、高阶梯队理论和烙印理论，深入探讨高管从军经历和企业技术创新之间的关系并讨论产权属性的不同，同时考虑了风险承担的中介效应和调节效应，以期打破企业技术创新的黑箱，探索提升企业创新能力的治理模型。研究结果显示：第一，高管从军经历与风险承担显著负相关，意味着从军经历使得高管在企业经营管理中表现出相对保守和规避风险的特点。在我国军人所处的本土社会环境和制度情境下，遵守纪律、顾全大局和崇尚道德是军人共有的高尚品质，本书认为这可能是影响从军经历高管风险承担的重要原因之一，此外，相对于非国有企业，国有企业中有从军经历高管与风险承担的负相关关系更明显。第二，高管从军经历对企业的创新活动具有一定的抑制作用，具体表现在对创新产出的抑制方面，创新投入方面则影响不显著。第三，风险承担在高管从军经历和企业创新投入之间具有中介作用，即从军经历高管会降低企业风险承担，进而降低企业创新投入水平；风险承担还在高管从军经历和企业创新投入与创新产出之间存在正向调节作用，即随着风险承担水平的提高，高管从军经历对企业技术创新的影响更大。第四，进一步的研究发现，具有从军经历的高管团队的企业在创新投入和创新产出方面显著低于没有从军经历的高管团队的企业。以上研究发现在考虑了内生性问题之后，结论仍然具有稳健性。

上述结论的实践意义在于，从国家层面来讲，我国现阶段正处于加快形成全要素、多领域、高效益的军民融合深度发展格局的关键时期，同时"十四五"规划强调坚持创新驱动发展、完善国家创新体系、提高企业技术创新能力、完善科技创新体制机制具有重大意义。结合所得结论，可以鼓励退役军人进入企业，特别是国有企业参与经营活动，充分发挥其管理风格倾向于稳健、经营决策相对谨慎和保守的优势，能够帮助企业实现降低运营风险的目的，同时也能够缓解我国存在大量退役军人需安置的现状；从企业层面来讲，技术创新与管理者异质性密切相关，对于选聘的从军经历人才可根据其自身决策特点安排合适的岗位以发挥更大价值，比如对于经营现状较激进、风险较大的企业，可以优先选聘从军经历高管，此外，结合权小锋、醋卫华和尹洪英（2019）对高管的定义，可将从军经历人才安排在董事长或者总经理岗位，而不是高级管理层或监事会。总之，研究从军经历高管在企业中的经营管理风格很有必要，合理安置退役军人能够在一定程度上促进经济和社会效益最大化，本书对于退役军人安置以及企业如何充分发挥从军经历高管的潜在优势具有一定参考价值。

7.2.2 局限与展望

虽然主要研究假设基本得到验证，但笔者现有知识水平、写作能力等具有一定局限性，并没有完全解决解释变量可能发生的所有内生性问题，加之部分数据的获取需要有关部门批准，本书仍存在以下几处可以改进的地方，并据此提出未来可能的研究方向：

（1）企业所设置的董事会、监事会和高管分别对应执行与指挥、监督、管理三种决策类型，不同决策类型对高管特质的偏好是不一样的，可对其加以区分并相应进行讨论和验证。

（2）尽管考虑了从军经历，但未细致划分军种、服役年限、最高获得军衔等更多维度的军人信息，这可能会影响到从军经历对高管所产生烙印的程度。

（3）尽管讨论了有从军经历高管的团队的部分特质，但未精确计算高管团队中从军经历高管的占比，这是使研究更加细致的途径之一。

（4）企业技术创新不仅包含创新投入和创新产出，创新效率和创新附加值也是重要的分析维度。

7.3 基于高管薪酬激励的视角

7.3.1 研究结论与政策建议

本书建立了高管薪酬各个组件（货币薪酬、在职消费和股权激励）对于企业技术创新的概念模型，并进行了实证检验。研究发现：第一，创业板上市公司的高管货币薪酬和在职消费可以对企业的研发投入和专利数量产生显著的积极影响，而股权激励则可显著改善企业的技术创新效率。第二，企业处于成长期时，货币薪酬、在职消费都能显著提高企业技术创新程度，而股权激励的效果较为复杂，在对专利数量产生显著负向作用的同时却能改善企业的创新效率；成熟期企业的货币薪酬和在职消费对企业技术创新具有积极的激励效果；当企业处于衰退期时，三种薪酬形式中，只有在职消费与专利数量之间存在显著的正相关关系，股权激励虽显著促进了研发投入，对专利数量和创新效率并无显著影响。第三，技术密集型企业中的货币薪酬、在职消费和股权激励对企业技术创新均具有更明显的促进作用。第四，注册地在创新型城市试点的企业货币薪酬和在职消费对企业技术创新的激励效果更加显著，而股权薪酬在两样本中则无显著差异。关于高管三种薪酬形式之间的相互作用对企业技术创新的影响，主要结论有以下两点：首先，股权激励与货币薪酬、在职消费之间都存在互补作用。货币薪酬或在职消费增加时，股权激励对专利数量呈现出正向的净激励效应，而且高管持股对研发效率的正向促进作用也更加明显；当高管持股比例增加时，货币薪酬、在职消费与专利数量之间的正相关关系也显著增强。其次，货币薪酬和在职消费之间存在替代作用。当在职消费上升时，货币薪酬对专利数量的正向影响减弱。

基于上述结论，提出以下政策建议。

第一，完善高管的薪酬激励机制。研究结果显示，货币薪酬和在职消费对企业研发投入与创新产出的激励效果是显著的，而股权激励也能对创新效率产生正向作用。因此需要适当提升高管三种不同形式的薪酬，使它们对企业技术创新发挥最大的激励效果。

第二，根据高管对于三种薪酬形式的敏感性在不同的生命周期阶段的差异，在不同时期选择更有效的薪酬激励配置方案。①在成长期和成熟期，企业均可以采用货币薪酬和在职消费双重主导的薪酬激励方案，而谨慎使用股权激励。②在衰退期，采用以在职消费为主的薪酬激励方案会更加显著地提高企业的技术创新水平。

第三，建立面向技术创新的企业内部治理机制。从实证结果可以看出技术密集型行业的高管薪酬对企业技术创新的激励效果更加明显，这是因为技术密集型行业产品竞争更加激烈，有更完整的公司治理机制，为技术创新提供更为优渥的土壤。

第四，政府有必要加大创新型城市的建设力度。创新型城市因有相关政策支持，比其他城市拥有更多的优势，例如产权保护制度相比其他城市更加完善，同时聚集了更多更优秀的人才，为公司的技术创新提供更强有力的支持。

第五，应对高管薪酬激励方案进行全盘考虑和分析，而不应仅限于采用某一种更为方便、更为常用的薪酬形式。注意显性激励（高管货币薪酬和在职消费）和隐性薪酬（股权激励）的搭配使用，从而使高管薪酬显现出最好的激励效果。

7.3.2 局限与展望

虽然本书的主要假设都得到了验证，但仍然存在以下两个方面的不足：

（1）本书研究得到的其中一些实证结果与先前设想有不一致之处，限于篇幅，笔者未能对此做出更加详尽的解释。

（2）由于现有方法和自身知识积累的局限性，本书未能完全解决解释变量可能发生的内生性问题。

7.4 基于高管捐赠行为的视角

7.4.1 研究结论与政策建议

从 2012 年开始，中国 GDP 结束了长达 30 年的两位数高速增长，经济增速放缓迫使中国需要寻求新的发展模式。2014 年，国务院总理李克强提出了"大众创新，万众创业"的倡议。同时，中央政府加大了对基础研究和重大科技的专项投入，力求逐步缩小与发达国家在科技发展水平上的差距。中国政府已正式将科技创新提升到国家战略高度。企业作为创新的主体，有大量研究考察了影响企业创新的因素。

本书以 2008—2020 年沪深 A 股上市公司为研究对象，基于战略慈善理论、资源依赖理论、声誉信息理论，深入探讨企业慈善捐赠与技术创新之间的关系，同时考虑了融资约束的中介效应，以探索影响企业技术创新的重要路径。研究结果表明：第一，企业慈善捐赠与创新投入、创新产出之间是显著的正相关关系，进行慈善捐赠的企业会促进其创新活动的进行。第二，融资约束在慈善捐赠与创新投入、创新产出中发挥了部分中介作用，即企业承担慈善捐赠责任可以通过缓解融资约束来促进企业的技术创新。进一步的渠道效应检验也验证了企业慈善捐赠行为的外部融资效应，即慈善捐赠可以聚集更多的股权融资和政府补助等社会资源，从而缓解企业的融资约束困境，更有助于企业创新投入及产出。第三，在企业异质性的情况下，非国有企业、大规模企业和盈利状况较好的企业进行慈善捐赠更能促进企业技术创新。同时，以上研究在使用工具变量法等一系列稳健性检验中进一步证明了结论的稳健性。

结合以上的研究结论，本书引发了如下思考：一是企业的社会责任有很多维度，慈善捐赠是其中之一，企业进行技术创新也是为我国能成为创新型国家贡献一分力量。在实践中，企业有时难以把握慈善捐赠与创新的资金用度，会使企业顾此失彼，但根据本书的研究来看，慈善捐赠与技术创新应是企业能够获得双赢的战略。企业积极承担慈善捐赠责任不但是其应尽的义务，还是积累声誉和提高品牌知名度的重要经营战略，慈善捐赠可给企业的融资带来新的发展机遇，改变创新项目融资困难局面，进而为技术创新提供充足的资金，最终提高企业的市场竞争力，助推企业可持续发展。所以企业在积极履行慈善捐赠责任时，也要兼顾技术创新，将慈善捐赠与技术创新这两项战略协调发展，这也是体现企业具有竞争力的表现之一。慈善捐赠可给企业的融资带来新的发展机遇，改变创新项目融资困难局面，进而为其技术创新提供充足的资金，最终提高企业的市场竞争力，助推企业可持续发展。

二是融资约束的中介效应检验表明，慈善捐赠可以在一定程度上通过缓解企业的融资约束困境，进而促进企业的技术创新，显示了慈善捐赠是企业获取外部融资的战略决策。在我国经济转型升级背景下，困扰中国企业的重大问题之一就是融资约束。而企业可通过履行慈善捐赠责任来为政府分担部分压力，传递积极信号，扩大自身品牌影响力，获取必要的政府补助和资本市场的投资，这一战略行为将向企业提供新的获取技术创新所需资金的思路。

三是产权性质、企业规模、盈利状况等均会对慈善捐赠促进企业技术创新的关系产生影响。政府和慈善机构等应积极鼓励盈利状况好、规模大的民营企业履行社会责任，尤其是政府部门可对具有技术创新活动的非国有企业进行补贴，以便更好发挥非国有企业的市场活力，为建设创新型国家做出贡献。

四是国家要重视并持续优化政府补助这一措施，本书表明政府补助可以有效促进企业加大研发经费的投入力度，增强企业竞争力和创新能力。但政府要加强补助资金的监管力度，督促企业制定合理的资金使用管理规定，并对规定逐步进行完善。主要包括及时公开补贴资金的用途，同时鼓励企业将政府补助用于创新和研发，提高创新资金的使用效率。此外，政府可为企业谋福利，建立合理的融资渠道，指引社会资本优先投资积极承担慈善捐赠等社会责任的企业，提高企业的市场竞争力，进而促进社会可持续发展。股权融资也有利于企业获得创新资金，促进企业技术创新水平提升。应该继续坚持推进金融体制改革，进一步完善金融基础设施，发展以股权融资为主的金融市场，进一步畅通股权融资渠道。

7.4.2　局限与展望

虽然主要研究假设得到了基本的论证，但由于笔者对公司金融方向的认知有限，还存在着些许不足。本书仍存在以下有待改进的地方：

（1）本书将融资约束作为中介变量，纳入了慈善捐赠与企业技术创新之间关系的研究框架，但也只是研究了企业的慈善捐赠行为对企业技术创新影响过程的一小部分，还有更多的影响机制未能探究。

（2）企业技术创新的过程不仅包括创新投入和创新产出，创新效率、创新附加值以及创新持续性也是重要的分析维度。

（3）关于慈善捐赠方面，由于数据统计具有一定的局限性，许多捐赠不能被统计者知悉，这一数据的有限性将会在一定程度上影响研究的效力。

参考文献

1. 中文

［1］安素霞，赵德志．CEO 签名特征与企业创新投入：基于管理者自恋视角 ［J］．外国经济与管理，2020，42（9）：121－135.

［2］蔡地，罗进辉，唐贵瑶．家族成员参与管理、制度环境与技术创新 ［J］．科研管理，2016，37（4）：85－93.

［3］蔡地，万迪昉，罗进辉．产权保护、融资约束与民营企业研发投入 ［J］．研究与发展管理，2012，24（2）：85－93.

［4］蔡竞，董艳．银行业竞争与企业创新：来自中国工业企业的经验证据 ［J］．金融研究，2016（11）：96－111.

［5］蔡庆丰，江逸舟．公司地理位置影响其现金股利政策吗？［J］．财经研究，2013（7）：38－48.

［6］曹雅楠，蓝紫文．高管从军经历能否抑制上市公司股价崩盘风险：基于高管人力资本与社会资本的视角 ［J］．上海财经大学学报（哲学社会科学版），2020，22（4）：123－137.

［7］陈宝杰．女性参与高管团队对企业创新绩效的影响：来自中国中小板上市公司的实证分析 ［J］．科技进步与对策，2015（5）：146－150.

［8］陈宝杰．管理者过度自信对企业创新绩效的影响研究：基于我国中小板上市公司的实证分析 ［J］．管理现代化，2015，35（3）：49－51.

［9］陈冬华，陈信元，万华林．国有企业中的薪酬管制与在职消费 ［J］．经济研究，2005（2）：92－101.

［10］陈冬华，梁上坤，蒋德权．不同市场化进程下高管激励契约的成本与选择：货币薪酬与在职消费 ［J］．会计研究，2010（11）：56－64.

［11］陈红，张玉，刘东霞．政府补助、税收优惠与企业创新绩效：不同生命周期阶段的实证研究 ［J］．南开管理评论，2019，22（3）：187－200.

［12］陈佳贵．关于企业生命周期与企业蜕变的探讨 ［J］．中国工业经济，1995（11）：5－13.

［13］陈昆玉．创新型企业的创新活动、股权结构与经营业绩：来自中国 A

股市场的经验证据［J］. 产业经济研究，2010（4）：49 – 57.

［14］陈隆，张宗益，杨雪松. 上市企业公司治理结构对技术创新的影响［J］. 科技管理研究，2005（9）：141 – 145.

［15］陈璐，张彩江，贺建风. 政府补助在企业创新过程中能发挥信号传递作用吗？［J］. 证券市场导报，2019（8）：41 – 49.

［16］陈胜蓝. 信息技术公司研发投入与高管薪酬激励研究［J］. 科研管理，2011，32（9）：55 – 62.

［17］陈收，段嫒，刘端. 上市公司管理者非理性对投资决策的影响［J］. 统计与决策，2009（20）：116 – 118.

［18］陈守明，戴燚. 高管团队职能背景多样性与企业创新产出间关系：创新关注的中介作用［J］. 科技进步与对策，2015，32（18）：75 – 82.

［19］陈守明，周洁. 企业捐赠对创新的影响：基于我国制造业上市公司的实证研究［J］. 管理评论，2018，30（11）：57 – 67.

［20］陈爽英，井润田，龙小宁，等. 民营企业家社会关系资本对研发投资决策影响的实证研究［J］. 管理世界，2010（1）：88 – 97.

［21］陈伟宏，钟熙，宋铁波，等. 高管从军经历、竞争情形与企业研发投入［J］. 研究与发展管理，2019，31（6）：80 – 90.

［22］陈晓珊. 异质性企业高管在职消费与货币薪酬的治理效应研究：兼论在职消费的"代理观"与"效率观"［J］. 云南财经大学学报，2017（1）：115 – 125.

［23］陈修德，梁彤缨，雷鹏，等. 高管薪酬激励对企业研发效率的影响效应研究［J］. 科研管理，2015，36（9）：26 – 35.

［24］陈俨，杨建军. 关于军人行为的经济学分析及若干政策启示［J］. 经济研究，1996（2）：73 – 80.

［25］陈怡秀，孙世敏，屠立鹤. 在职消费经济效应的影响因素：基于高管异质性视角的研究［J］. 经济管理，2017（5）：87 – 102.

［26］陈钰芬，陈劲. 开放式创新促进创新绩效的机理研究［J］. 科研管理，2009，30（4）：1 – 9，28.

［27］陈钰芬，金碧霞，任奕. 企业社会责任对技术创新绩效的影响机制：基于社会资本的中介效应［J］. 科研管理，2020，41（9）：87 – 98.

［28］陈远燕，何明俊，张鑫媛. 财政补贴、税收优惠与企业创新产出结构：来自中国高新技术上市公司的证据［J］. 税务研究，2018（12）：48 – 54.

［29］代彬，刘怡，彭程. 高管性别、权力配置与企业税收激进行为［J］. 云南财经大学学报，2017，33（3）：110 – 123.

［30］戴西超，谢守祥，丁玉梅．企业规模、所有制与技术创新：来自江苏省工业企业的调查与实证［J］．软科学，2006（6）：114－116，121.

［31］戴亦一，潘越，冯舒．中国企业的慈善捐赠是一种"政治献金"吗？来自市委书记更替的证据［J］．经济研究，2014（2）：76－88.

［32］党建民，李强，邹鸿辉．高管特征、企业异质性与企业技术创新绩效：来自风电产业上市公司的经验数据［J］．工业技术经济，2017，36（10）：117－124.

［33］翟胜宝，陈紫薇．高管股权激励与企业创新［J］．北京工商大学学报（社会科学版），2016，31（1）：85－93.

［34］翟淑萍，毕晓方．高管持股、政府资助与高新技术企业研发投资：兼议股权结构的治理效应［J］．科学学研究，2016，34（9）：1371－1380.

［35］董梅生．公司治理与技术创新关系的实证研究［J］．科技与经济，2016，29（1）：42－46.

［36］董晓芳，袁燕．企业创新、生命周期与聚集经济［J］．经济学（季刊），2014，13（2）：767－792.

［37］董盈厚，盖地．CFO背景特征与资产减值会计政策选择：来自沪深上市公司面板数据的经验证据［J］．华东经济管理，2017，31（2）：158－163.

［38］杜剑，周鑫，曾山．创业板上市公司股权激励机制对R&D的影响分析［J］．会计之友，2012（33）：94－95.

［39］杜勇，陈建英．政治关联、慈善捐赠与政府补助：来自中国亏损上市公司的经验证据［J］．财经研究，2016（5）：4－14.

［40］范黎波，杨金海．中国上市公司CFO薪酬的性别差异［J］．现代管理科学，2016（12）：21－23.

［41］方杰，温忠麟，梁东梅，等．基于多元回归的调节效应分析［J］．心理科学，2015，38（3）：715－720.

［42］方政，徐向艺，陆淑婧．上市公司高管显性激励治理效应研究：基于"双向治理"研究视角的经验证据［J］．南开管理评论，2017，20（2）：122－132.

［43］冯根福，赵珏航．管理者薪酬、在职消费与公司绩效：基于合作博弈的分析视角［J］．中国工业经济，2012（6）：147－158.

［44］冯伟，徐康宁，邵军．基于本土市场规模的产业创新机制及实证研究［J］．中国软科学，2014（1）：55－67.

［45］付超奇．资本结构、公司治理行为与CEO生活经历［J］．投资研究，2015，34（2）：112－127.

[46] 傅超,吉利.诉讼风险与公司慈善捐赠:基于"声誉保险"视角的解释 [J]. 南开管理评论,2017,20 (2):108-121.

[47] 淦未宇.女性高管抑制了企业 R&D 投资吗?:基于中国上市公司的实证检验 [J]. 西南政法大学学报,2018,20 (2):124-135.

[48] 高帆,汪亚楠,方晏荷.慈善捐赠:企业增加融资的有效渠道:基于中国私营企业调查数据的实证研究 [J]. 学术研究,2014 (10):70-76,159-160.

[49] 高凌江.支持女性创新创业的财税政策探讨 [J]. 税务研究,2015 (12):25-28.

[50] 高铭,江嘉骏,陈佳,等.谁说女子不如儿郎?:P2P 投资行为与过度自信 [J]. 金融研究,2017 (11):96-111.

[51] 耿云江,王明晓.超额在职消费、货币薪酬业绩敏感性与媒体监督:基于中国上市公司的经验证据 [J]. 会计研究,2016 (9):55-61.

[52] 巩娜.基于生命周期理论的股权激励实施倾向及效果分析 [J]. 证券市场导报,2016 (8):13-21.

[53] 谷丰,张林,张凤元.生命周期、高管薪酬激励与企业创新投资:来自创业板上市公司的经验证据 [J]. 中南财经政法大学学报,2018 (1):146-156.

[54] 顾海峰,卞雨晨.董事会资本、风险承担与企业创新投入 [J]. 西安交通大学学报(社会科学版),2020,40 (6):13-21.

[55] 顾雷雷,郭建鸾,王鸿宇.企业社会责任、融资约束与企业金融化 [J]. 金融研究,2020 (2):109-127.

[56] 顾群,吴宗耀,吴锦丹.所有权性质、女性高管参与及企业 R&D 投入:来自科技型中小企业的经验证据 [J]. 贵州财经大学学报,2017 (1):94-100.

[57] 郭道燕,黄国良,张亮亮.高管财务经历、风险偏好与公司超速增长:来自中国经济"黄金期"的经验证据 [J]. 山西财经大学学报,2016,38 (10):113-124.

[58] 郭桂华,崔业成.慈善捐赠与企业技术创新:锦上添花抑或雪上加霜? [J]. 会计之友,2019 (4):72-78.

[59] 郭玥.政府创新补助的信号传递机制与企业创新 [J]. 中国工业经济,2018 (9):98-116.

[60] 韩剑,严兵.中国企业为什么缺乏创造性破坏:基于融资约束的解释 [J]. 南开管理评论,2013,16 (4):124-132.

[61] 韩美妮,王福胜.信息披露质量、银行关系和技术创新 [J]. 管理科学,2017,30 (5):136-146.

［62］韩亚欣，文芳，许碧莲．管理者薪酬水平与企业研发投资：基于广东战略性新兴企业的研究［J］．科技管理研究，2017，37（3）：153－157.

［63］郝盼盼，张信东，贺亚楠．高管改革开放经历与创新决策：基于风险承担和职业路径的双重调节效应［J］．南方经济，2020（7）：108－120.

［64］郝清民，孙雪．高管特质、风险承担与创新激励：来自中国上市公司数据的实证检验［J］．现代财经（天津财经大学学报），2015，35（11）：60－70.

［65］郝颖，刘星，林朝南．我国上市公司高管人员过度自信与投资决策的实证研究［J］．中国管理科学，2005（5）：142－148.

［66］何强，陈松．董事会学历分布与R&D投入：基于制造业上市公司的实证研究［J］．软科学，2011，25（2）：121－126.

［67］何瑛，于文蕾，戴逸驰，等．高管职业经历与企业创新［J］．管理世界，2019，35（11）：174－192.

［68］何瑛，于文蕾，杨棉之．CEO复合型职业经历、企业风险承担与企业价值［J］．中国工业经济，2019（9）：155－173.

［69］何玉润，林慧婷，王茂林．产品市场竞争、高管激励与企业创新：基于中国上市公司的经验证据［J］．财贸经济，2015，36（2）：125－135.

［70］侯巧铭，宋力，蒋亚朋．管理者行为、企业生命周期与非效率投资［J］．会计研究，2017（3）：61－67.

［71］侯晓红，周浩．股权激励计划对企业创新投入的影响［J］．科学决策，2014（5）：33－46.

［72］胡浩志，张秀萍．参与精准扶贫对企业绩效的影响［J］．改革，2020（8）：117－131.

［73］胡琦，周端明．基于企业生命周期理论的女性董事与公司绩效关系研究［J］．科技与经济，2016（3）：80－84.

［74］胡志颖．女性CEO、社会信任和公司融资约束［J］．经济管理，2015，37（8）：88－98.

［75］黄淙淙．产权性质、股权激励与企业技术创新：基于我国中小板上市公司的经验分析［J］．财政研究，2011（9）：71－74.

［76］黄蓉，何宇婷．环境信息披露与融资约束之动态关系研究：基于重污染行业的检验证据［J］．金融经济学研究，2020，35（2）：65－76.

［77］黄送钦，吴利华，许从宝．高管超额薪酬影响了企业债务融资吗［J］．当代财经，2017（11）：110－122.

［78］黄文锋，黄亮．公司内部治理环境与女性董事绩效作用研究［J］．商

业研究，2016（12）：9－14.

[79] 黄园，陈昆玉. 高管层股权激励对企业技术创新的影响研究：基于深沪 A 股上市公司的面板分析［J］. 科技管理研究，2012，32（12）：179－182.

[80] 黄志忠，薛清梅，宿黎. 女性董事、CEO 变更与公司业绩：来自中国上市公司的证据［J］. 经济评论，2015（6）：132－142.

[81] 纪成君，邹菡. 女性参与董事会与企业价值的关系：对董事会女性配额制度合理性的检验［J］. 西安财经学院学报，2016，29（2）：54－60.

[82] 江轩宇，申丹琳，李颖. 会计信息可比性影响企业创新吗［J］. 南开管理评论，2017，20（4）：82－92.

[83] 姜付秀，蔡文婧，蔡欣妮，等. 银行竞争的微观效应：来自融资约束的经验证据［J］. 经济研究，2019，54（6）：72－88.

[84] 姜付秀，黄继承，李丰也，等. 谁选择了财务经历的 CEO？［J］. 管理世界，2012（2）：96－104.

[85] 姜付秀，石贝贝，马云飙. 信息发布者的财务经历与企业融资约束［J］. 经济研究，2016，51（6）：83－97.

[86] 姜付秀，伊志宏，苏飞，等. 管理者背景特征与企业过度投资行为［J］. 管理世界，2009（1）：130－139.

[87] 姜付秀，张敏，陆正飞，等. 管理者过度自信、企业扩张与财务困境［J］. 经济研究，2009（1）：131－143.

[88] 姜涛，王怀明. 高管激励对高新技术企业 R&D 投入的影响：基于实际控制人类型视角［J］. 研究与发展管理，2012，24（4）：53－60.

[89] 解维敏，唐清泉，陆姗姗. 政府 R&D 资助，企业 R&D 支出与自主创新：来自中国上市公司的经验证据［J］. 金融研究，2009（6）：86－99.

[90] 金明伟. 企业公民：交换的"资源"与"第四级契约"［J］. 财贸经济，2006（5）：78－81.

[91] 金宇，王培林，李田. 慈善捐赠会影响企业的研发活动吗？［J］. 现代财经（天津财经大学学报），2018，38（8）：43－59.

[92] 金玉秋，曹榕. 企业生命周期与股权激励探析［J］. 学术界，2009（2）：195－199.

[93] 金智，宋顺林，阳雪. 女性董事在公司投资中的角色［J］. 会计研究，2015（5）：80－86.

[94] 康华，王鲁平，王娜. 股权集中度、CEO 激励与企业研发战略：来自我国上市公司的证据［J］. 软科学，2011，25（10）：17－21.

[95] 康艳玲，黄国良，陈克兢. 高管特征对研发投入的影响：基于高技术

产业的实证分析［J］.科技进步与对策，2011（8）：147-150.

［96］康志勇.融资约束、政府支持与中国本土企业研发投入［J］.南开管理评论，2013，16（5）：61-70.

［97］孔德议，许安心.管理决断权、财务柔性与企业技术创新［J］.证券市场导报，2020（5）：56-63.

［98］赖黎，巩亚林，马永强.管理者从军经历、融资偏好与经营业绩［J］.管理世界，2016（8）：126-136.

［99］赖黎，巩亚林，夏晓兰，马永强.管理者从军经历与企业并购［J］.世界经济，2017，40（12）：141-164.

［100］乐菲菲，张金涛.政治关联断损、研发投入与企业创新效率［J］.科技进步与对策，2019，36（1）：90-96.

［101］乐怡婷，李慧慧，李健.高管持股对创新可持续性的影响研究：兼论高管过度自信与产权性质的调节效应［J］.科技进步与对策，2017，34（2）：139-146.

［102］雷辉，刘鹏.中小企业高管团队特征对技术创新的影响：基于所有权性质视角［J］.中南财经政法大学学报，2013（4）：149-156.

［103］雷振华.股权性质、代理成本与社会责任信息披露质量：来自我国上市公司的经验证据［J］.经济社会体制比较，2014（1）：201-212.

［104］冷建飞，高云.融资约束下企业社会责任信息披露质量与创新持续性：中小板企业数据分析［J］.科技进步与对策，2019，36（11）：77-84.

［105］黎文靖，池勤伟.高管职务消费对企业业绩影响机理研究：基于产权性质的视角［J］.中国工业经济，2015（4）：122-134.

［106］黎文靖，郑曼妮.何去何从：贸易保护还是开放竞争？：来自微观企业创新的证据［J］.财经研究，2018，44（3）：20-31.

［107］李彬，郭菊娥，苏坤.企业风险承担：女儿不如男吗？：基于CEO性别的分析［J］.预测，2017，36（3）：21-27.

［108］李波，朱太辉.银行价格竞争，融资约束与企业研发投资：基于"中介效应"模型的实证研究［J］.金融研究，2020（7）.

［109］李冲，钟昌标，徐旭.融资结构与企业技术创新：基于中国上市公司数据的实证分析［J］.上海经济研究，2016（7）：64-72.

［110］李春涛，宋敏.中国制造业企业的创新活动：所有制和CEO激励的作用［J］.经济研究，2010（5）：135-137.

［111］李春涛，闫续文，宋敏，等.金融科技与企业创新：新三板上市公司的证据［J］.中国工业经济，2020（1）：81-98.

[112] 李栋栋，陈涛琴．卖空压力影响公司融资约束吗：基于中国 A 股上市公司的实证证据 [J]．经济理论与经济管理，2017，36（10）：71 – 87.

[113] 李海燕．管理者特质、技术创新与企业价值 [J]．经济问题，2017（6）：91 – 97.

[114] 李后建，刘培森．人力资本结构多样性对企业创新的影响研究 [J]．科学学研究，2018，36（9）：1694 – 1707.

[115] 李华，宋常．企业所得税率优惠对技术创新投入影响的实证分析：基于普通机械制造业上市公司的数据 [J]．税务研究，2013（4）：56 – 58.

[116] 李汇东，唐跃军，左晶晶．用自己的钱还是用别人的钱创新？基于中国上市公司融资结构与公司创新的研究 [J]．金融研究，2013（2）：174 – 187.

[117] 李建军，李丹蒙．创业团队人力资本特征与高新技术企业研发投入：基于我国创业板公司的实证研究 [J]．软科学，2015，29（3）：79 – 83.

[118] 李苗苗，肖洪钧，傅吉新．财政政策、企业 R&D 投入与技术创新能力：基于战略性新兴产业上市公司的实证研究 [J]．管理评论，2014，26（8）：135 – 144.

[119] 李寿喜．产权、代理成本和代理效率 [J]．经济研究，2007（1）：102 – 113.

[120] 李树祥，梁巧转．团队性别多样性和团队绩效关系研究：团队网络密度和团队网络中心势的调节效应分析 [J]．软科学，2015，29（3）：93 – 96.

[121] 李四海．管理者背景特征与企业捐赠行为 [J]．经济管理，2012（1）：138 – 152.

[122] 李万福，杜静，张怀．创新补助究竟有没有激励企业创新自主投资：来自中国上市公司的新证据 [J]．金融研究，2017（10）：130 – 145.

[123] 李维安，王鹏程，徐业坤．慈善捐赠、政治关联与债务融资：民营企业与政府的资源交换行为．南开管理评论，2015（1）：4 – 14.

[124] 李炜．行为金融理论的产生与发展概述 [J]．学习与探索，2008（2）：171 – 173.

[125] 李文贵，余明桂．所有权性质、市场化进程与企业风险承担 [J]．中国工业经济，2012（12）：115 – 127.

[126] 李文茜，刘益．技术创新、企业社会责任与企业竞争力：基于上市公司数据的实证分析 [J]．科学学与科学技术管理，2017，38（1）：154 – 165.

[127] 李小荣，刘行，傅代国．女性 CFO 与资金配置 [J]．经济管理，2013（12）：100 – 110.

［128］李小荣，刘行. CEO vs CFO：性别与股价崩盘风险［J］. 世界经济，2012，35（12）：102 – 129.

［129］李晓玲，胡欢，程雁蓉. CFO 特征影响公司的真实盈余管理吗？来自我国上市公司的经验证据［J］. 科学决策，2015（5）：60 – 73.

［130］李焰，秦义虎，黄继承. 在职消费、员工工资与企业绩效［J］. 财贸经济，2010（7）：60 – 68.

［131］李云鹤，李湛，唐松莲. 企业生命周期、公司治理与公司资本配置效率［J］. 南开管理评论，2011，14（3）.

［132］李增泉. 激励机制与企业绩效：一项基于上市公司的实证研究［J］. 会计研究，2000（1）：24 – 30.

［133］李长娥，谢永珍. 区域经济发展水平、女性董事对公司技术创新战略的影响［J］. 经济社会体制比较，2016（4）：120 – 131.

［134］李正. 企业社会责任与企业价值的相关性研究：来自沪市上市公司的经验证据［J］. 中国工业经济，2006（2）：77 – 83.

［135］梁强，李新春，郭超. 非正式制度保护与企业创新投入：基于中国民营上市企业的经验研究［J］. 南开经济研究，2011（3）：97 – 110.

［136］廖方楠，韩洪灵，陈丽蓉. 高管从军经历提升了内部控制质量吗？来自我国上市公司的经验证据［J］. 审计研究，2018（6）：121 – 128.

［137］林慧婷，王茂林. 管理者过度自信、创新投入与企业价值［J］. 经济管理，2014，36（11）：94 – 102.

［138］林毅夫，蔡昉，李周. 中国的奇迹：发展战略与经济改革［M］. 上海：上海三联书店，上海人民出版社，1995.

［139］林钟高，刘捷先，章铁生. 企业负债率、研发投资强度与企业价值［J］. 税务与经济，2011（6）：1 – 11.

［140］刘柏，刘畅. 企业社会责任、地区社会信任与融资约束［J］. 软科学，2019，33（5）：55 – 58.

［141］刘刚，王丹，李佳. 高管团队异质性、商业模式创新与企业绩效［J］. 经济与管理研究，2017，38（4）：105 – 114.

［142］刘慧龙，张敏，王亚平，等. 政治关联、薪酬激励与员工配置效率［J］. 经济研究，2010（9）：109 – 121.

［143］刘客. 熊彼特创新理论对中国煤炭产业转型的启示：本质、动力和方向［J］. 经济问题，2014（12）：9 – 14.

［144］刘胜强，刘星. 股权结构对企业 R&D 投资的影响：来自制造业上市公司 2002—2008 年的经验证据［J］. 软科学，2010（7）：32 – 36.

［145］刘婷婷，高凯，何晓斐．高管激励、约束机制与企业创新［J］．工业技术经济，2018，37（9）：21－29．

［146］刘万丽．高管短期薪酬、风险承担与研发投资［J］．中国软科学，2020（7）：178－186．

［147］刘文楷，潘爱玲，邱金龙．企业生命周期、企业家社会资本与多元化并购［J］．经济经纬，2017（6）：111－116．

［148］刘绪光，李维安．基于董事会多元化视角的女性董事与公司治理研究综述［J］．外国经济与管理，2010（4）：47－53．

［149］刘亚伟，翟华云．高管团队垂直对特征与企业创新研究［J］．科技进步与对策，2017，34（14）：104－111．

［150］刘运国，刘雯．我国上市公司的高管任期与R&D支出［J］．管理世界，2007（1）：128－136．

［151］刘张发，田存志．所有权性质、在职消费与企业创新［J］．山西财经大学学报，2017，36（9）：72－88．

［152］刘振．高管报酬、行为选择与公司绩效：基于中国上市公司的经验数据［J］．经济与管理研究，2012（5）：41－48．

［153］刘志成，石巧君．社会责任与企业成长绩效的互动：31家农业上市公司时态［J］．改革，2013（11）：138－145．

［154］卢锐，魏明海，黎文靖．管理层权力、在职消费与产权效率：来自中国上市公司的证据［J］．南开管理评论，2008，11（5）：85－92．

［155］鲁桐，党印．公司治理与技术创新：分行业比较［J］．经济研究，2014，49（6）：115－128．

［156］陆国庆．中国中小板上市公司产业创新的绩效研究［J］．经济研究，2011（2）：138－148．

［157］罗宏，黄文华．国企分红、在职消费与公司业绩［J］．管理世界，2008（9）．

［158］罗进辉，李雪，向元高．军人高管是积极的创新者吗？来自中国家族控股上市公司的经验证据［J］．管理学季刊，2017，2（3）：91－118，172－173．

［159］罗珊梅．管理层权力、盈余管理与股市流动性：基于企业生命周期的视角［J］．财经理论与实践，2017，38（1）：95－102．

［160］吕文栋，刘巍，何威风．管理者异质性与企业风险承担［J］．中国软科学，2015（12）：120－133．

［161］吕英，王正斌．同性相吸还是同性相斥：中国上市公司女性高管任命

性别溢出效应研究 [J]. 外国经济与管理, 2017, 39 (12): 84 - 99.

[162] 梅洁, 葛扬. 国有企业管理层在职消费的政策干预效果研究: 基于 2012 年 "八项规定" 出台所构建的拟自然实验 [J]. 经济学家, 2016 (2): 75 - 83.

[163] 梅世强, 位豪强. 高管持股: 利益趋同效应还是壕沟防御效应: 基于创业板上市公司的实证分析 [J]. 科研管理, 2014, 35 (7): 116 - 123.

[164] 聂辉华, 谭松涛, 王宇锋. 创新、企业规模和市场竞争: 基于中国企业层面的面板数据分析 [J]. 世界经济, 2008 (7): 57 - 66.

[165] 聂志毅. 女性的职业优势与领导力 [J]. 学术界, 2010 (3): 115 - 121.

[166] 牛泽东, 张倩肖, 王文. 高技术产业的企业规模与技术创新: 基于非线性面板平滑转换回归 (PSTR) 模型的分析 [J]. 中央财经大学学报, 2012 (10): 68 - 74.

[167] 欧锦文, 陈艺松, 林洲钰. 慈善捐赠的媒体关注与企业创新 [J]. 外国经济与管理, 2021, 43 (4): 111 - 122.

[168] 欧阳辰星, 游达明, 李龙, 等. 高管 "抑制" 对公司创新绩效的影响 [J]. 系统工程, 2017, 35 (3): 64 - 72.

[169] 潘锦棠. 经济转轨中的中国女性就业与社会保障 [J]. 管理世界, 2002 (7): 59 - 68.

[170] 彭镇, 戴亦一. 企业慈善捐赠与融资约束 [J]. 当代财经, 2015 (4): 76 - 84.

[171] 彭中文, 刘韬. 女性董事、债务融资与非效率投资: 基于风险规避的视角 [J]. 湘潭大学学报, 2017, 41 (5): 71 - 76.

[172] 皮永华, 宝贡敏. 我国企业多角化战略与研发强度之间关系的实证研究: 以浙江省为例 [J]. 科研管理, 2005, 26 (2): 76 - 82.

[173] 钱明, 徐光华, 沈弋. 社会责任信息披露, 会计稳健性与融资约束: 基于产权异质性的视角 [J]. 会计研究, 2016 (5): 9 - 17.

[174] 钱明, 徐光华, 沈弋, 窦笑晨. 民营企业自愿性社会责任信息披露与融资约束之动态关系研究 [J]. 管理评论, 2017, 12 (29): 165 - 176.

[175] 秦青. 区域工业企业技术创新效率及影响因素: 基于三阶段 SBM 模型的分析 [J]. 地域研究与开发, 2018, 37 (2): 47 - 51.

[176] 秦兴俊, 王柏杰. 股权结构、公司治理与企业技术创新能力 [J]. 财经问题研究, 2018 (7): 86 - 93.

[177] 权小锋, 醋卫华, 徐星美. 高管从军经历与公司盈余管理: 军民融合发展战略的新考察 [J]. 财贸经济, 2019, 40 (1): 98 - 113.

［178］权小锋，醋卫华，尹洪英．高管从军经历、管理风格与公司创新［J］．南开管理评论，2019，22（6）：140－151．

［179］权小锋，刘佳伟，孙雅倩．设立企业博士后工作站促进技术创新吗？基于中国上市公司的经验证据［J］．中国工业经济，2020（9）：175－192．

［180］权小锋，吴世农，文芳．管理层权力、私有收益与薪酬操纵［J］．经济研究，2010（11）：74－87．

［181］权小锋，徐星美，蔡卫华．高管从军经历影响审计费用吗？基于组织文化的新视角［J］．审计研究，2018（2）：80－86．

［182］饶育蕾，游子榕，梅立兴，等．CEO年龄、公司风险与风险决策行为［J］．财经理论与实践，2015，36（6）：50－57．

［183］任颋，王峥．女性参与高管团队对企业绩效的影响：基于中国民营企业的实证研究［J］．南开管理评论，2010，13（5）：81－91．

［184］邵剑兵，吴珊．地域因素、管理者从军经历与企业创新投入：基于财务决策的视角［J］．财会月刊，2018（8）：19－27．

［185］邵剑兵，吴珊．管理者从军经历与政府补助：基于慈善捐赠和冗余雇员的双重视角［J］．上海财经大学学报，2018，20（3）：63－78．

［186］沈丽萍，黄勤．经营者股权激励、创新与企业价值：基于内生视角的经验分析［J］．证券市场导报，2016（4）：27－34．

［187］沈维涛，幸晓雨．CEO早期生活经历与企业投资行为：基于CEO早期经历三年困难时期的研究［J］．经济管理，2014，（12）：72－82．

［188］沈艳，蔡剑．企业社会责任意识与企业融资关系研究［J］．金融研究，2009（12）：127－136．

［189］沈弋，吕明晗，徐光华，等．慈善捐赠、公司治理与上市公司投资：现金流敏感性［J］．管理学报，2020，17（2）：269－277．

［190］沈弋，徐光华，钱明．慈善捐赠、研发投入与财务资源的调节作用：基于战略间互动视角［J］．管理评论，2018，30（2）：159－171．

［191］树友林．高管权力、货币报酬与在职消费关系实证研究［J］．经济学动态，2011（5）：86－89．

［192］宋迎春．女性高管职位差异与公司财务绩效分析［J］．统计与决策，2014（4）：165－167．

［193］宋耘，王婕．网络特征和知识属性对企业创新绩效的影响［J］．管理科学，2020，33（3）：63－77．

［194］苏冬蔚，林大庞．股权激励、盈余管理与公司治理［J］．经济研究，2010（11）：88－100．

［195］苏坤．管理层权力、产权性质与公司风险承担［J］．当代经济管理，2017，39（4）：15－20.

［196］苏然，高明华．在职消费与公司绩效：代理观还是效率观：基于高管激励视角的研究［J］．深圳大学学报（人文社会科学版），2015，32（2）：102－109.

［197］孙凤娥，苏宁，温晓菲．在职消费：薪酬补偿还是利益侵占［J］．贵州财经大学学报，2017（3）：34－43.

［198］孙红莉．战略性慈善行为、外部融资与民营企业研发投入［J］．经济管理，2019（8）：58－72.

［199］孙慧，张娇．管理者过度自信、政治关联与企业创新绩效：创新投入的中介效应研究［J］．华东经济管理，2018，32（6）：124－132.

［200］孙亮，周琳．女性董事、过度投资与绩效波动：基于谨慎性视角的研究［J］．管理评论，2016，28（7）：165－178.

［201］孙世敏，柳绿，陈怡秀．在职消费经济效应形成机理及公司治理对其影响［J］．中国工业经济，2016（1）：37－51.

［202］孙晓华，翟钰．盈利能力影响企业研发决策吗？来自中国制造业上市公司的经验证据［J］．管理评论，2021，33（7）：68－80.

［203］孙元欣，于茂荐．关系契约理论研究述评［J］．学术交流，2010（8）：117－123.

［204］孙早，肖利平．融资结构与企业自主创新：来自中国战略性新兴产业A股上市公司的经验证据［J］．经济理论与经济管理，2016（3）：45－58.

［205］孙早，肖利平．产业特征、公司治理与企业研发投入：来自中国战略性新兴产业A股上市公司的经验证据［J］．经济管理，2015（8）：23－34.

［206］汤业国，徐向艺．中小上市公司股权激励与技术创新投入的关联性：基于不同终极产权性质的实证研究［J］．财贸研究，2012，23（2）：127－133.

［207］汤颖梅，王怀明，白云峰．CEO特征、风险偏好与企业研发支出：以技术密集型产业为例［J］．中国科技论坛，2011（10）：89－95.

［208］唐清泉，巫岑．银行业结构与企业创新活动的融资约束［J］．金融研究，2015（7）：116－134.

［209］唐清泉，甄丽明．管理层风险偏爱、薪酬激励与企业R&D投入：基于我国上市公司的经验研究［J］．经济管理，2009，31（5）：56－64.

［210］屠立鹤，孙世敏，陈怡秀，等．股票期权激励与高管风险承担的关系:考虑媒体关注的调节作用［J］．技术经济，2016，35（7）：112－122.

［211］王德鲁，宋学锋．公司治理机制、管理者过度自信对企业与市场绩效

的影响：基于不同所有权性质视角的经验检验［J］．现代财经（天津财经大学学报），2013，33（5）：72－87．

［212］王飞绒，赵鑫，李正卫．企业家情怀与创新投入关系的实证研究［J］．科研管理，2019，40（11）：196－205．

［213］王辉．从经济人视角看慈善捐赠的动机［J］．当代经济研究，2011（11）：48－52．

［214］王建华，李伟平，张克彪，等．"创新型企业"高管薪酬对创新绩效存在过度激励吗［J］．华东经济管理，2015，29（1）：119－125．

［215］王娟，潘秀丽．慈善捐赠对审计意见的影响：基于慈善捐赠利己动机视角的实证分析［J］．审计研究，2018（3）：87－94．

［216］王璐，李梦洁．基于熊彼特经济周期理论的当前经济危机重新解读［J］．河北经贸大学学报，2013，34（3）：11－14．

［217］王明杰，朱如意．上市公司女性董事对公司绩效影响研究［J］．统计与决策，2010（5）：145－148．

［218］王清，周泽将．女性高管与R&D投入：中国的经验证据［J］．管理世界，2015（3）：178－179．

［219］王山慧，王宗军，田原．管理者过度自信与企业技术创新投入关系研究［J］．科研管理，2013，34（5）：1－9．

［220］王汀汀，李赫美．企业生命周期视角下盈余管理的动态研究［J］．中央财经大学学报，2018（1）：42－52．

［221］王旭，徐向艺．基于企业生命周期的高管激励契约最优动态配置：价值分配的视角［J］．经济理论与经济管理，2015，35（6）：80－93．

［222］王旭．企业生命周期与债权人治理的"阻尼效应"［J］．中南财经政法大学学报，2013，196（1）：129－136．

［223］王旭．技术创新导向下高管激励契约最优整合策略研究：企业生命周期视角［J］．科学学与科学技术管理，2016，37（9）：143－154．

［224］王雪莉，马琳，王艳丽．高管团队职能背景对企业绩效的影响：以中国信息技术行业上市公司为例［J］．南开管理评论，2013，16（4）：80－93．

［225］王燕妮．高管激励对研发投入的影响研究：基于我国制造业上市公司的实证检验［J］．科学学研究，2011，29（7）：1071－1078．

［226］王玉婷，杜鹏程，杨丹．高新技术企业股权激励与企业绩效的实证分析：基于我国信息技术上市企业的面板数据［J］．科技与经济，2012，25（3）：46－50．

［227］王元芳，徐业坤．保守还是激进：管理者从军经历对公司风险承担的

影响 [J]. 外国经济与管理, 2019, 41 (9): 17 – 30 + 46.

[228] 王元芳, 徐业坤. 高管从军经历影响公司治理吗？来自中国上市公司的经验证据 [J]. 管理评论, 2020, 32 (1): 153 – 165.

[229] 王越霞. 贞守气节严守纪律 自觉维护军人荣誉 [J]. 人力资源管理, 2010 (5): 280 – 281.

[230] 韦小柯. 高层管理团队特征与企业 R&D 投入关系研究 [J]. 科学学研究, 2006 (S2): 553 – 557.

[231] 卫旭华, 刘咏梅, 岳柳青. 高管团队权力不平等对企业创新强度的影响：有调节的中介效应 [J]. 南开管理评论, 2015, 18 (3): 24 – 33.

[232] 魏群. 企业生命周期、债务异质性与非效率投资 [J]. 山西财经大学学报, 2018 (1): 96 – 111.

[233] 温忠麟, 侯杰泰, 张雷. 调节效应与中介效应的比较和应用 [J]. 心理学报, 2005 (2): 268 – 274.

[234] 温忠麟, 叶宝娟. 中介效应分析：方法和模型发展 [J]. 心理科学进展, 2014, 22 (5): 731 – 745.

[235] 吴超鹏, 唐菂. 知识产权保护执法力度、技术创新与企业绩效：来自中国上市公司的证据 [J]. 经济研究, 2016, 51 (11): 125 – 139.

[236] 吴成颂, 唐伟正, 钱春丽. 制度背景、在职消费与企业绩效来自证券市场的经验证据 [J]. 财经理论与实践, 2015 (5): 62 – 69.

[237] 吴迪, 赵奇锋, 韩嘉怡. 企业社会责任与技术创新：来自中国的证据 [J]. 南开经济研究, 2020 (3): 140 – 160.

[238] 吴建祖, 肖书锋. 研发投入跳跃对企业绩效影响的实证研究：双元性创新注意力的中介作用 [J]. 科学学研究, 2015 (10): 1538 – 1546, 1554.

[239] 吴士健, 张洁, 权英. 基于两阶段串联 DEA 模型的工业企业技术创新效率及影响因素 [J]. 科技管理研究, 2018 (4): 181 – 189.

[240] 夏清华, 王瑜. 不同年龄阶段下中国企业绩效对创新投入的影响：来自制造业上市公司的动态面板数据 [J]. 工业技术经济, 2015, 34 (12): 88 – 95.

[241] 肖仁桥, 陈忠卫, 钱丽. 异质性技术视角下中国高技术制造业创新效率研究 [J]. 管理科学, 2018 (1): 48 – 68.

[242] 谢霏, 后青松. 女性高管与研发创新 [J]. 管理现代化, 2017, 37 (5): 44 – 46.

[243] 谢家智, 刘思亚, 李后建. 政治关联、融资约束与企业研发投入 [J]. 财经研究, 2014, 40 (8): 81 – 93.

[244] 谢佩洪, 汪春霞. 管理层权力、企业生命周期与投资效率：基于中国

制造业上市公司的经验研究 [J]. 南开管理评论, 2017, 20 (1): 57-66.

[245] 辛清泉, 林斌, 王彦超. 政府控制、经理薪酬与资本投资 [J]. 经济研究, 2007 (8): 110-122.

[246] 熊艾伦, 王子娟, 张勇, 等. 性别异质性与企业决策: 文化视角下的对比研究 [J]. 管理世界, 2018, 34 (6): 127-139.

[247] 徐光, 赵茜, 王宇光. 定向支持政策能缓解民营企业的融资约束吗? 基于民营企业债务融资支持工具政策的研究 [J]. 金融研究, 2019 (12): 187-206.

[248] 徐海峰. 高新技术企业股权激励与创新投入的协同效应研究 [J]. 科学管理研究, 2014 (4): 92-95.

[249] 徐莉萍, 刘亦姝, 张淑霞. 企业慈善捐赠、校企关联与创新绩效: 基于企业与校研机构资源交换的视角 [J]. 技术经济, 2020, 39 (7): 120-127.

[250] 徐玲, 冯巧根. 财务柔性政策选择与研发投资: 基于创业板上市公司的研究 [J]. 当代财经, 2015 (9): 108-118.

[251] 徐宁, 徐向艺. 技术创新导向的高管激励整合效应: 基于高科技上市公司的实证研究 [J]. 科研管理, 2013, 34 (9): 46-53.

[252] 徐宁, 张晋, 王帅. 创新绩效与经理人薪酬及声誉: 基于价值分配与价值创造视角的实证研究 [J]. 商业研究, 2017, 59 (5): 114-121.

[253] 徐宁. 高科技公司高管股权激励对 R&D 投入的促进效应: 一个非线性视角的实证研究 [J]. 科学学与科学技术管理, 2013, 34 (2): 12-19.

[254] 徐顽强. 资源依赖视域下政府与慈善组织关系研究 [J]. 华中师范大学学报 (人文社会科学版), 2012, 51 (3): 14-19.

[255] 徐雪霞, 王珍义, 郭丹丹. 股权激励与盈余管理关系的实证研究: 以企业生命周期为调节变量 [J]. 当代经济研究, 2013, 215 (7): 81-86.

[256] 许年行, 李哲. 高管贫困经历与企业慈善捐赠 [J]. 经济研究, 2016, 51 (12): 133-146.

[257] 薛胜昔, 李培功. 地理位置与公司高管薪酬: 来自中国上市公司的经验证据 [J]. 中央财经大学学报, 2017 (1): 87-95.

[258] 薛永基, 杨志坚, 李健. 慈善捐赠行为对企业品牌资产的影响: 企业声誉与风险感知的中介效应 [J]. 北京理工大学学报 (社会科学版), 2012 (4): 58-66.

[259] 严若森, 姜潇. 关于制度环境、政治关联、融资约束与企业研发投入的多重关系模型与实证研究 [J]. 管理学报, 2019, 16 (1): 72-84.

[260] 严若森, 朱婉晨. 女性董事、董事会权力集中度与企业创新投入

[J]．证券市场导报，2018（6）：15 – 25.

［261］晏艳阳，赵民伟．管理者早期参军经历对公司财务政策影响研究[J]．学术论坛，2016，39（1）：54 – 59.

［262］杨栋旭，张先锋．管理者异质性与企业对外直接投资：基于中国 A 股上市公司的实证研究[J]．国际贸易问题，2018（10）：162 – 174.

［263］杨国亮，卫海英．家长式领导对组织创新绩效的影响[J]．经济与管理研究，2012（7）：91 – 100.

［264］杨建君．公司治理与企业技术创新关系研究综述[J]．科技管理研究，2007（11）：132 – 134.

［265］杨柳青，梁巧转，康华．国家创新体系、股权结构与我国上市公司研发投入[J]．企业经济，2018，37（7）：44 – 50.

［266］杨楠．资本结构、技术创新与企业绩效：基于中国上市公司的实证分析[J]．北京社会科学，2015（7）：113 – 120.

［267］杨蓉．"八项规定"、高管控制权和在职消费[J]．华东师范大学学报（哲学社会科学版），2016，48（1）：138 – 148.

［268］杨兴全，付玉梅．地理位置与公司现金持有：来自中国上市公司的经验证据[J]．东岳论丛，2016，37（8）：69 – 80.

［269］杨萱，罗飞．中小板上市公司高管团队特征与企业创新行为关系研究[J]．财经论丛，2016（5）：87 – 95.

［270］杨扬．企业家异质性与企业绩效：基于我国中小企业的实证研究[J]．技术经济与管理研究，2015（6）：44 – 48.

［271］叶建宏．核心高管参军经历对企业风险承担的影响[J]．金融论坛，2017，22（9）：68 – 80.

［272］易靖韬，张修平，王化成．企业异质性、高管过度自信与企业创新绩效[J]．南开管理评论，2015，18（6）：101 – 112.

［273］尹美群，盛磊，李文博．高管激励、创新投入与公司绩效：基于内生性视角的分行业实证研究[J]．南开管理评论，2018，21（1）：109 – 117.

［274］由丽萍，董文博，裴夏璇．中小企业高管教育背景与 R&D 投资决策：基于深市上市公司的实证研究[J]．科技进步与对策，2013，30（4）：95 – 98.

［275］于连超，张卫国，眭鑫，等．高管从军经历与企业金融化：抑制还是促进？[J]．科学决策，2019（6）：20 – 42.

［276］于茂荐，孙元欣．供应商网络技术多元化如何影响企业创新绩效：中介效应与调节效应分析[J]．南开管理评论，2020，23（2）：51 – 62.

［277］于蔚，汪淼军，金祥荣．政治关联和融资约束：信息效应与资源效应

[J]．经济研究，2012，47（9）：125 – 139.

[278] 余明桂，李文贵，潘红波．管理者过度自信与企业风险承担 [J]．金融研究，2013（1）：149 – 163.

[279] 余明桂，夏新平，邹振松．管理者过度自信与企业激进负债行为 [J]．管理世界，2006，8：104 – 111.

[280] 余明桂，钟慧洁，范蕊．业绩考核制度可以促进央企创新吗？ [J]．经济研究，2016，51（12）：104 – 117.

[281] 袁建国，程晨，后青松．环境不确定性与企业技术创新：基于中国上市公司的实证研究 [J]．管理评论，2015，27（10）：60 – 69.

[282] 袁建国，后青松，程晨．企业政治资源的诅咒效应：基于政治关联与企业技术创新的考察 [J]．管理世界，2015（1）：139 – 155.

[283] 曾萍，邬绮虹．女性参与高管团队对企业绩效的影响：回顾与展望 [J]．经济管理，2012（1）：190 – 199.

[284] 曾萍，邬绮虹．女性高管参与对企业技术创新的影响：基于创业板企业的实证研究 [J]．科学学研究，2012，30（5）：773 – 781.

[285] 曾宪聚，陈霖，严江兵，等．高管从军经历对并购溢价的影响：烙印：环境匹配的视角 [J]．外国经济与管理，2020，42（9）：94 – 106.

[286] 曾祥飞，林钟高．控制权转移、内部控制重大缺陷与企业绩效：基于企业生命周期视角的实证研究 [J]．商业经济与管理，2017（9）：46 – 60.

[287] 张晨，傅丽蔼，郑宝红．上市公司慈善捐赠动机：利他还是利己：基于中国上市公司盈余管理的经验证据 [J]．审计与经济研究，2018，33（2）：69 – 80.

[288] 张丹妮，周泽将．履行企业社会责任会降低银行贷款成本吗？ [J]．金融论坛，2017，22（12）：21 – 32.

[289] 张峰，杨建君．股东积极主义视角下大股东参与行为对企业创新绩效的影响：风险承担的中介作用 [J]．南开管理评论，2016，19（4）：4 – 12.

[290] 张建君．竞争 – 承诺 – 服从：中国企业慈善捐款的动机 [J]．管理世界，2013（9）：118 – 129 + 143.

[291] 张劲帆，李汉涯，何晖．企业上市与企业创新：基于中国企业专利申请的研究 [J]．金融研究，2017（5）：160 – 175.

[292] 张静，林婷，孙光国．从军高管能抑制企业盈余管理吗?：基于高管个人道德品性的视角 [J]．北京工商大学学报（社会科学版），2019，34（5）：57 – 68.

[293] 张琨，杨丹．董事会性别结构、市场环境与企业绩效 [J]．南京大

学学报, 2013, 50 (5): 42-52.

[294] 张力, 潘青. 董事会结构、在职消费与公司绩效: 来自民营上市公司的经验证据 [J]. 经济学动态, 2009 (3): 82-85.

[295] 张梅, 汪佑德. 上市公司女性董事对企业绩效影响实证研究: 来自于"象征主义"理论的解释 [J]. 福建论坛, 2017, (4): 78-85.

[296] 张敏, 马黎珺, 张雯. 企业慈善捐赠的政企纽带效应: 基于我国上市公司的经验证据 [J]. 管理世界, 2013 (7): 163-171.

[297] 张敏, 童丽静, 许浩然. 社会网络与企业风险承担: 基于我国上市公司的经验证据 [J]. 管理世界, 2015 (11): 161-175.

[298] 张建华. 向解放军学习: 最有效率组织的管理之道 [M]. 北京: 北京出版社, 2014.

[299] 张娜, 彭苏勉. 女性董事与公司治理关系的文献综述 [J]. 妇女研究论丛, 2011 (2): 95-100.

[300] 张娜. 女性董事对企业绩效影响的实证研究: 来自中国973家上市公司的证据 [J]. 妇女研究论丛, 2013 (4): 38-48.

[301] 张楠, 卢洪友. 薪酬管制会减少国有企业高管收入吗? 来自政府"限薪令"的准自然实验 [J]. 经济学动态, 2017 (3): 24-39.

[302] 张秋萍, 盛宇华, 陈加伟. 董事长-TMT垂直对差异与创新投资关系研究: 市场化与产权性质的作用 [J]. 科学学与科学技术管理, 2018, 39 (10): 138-156.

[303] 张思磊. 企业技术创新评价体系: 文献综述及概念框架 [J]. 科技进步与对策, 2010, 27 (2): 157-160.

[304] 张铁铸. 管理层风险特质、会计选择与盈余质量研究 [J]. 山西财经大学学报, 2010, 32 (9): 108-116.

[305] 张越艳, 李显君, 孟祥莺, 等. 汽车行业高管薪酬对企业创新能力的影响研究 [J]. 管理评论, 2017, 29 (6): 106-117.

[306] 张兆国, 刘亚伟, 亓小林. 管理者背景特征、晋升激励与过度投资研究 [J]. 南开管理评论, 2013, 16 (4): 32-42.

[307] 张兆国, 刘永丽, 谈多娇. 管理者背景特征与会计稳健性: 来自中国上市公司的经验证据 [J]. 会计研究, 2011 (7): 11-18+97.

[308] 张兆国, 向首任, 曹丹婷. 高管团队异质性与企业社会责任: 基于预算管理的行为整合作用研究 [J]. 管理评论, 2018, 30 (4): 120-131.

[309] 张振刚, 李云健, 李莉. 企业慈善捐赠、科技资源获取与创新绩效关系研究: 基于企业与政府的资源交换视角 [J]. 南开管理评论, 2016 (3):

123 - 135.

[310] 赵红建，范一博，贾钢．慈善捐赠、企业绩效与融资约束［J］．经济问题，2016（6）：109 - 115.

[311] 赵立雨．内部 R&D 投入、外部资源获取与绩效关系研究［J］．科研管理，2016，37（9）：11 - 19.

[312] 赵敏，王开田，李万福．女性 CFO、产权性质与财务报告质量［J］．财务研究，2016（4）：62 - 69.

[313] 甄丽明．管理层风险承担与企业创新的作用机制：基于前景理论的研究［J］．现代管理科学，2014（8）：118 - 120.

[314] 周春梅．旅游上市公司多元化投资与企业风险：经理人堑壕防御的调节效应［J］．财经问题研究，2015（3）：61 - 68.

[315] 周虹，李端生，张苇锟．战略性企业社会责任与企业绩效：顾此失彼还是两全其美？［J］．经济与管理研究，2019，40（6）：131 - 144.

[316] 周虹，李端生．高管团队异质性、CEO 权力与企业内部控制质量［J］．山西财经大学学报，2018，40（1）：83 - 95.

[317] 周建，李小青．董事会认知异质性对企业创新战略影响的实证研究［J］．管理科学，2012，25（6）：1 - 12.

[318] 周建，吕星嬴，杜蕊，等．企业生命周期、女性董事人力资本与公司绩效［J］．预测，2017，36（4）：1 - 8.

[319] 周建，王鹏飞，李文佳，等．创新型企业公司治理结构与绩效关系研究：基于中国创业板上市公司的经验证据［J］．经济与管理研究，2012（4）：106 - 115.

[320] 周仁俊，杨战兵，李勇．管理层薪酬结构的激励效果研究［J］．中国管理科学，2011，19（1）：185 - 192.

[321] 周晓惠，田蒙蒙，聂浩然．高管团队异质性、盈余管理与企业绩效［J］．南京审计大学学报，2017，14（3）：75 - 85.

[322] 周晓苏，陈沉，王磊．高管薪酬激励与机会主义效应的盈余管理：基于会计稳健性视角的经验证据［J］．山西财经大学学报，2016，38（2）：88 - 99.

[323] 周亚虹，贺小丹，沈瑶．中国工业企业自主创新的影响因素和产出绩效研究［J］．经济研究，2012，47（5）：107 - 119.

[324] 周艳菊，邹飞，王宗润．盈利能力、技术创新能力与资本结构：基于高新技术企业的实证分析［J］．科研管理，2014，35（1）：48 - 57.

[325] 周瑜胜，宋光辉．公司控制权配置、行业竞争与研发投资强度［J］．科研管理，2016（12）：122 - 131.

［326］周泽将，胡琴，修宗峰.女性董事与经营多元化？［J］.管理评论，2013，27（4）：132－143.

［327］周泽将，李艳萍，胡琴.海归高管与企业创新投入：高管持股的调节作用：基于创业板企业的实证研究［J］.北京社会科学，2014（3）：41－51.

［328］周泽将，刘文惠，刘中燕.女性高管对公司财务行为与公司价值的影响研究述评［J］.外国经济与管理，2012，2：73－81.

［329］周泽将，刘中燕，胡瑞.CEO vs CFO：女性高管能否抑制财务舞弊行为［J］.上海财经大学学报，2016，18（1）：50－63.

［330］周泽将，修宗峰.女性高管、宏观经济环境与现金持有［J］.经济经纬，2015，32（4）：121－125.

［331］周泽将.女性董事影响了企业慈善捐赠吗?：基于中国上市公司的实证研究［J］.上海财经大学学报，2014，16（3）：78－85.

［332］朱德胜，周晓珮.股权制衡、高管持股与企业创新效率［J］.南开管理评论，2016，19（3）：136－144.

［333］朱沆，叶文平，刘嘉琦.从军经历与企业家个人慈善捐赠：烙印理论视角的实证研究［J］.南开管理评论，2020，23（6）：179－189.

［334］朱丽，柳卸林，刘超，等.高管社会资本、企业网络位置和创新能力："声望"和"权力"的中介［J］.科学学与科学技术管理，2017，38（6）：94－109.

［335］朱文莉，邓蕾.女性高管真的可以促进企业社会责任履行吗？基于中国A股上市公司的经验证据［J］.中国经济问题，2017（4）：119－135.

［336］朱晓东，吴冰冰.异质性视角下女性高管参与比例与企业绩效关系研究［J］.统计与决策，2018，34（23）：177－180.

［337］朱永明，刘敏.我国制造业企业社会责任与研发投入关系研究：基于融资约束的中介作用［J］.会计之友，2019（6）：83－88.

2. 英文

［1］ABDEL - KHALIK A R. An empirical analysis of CEO risk aversion and the propensity to smooth earnings volatility ［J］. Journal of accounting, auditing and finance, 2007, 22 (5): 201－235.

［2］ACS Z J, AUDRETSCH D B. Innovation, market structure and firm size ［J］. Review of economic sand statistics, 1987, 69 (4): 567－574.

［3］ADAMS R B, FERREIRA D. Women in the boardroom and their impact on governance and performance ［J］. Journal of financial economics, 2009, 94 (2): 291－

309.

[4] ADITHIPYANGKUL P, ALON I, ZHANG T. Executive perks: compensation and corporate performance in China [J]. Asia Pacific journal of management, 2011, 28 (2): 401 – 425.

[5] AHERN K R, DITTMAR A K. The changing of the boards: the impact on firm valuation of mandated female board representation [J]. Quarterly journal of economics, 2012, 127 (1): 137 – 197.

[6] AHMED A, ALI S. Boardroom gender diversity and stock liquidity: evidence from Australia [J]. Journal of contemporary accounting & economics, 2017, 13 (2): 148 – 165.

[7] ALBANESI S, OLIVETTI C, PRADOS M J. Gender and dynamic agency: theory and evidence on the compensation of top executives [J]. Federal reserve bank of New York staff reports 718, 2015.

[8] ALI HY, DANISH RQ, ASRAR – UL – HAQ M. How corporate social responsibility boosts firm financial performance: the mediating role of corporate image and customer satisfaction [J]. Corporate social responsibility and environmental manangement, 2020, 27 (1): 166 – 177.

[9] ALMEIDA H, CAMPELLO M, WEISBACH M. The cash flow sensitivity of cash [J]. Journal of finance, 2004, 4 (8): 1777 – 1804.

[10] ANTHONY J H, RAMESH K. Association between accounting performance measures and stock prices: a test of the life cycle hypothesis [J]. Journal of accounting and economics, 1992, 15 (2 – 3): 203 – 227.

[11] ARYA B, LIN Z. Understanding collaboration outcomes from an extended resource – based view perspective: the roles of organizational characteristics, partner attributes, and network structures [J]. Journal of management, 2007, 33 (5): 697 – 723.

[12] BAKER L, MULLER G C. CEO Characteristics and firm R&D spending [J]. Management science, 2002, 48 (6): 782 – 801.

[13] BALASUBRAMANIAN N, LEE J. Firm age and innovation [J]. Industrial and corporate change, 2008, 17 (5): 1019 – 1047.

[14] BALKIN D B, MARKMAN G D, GOMEZ – MEJIA L R. Is CEO pay in high – technology firms related to innovation? [J]. Academy of management journal, 2000, 43 (6): 1118 – 1129.

[15] BANERJEE S, HUMPHERY – JENNER M, NANDA V. Restraining overconfident CEO's through improved governance: evidence from the sarbanes – oxley act

[J]. Review of financial studies, 2015, 28 (10): 2812 – 2858.

[16] BARBER B M, ODEAN T. Boys will be boys: gender, overconfidence, and common stock investment [J]. Quarterly journal of economics, 2001, 116 (1): 261 – 292.

[17] NICHOLAS BARBERIS, RICHARD THALER. Chapter 18 a survey of behavioral finance [J]. Handbook of the economics of finance, 2003, 1 (B): 1053 – 1128.

[18] BARDASI E, SABARWAL S, TERRELL K. How do female entrepreneurs perform? Evidence from three developing regions [J]. Small business economics, 2011, 37 (4): 417 – 441.

[19] BARON R M, KENNY D A. The moderator – mediator variable distinction in social psychological research: conceptual, strategic, and statistical considerations [J]. Journal of personality and social psychology, 1986, 51 (6): 1173 – 1182.

[20] BARTKUS B R, MORRIS S A. Look who's talking: corporate philanthropy and firm disclosure [J]. International journal of business and social research, 2015, 5 (1).

[21] BEAVER W H, RYAN S G. Conditional and unconditional conservatism: concepts and modeling [J]. Review of accounting studies, 2005 (10): 269 – 309.

[22] BENMELECH E, FRYDMANC. Military CEOs [J]. Journal of financial economics, 2015, 117 (1): 43 – 59.

[23] BERNANKE, M GERTLER. Financial fragility and economic performance [J]. Quarterly journal of economics, 1990 (2).

[24] BERTRAND M, SCHOAR A. Managing with style: the effect of managers on firm policies [J]. Quarterly Journal of Economics, 2003, 118 (4): 1169 – 1208.

[25] BHALLA A, TERJESEN S. Cannot make do without you: outsourcing by knowledge – intensive new firms in supplier networks [J]. Industrial marketing management, 2013, 42 (2): 166 – 179.

[26] BLAU P M. Inequality and heterogeneity [M]. New York: Free Press, 1977.

[27] BORDALO P, COFFMAN K, GENNAIOLI N, SHLEIFER A. Beliefs about gender [R]. NBER Working Papers 22972, 2017.

[28] BRAMMER S, MILLINGTON A. Firm size, organizational visibility and corporate philanthropy: an empirical analysis [J]. Business ethics: a European review, 2006, 15 (1): 6 – 18.

[29] BRUNELLO G, GRAZIANO C, PARIGI B. Executive compensation and firm performance in Italy [J]. International journal of industrial organization, 2001, 19 (1 – 2): 133 – 161.

［30］BURNS N, KEDIA S. The impact of performance – based compensation on misreporting ［J］. Journal of financial economics, 2006, 79 （1）: 35 – 67.

［31］BURRELL O K. Possibility of an experimental approach to investment studies ［J］. Journal of finance, 1951, 2 （6）: 211 – 219.

［32］CAIN M D, MCKEON S B. CEO personal risk – taking and corporate policies ［J］. Journal of financial & quantitative analysis, 2016, 51 （1）: 139 – 164.

［33］CAMBINI C, DE MASI S, PACI A, et al. CEO compensation in EU telecom companies: Does the state design the right incentives? ［J］. Telecommunications policy, 2018, 42 （6）: 474 – 488.

［34］CARRASCO I. Gender gap in innovation: an institutionalist explanation ［J］. Management decision, 2014, 52 （2）: 410 – 424.

［35］CARROLL A B. The pyramid of corporate social responsibility: toward the moral management of organizational stakeholder ［J］. Business horizons, 1991, 7 （8）: 39 – 48.

［36］CARROLL A B. A three dimensional conceptual model of corporate performance ［J］. Academy of management review, 1979 （4） .

［37］CARTER D A, D'SOUZA F, SIMKINS B J, et al. The gender and ethnic diversity of US boards and board committees and firm financial performance ［J］. Corporate governance: an international review, 2010, 18 （5）: 396 – 414.

［38］CARTER D A, SIMKINS B J, SIMPSON W G. Corporate governance, board diversity, and firm value ［J］. Financial review, 2003, 38 （1）: 33 – 53.

［39］CHAIGNEAU P. Managerial Compensation and Firm Value in the Presence of Socially Responsible Investors ［J］. Journal of Business Ethics, 2018, 149 （3）: 747 – 768.

［40］TAO CHEN, HUI DONG, CHEN LIN. Institutional shareholders and corporate social responsibility ［J］. Journal of financial economics, 2020, 135: 483 – 504.

［41］CHARNESS G, GNEEZY U. Strong evidence for gender differences in risk taking ［J］. Journal of economic behavior & organization, 2012, 83 （1）: 50 – 58.

［42］CHRISTOPHER LETTL. User involvement competence for radical innovation ［J］. Journal of engineering and technology management, 2007, 24 （1）: 53 – 75.

［43］COCKBUR I M, HENDERSON R M, STERN S. Untangling the origins of competitive advantage ［J］. Strategic management journal, 2015, 21 （10 – 11）: 1123 – 1145.

［44］CONSTANTINOPLE A. Masculinity – femininity: an exception to a famous dictum? ［J］. Psychological bulletin, 1973, 80 （5）: 389 – 407.

［45］ CONYON M J, HE L. Firm performance and boardroom gender diversity: a quantile regression approach ［J］. Journal of business research, 2017 (79): 198 – 211.

［46］ CRISTIAN L D, DAVID G R. Does female representation in top management improve firm performance? A panel data investigation ［J］. Strategic management journal, 2012 (33): 1072 – 1089.

［47］ CRONQVIST H, YU F. Shaped by their daughters: executives, female socialization, and corporate social responsibility ［J］. Journal of financial economics, 2017, 126 (3): 543 – 562.

［48］ CROSON R, GNEEZY U. Gender difference in preferences ［J］. Journal of economic literature, 2009, 47 (2): 448 – 474.

［49］ CZARNITZKI D, HOTTENROTT H. R&D investment and financing constraints of small and medium – sized firms ［J］. Small business economics, 2011 (36): 65 – 83.

［50］ CZARNITZKI D, BINZ H L. R&D investment and financing constraints of small and medium sized firms ［R］. Centre for European economic research discussion paper, No. 08047, 2008.

［51］ DABOUB A J, et al. Top management team characteristics and corporate illegal activity ［J］. The academy of management review, 1995, 20 (1): 138 – 170.

［52］ DEOBNDT W F M, THALER R H. Does the stock market overreact? ［J］. Journal of finance, 1985 (40): 793 – 808.

［53］ DICKINSON V. Cash flow patterns as a proxy for firm life cycle ［J］. Social science electronic publishing, 2011, 86 (6): 1969 – 1994.

［54］ DOKKO G, WILK S L, ROTHBARD N P. Unpacking prior experience: how career history affects job performance ［J］. Organization science, 2009, 20 (1): 51 – 68.

［55］ DRIVERV C, MUNOZBUGARIN J. Financial constraints on investment: effects of firm size and the financial crisis ［J］ Research in international business and finance, 2019, 47 (6): 441 – 457.

［56］ EFENDI J, SRIVASTAVA A, SWANSON E P. Why do corporate managers misstate financial statements? The role of option compensation and other factors ［J］. Journal of financial economics, 2007, 85 (3): 667 – 708.

［57］ ELDER G H JR, GIMBEL C, IVIE R. Turning points in life: the case of military service and war ［J］. Military psychology, 1991, 3 (4): 215.

［58］ ELDER G H. The life course as developmental theory ［J］. Child development, 1998, 69 (1): 1 – 12.

[59] ELDER G H. Military times and turning points in men's lives [J]. Developmental Psychology, 1986, 22 (2): 233 – 245.

[60] ELKINGTON J. Cannibals with forks: The triple bottom line of 21st century business [J]. Environmental quality management, 1998, 8 (1): 37 – 51.

[61] ERHARDT N L, WERBEL J D, SHRADER C B. Board of director diversity and firm financial performance [J]. Corporate governance: an international review, 2003, 11 (2): 102 – 111.

[62] FACCIO M, MARCHICA M T, MURA R. CEO gender, corporate risk – taking, and the efficiency of capital allocation [J]. Journal of coporate finance, 2016 (39): 193 – 209.

[63] FACCIO M, MARCHICA M T, MURA R. Large shareholder diversification and corporate risk – taking [J]. Review of financial studies, 2010, 24 (11): 3601 – 3641.

[64] FAIRLIE R W, ROBB A M. Gender differences in business performance: evidence from the characteristics of business owners survey [J]. Small business economics, 2009, 33 (4): 375 – 395.

[65] FALK A. Charitable giving as a gift exchange evidence from a field experiment [R]. CESifo working paper NO. 1218, 2004.

[66] FAMA E F, JENSEN M C. Separation of ownership and control [J]. Journal of law &economics, 1983, 26 (2): 301.

[67] FAZZARI S M, HUBBARD R G, PETERSEN B C. Financing constraints and corporate investment [J]. Brookings papers on economic activity, 1988 (1): 141 – 195.

[68] FRANCIS J, SMITH A. Agency costs and innovation some empirical evidence [J]. Journal of accounting and economics, 1995, 19 (2 – 3): 383 – 409.

[69] FRANCOEUR C, LABELLE R, SINCLAIR – DESGAGNEB. Gender diversity in corporate governance and top management [J]. Journal of business ethics, 2008, 81: 83 – 95.

[70] FRANKE V C. Generation X and the military: a comparison of attitudes and values between west point cadets and college students [J]. Journal of political & military sociology, 2001, 29 (1): 92 – 119.

[71] FREEMAN R E. Strategic management: a stakeholder approach [M]. Boston: Pitman/ Ballinger, 1984.

[72] FRENKEL A, SHEFER D, KOSCHATZKY K, et al. Firm characteristics,

location and regional innovation: a comparison between Israeli and German industrial firms [J]. Regional studies, 2001, 35 (5): 415 –429.

[73] FRIEDMAN M. The social responsibility of business is to increase its profits [N]. New york times, 1970 –09 –13 (17) .

[74] GAUTIER A, PACHE A C. Research on corporate philanthropy: a review and assessment [J]. Journal of business ethics, 2015, 126 (3): 343 –369.

[75] GAYLE P G. Market concentration and innovation: new empirical evidence on the schumpeterian hypothesis [R]. Kansas State University, Department of Economics, working paper, 2003.

[76] GIBBONS R, MURPHY K J. Optimal incentive contracts in the presence of career concerns: theory and evidence [J]. Journal of political economy, 1992, 100 (3): 468.

[77] GNYAWALI D R, MADHAVAN R. Cooperative networks and competitive dynamics: a structural embeddedness perspective [J]. The academy of management review, 2001, 26 (3): 431 –445.

[78] GODFREY P C. The relationship between corporate philanthropy and shareholder wealth: a risk management perspective [J]. The academy of management review, 2005 (30): 777 –798.

[79] GOSS A, ROBERTSG S. The impact of corporate social responsibility on the cost of bank loans [J]. Journal of banking and finance, 2010, 35 (7) .

[80] GRAY P H. Theory and evidence of imprinting in human infants [J]. The journal of psychology, 1958, 46 (1): 155 –166.

[81] GREEN C P, HOMROY S. Female directors, board committees and firm performance [J]. European economic review, 2017, 102 (12): 19 –38.

[82] GRIESEDIECK J C, WARDELL. Military experience and CEOs—is there a link? [R]. Korn/Ferry international report, 2006.

[83] GROSSMAN S, HART O. Corporate financial structure and managerial incentives [M]. Chicago: University of Chicago Press, 1982.

[84] GROYSBERG B, HILL A, JOHNSON T. Which of these people is your future CEO? [J]. Harvard business review, 2010, 88 (11): 80 –85.

[85] GUO B, et al. Firms´innovation strategy under the shadow of analyst coverage [J]. Journal of financial economics, 2019 (2): 456 ~483.

[86] GYAPONG E, MONEM R M, HU F. Do women and ethnic minority directors influence firm value? Evidence from post –apartheid South Africa [J]. Journal of

business finance & accounting, 2016, 43 (3): 370 –413.

[87] HADLOCK C J, PIERCE J R. New evidence on measuring financial constraints: moving beyond the KZ index [J]. Review of financial studies, 2010, 23 (5): 1909 –1940.

[88] HAIRE M. Biological models and empirical histories of the growth of organizations [J]. Modern organization theory, 1959 (10): 272 –306.

[89] HALL B H, LERNER J. The financing of R&D and innovation [J]. Handbook of the economics of innovation, 2010 (1): 609 –639.

[90] HAMBRICK D C, MASON P A. Upper echelons: the organization as a reflection of Its top managers [J]. The academy of management review, 1984, 9 (2): 193 –206.

[91] HANSON R C, SONG M H. Managerial ownership, board structure, and the division of gains in divestitures [J]. Journal of corporate finance, 2000, 6 (1): 55 –70.

[92] HE J, HUANG Z. Board informal hierarchy and firm financial performance: exploring a tacit structure guiding boardroom interactions [J]. Academy of management journal, 2011, 54 (6): 1119 –1139.

[93] HE J J, et al. The dark side of analyst coverage: the case of innovation [J]. Journal of financial economics, 2013 (3): 856 –878.

[94] HEATON J B. Managerial optimism and corporate finance [J]. Financial management, 2002 (31): 33 –45.

[95] HILLIER D, PINDADO J, QUEIROZ V D, et al. The impact of country – level corporate governance on research and development [J]. Journal of international business studies, 2011, 42 (1): 76 –98.

[96] HILLMAN A J, DALZIEL T. Boards of directors and firm performance: integrating agency and resource dependence perspectives [J]. Academy of management review, 2003, 28 (3): 383 –396.

[95] HIMMELBERG P, PETERSEN B C. R&D and internal finance: a panel study of small firms in high – tech industries [J]. The review of economics and statistics, 1994, 76 (1): 38 –51.

[96] HIRSHLEIFER D, LOW A, TEOH S H. Are overconfident CEOs better innovators? [J]. The journal of finance, 2012, 67 (4).

[97] HOLMSTROM B. Agency costs and innovation [J]. Journal of economic behavior and organization, 1989, 12 (3): 305 –327.

［98］ HONG J, HONG S, WANG L, et al. Government grants, private R&D Funding and innovation efficiency in transition economy ［J］. Technology analysis & strategic management, 2015, 27 （9）: 1068 – 1096.

［99］ HORBACH J, JACOB J. The relevance of personal characteristics and gender diversity for （eco – ） innovation activities at the firm – level: results from a linked employer – employee database in Germany ［J］. Business strategy and the environment, 2018, 27 （7）: 1 – 11.

［100］ HSU P H, TIAN X, XU Y. Financial development and innovation: cross – country evidence ［J］. Journal of financial economics, 2014, 112 （1）: 116 – 135.

［101］ HUANG J, KISGEN D J. Gender and corporate finance: are male executives overconfident relative to female executives ［J］. Journal of financial economics, 2013, 108 （3）: 822 – 839.

［102］ HUERGO E, JAUMANDREU F. How does probability of innovation change with firm age? ［J］. Small business economics, 2004, 22 （3）: 193 – 207.

［103］ INGALHALIKAR M, SMITH A, PARKER D. Sex differences in the structural connectome of the human brain ［J］. Proceedings of the national academy of sciences, 2014, 111 （2）: 823 – 828.

［104］ IRELAND R D, HITT M A, CAMP S M, SEXTON D L. Integrating entrepreneurship and strategic management actions to create firm wealth ［J］. Academy of management executive, 2001, 15 （2）: 49 – 63.

［105］ ISIDRO H, SOBRAL M. The effects of women on corporate boards on firm value, financial performance, and ethical and social compliance ［J］. Journal of business ethics, 2015, 132 （1）: 1 – 19.

［106］ JAMES R B, STEVEN M F, BRUCE C P. Financing innovation and growth: cash flow, external equity, and the 1990s R&D boom ［J］. The journal of finance, 2009, 64 （1）: 151 – 185.

［107］ JAN H, KENT S. CEO pay incentives and risk – taking: Evidence from bank acquisitions ［J］. Journal of corporate finance, 2011, 17 （4）: 1078 – 1095.

［108］ JENSEN, MICHAEL C, WILLIAM H. Meckling, theory of the firm, managerial behavior, agency costs and ownership structure ［J］. Journal of financial economics, 1976 （3）: 305 – 360.

［109］ JIA Y, LENT L V, ZENG Y. Masculinity, testosterone, and financial misreporting ［J］. Journal of accounting research, 2014, 52 （5）: 1195 – 1246.

［110］ JIANG F, KANG J, ZHU B. Female board chairpersons, firm performance, and corporate governance: evidence from China [J/OL]. http: //papers. ssrn. com/ sol3/papers. cfm? abstract. id = 3279372, 2018.

[111] JOECKS J, PULL K, VETTER K. Gender diversity in the boardroom and firm performance: what exactly constitutes a "critical mass?" [J]. Journal of business ethics, 2013, 118 (1): 61 – 72.

[112] JOHN K, LITOV L, YEUNG B. Corporate governance and risk taking [J]. Journal of finance, 2008, 63 (4): 1679 – 1728.

[113] JOHN R G, CAMPBELL R H. The theory and practice of corporate finance: evidence from the field [J]. Journal of financial economics, 2001, 60: 187 – 243.

[114] JOHN R G, CAMPBELL R H, MANJU PURI. Managerial attitudes and corporate actions [J]. Journal of financial economics, 2013, 109 (1): 103 – 121.

[115] JOHNSON D W, JOHNSON R T. New developments in social interdependence theory [J]. Psychological monographs. 2005, 131 (4): 285 – 358.

[116] JOHNSON J E V, POWELL P L. Decision making, risk and gender: are managers different? [J]. British journal of management, 1994, 5 (2): 123 – 138.

[117] JONES R, MURRELL A J. Signaling positive corporate social performance: an event study of family – friendly firms [J]. Business & society, 2001, 40 (1): 59 – 78.

[118] JYOTI D, MAHADEO T, SOOBAROYEN V, HANUMAN O. Board composition and financial performance: uncovering the effects of diversity in an emerging economy [J]. Journal of business ethics, 2012, 105 (3): 375 – 388.

[119] KAPLAN S N, ZINGALES L. Do investment – cash flow sensitivities provide useful measures of financing constraints? [J]. The quarterly journal of economics, 1997, 112 (1): 169 – 215.

[120] KAPLAN S. The effects of management buyouts on operating performance and value [J]. Journal of financial economics, 1989, 24 (2): 217 – 254.

[121] KASHMIRI S, NICOL C D, ARORA S. Me, myself, and I: influence of CEO narcissism on firms' innovation strategy and the likelihood of product – harm crises [J]. Journal of the academy of marketing science, 2017 (3): 1 – 24.

[122] KHAN W A, VIEITO J P. CEO gender and firm performance [J]. Journal of economics and business, 2013 (67): 55 – 66.

[123] KILLGORE W D S, COTTING D I, THOMAS J L, et al. Post – combat invincibility: violent combat experiences are associated with increased risk – taking propensity following deployment [J]. Journal of psychiatric research, 2008, 42 (13):

1112 – 1121.

［124］KISH – GEPHART J J, CAMPBELL J T. You don't forget your roots: the influence of CEO social class background on strategic risk taking ［J］. Academy of management journal, 2015, 58 (6): 1614 – 1636.

［125］KOCHAN T, BEZRUKOVA K, ELY R, et al. The effects of diversity on business performance: report of the diversity research network ［J］. Human resource management, 2003, 42 (1): 3 – 21.

［126］KOEHN D, UENG J. Is philanthropy being used by corporate wrongdoers to buy good will? ［J］. Journal of management and governance, 2010, 14 (1): 1 – 16.

［127］KONRAD A M, KRAMER V, ERKUT S. Critical mass: the impact of three or more women on corporate boards ［J］. Organizational dynamics, 2008, 37 (2): 145 – 164.

［128］KRAMER V W, KONRAD A M, ERKUT S, et al. Critical Mass on corporate boards: why three or more women enhance governance ［J］. Journal of business ethics, 2006.

［129］LACH S. Do R&D subsidies stimulate or displace private R&D? Evidence from Israel ［J］. Journal of industrial economics, 2002, 50 (4): 369 – 390.

［130］LAFFERTY B A, GOLDSMITH R E. Corporate credibility′s role in consumers′ attitudes and purchase intentions when a high versus a low credibility endorser is used in the Ad ［J］, Journal of business research, 1999, 44 (2): 109 – 116.

［131］LAFORET S. Organizational innovation outcomes in SMEs: effects of age, size, and sector ［J］. Journal of world business, 2013, 48 (4): 490 – 502.

［132］LAI K Y, SRINIDHI B, GUL F A, TSUI J L. Board gender diversity, auditor fees, and auditor choice ［J］. Contemporary accounting research, 2017, 34 (3): 1681 – 1714.

［133］LAW K K F, MILLS L F. Military experience and corporate tax avoidance ［J］. Review of accounting studies, 2017, 22 (1): 141 – 184.

［134］LEE D D, FAFF R W. Corporate sustainability performance and idiosyncratic risk: a global perspective ［J］. Financial review, 2009, 44 (2): 213 – 230.

［135］LEVI M, LI K, ZHANG F. Deal or no deal: hormones and the mergers and acquisitions ［J］. Management science, 2010, 56 (9): 1462 – 1483.

［136］LI W, ZHANG R. Corporate social responsibility, ownership structure, and political interference: evidence from China ［J］. Journal of business ethics, 2010, 96 (4): 631 – 645.

［137］LIN C, LIN P, SONG F M, et al. Managerial incentives, CEO character-istics and corporate innovation in China's private sector ［J］. Journal of comparative economics, 2011, 39（2）: 176 – 190.

［138］LIN Y, HU S, CHEN M. Managerial optimism and corporate investment: some empirical evidence from Taiwan ［J］. Pacific – basin finance journal, 2005, 13（5）: 523 – 546.

［139］LIN Y C, WANG Y C, CHIOU J R, et al. CEO characteristics and inter-nal control quality ［J］. Corporate governance: an international review, 2014, 22（1）: 24 – 42.

［140］LIN C, MA Y, et al. CEOs' military experience and acquisition decisions ［R］. Working Paper, Chinese University of Hong Kong, 2011.

［141］LIN J Y, TAN, G. Policy burdens, accountability and soft budget con-straint ［J］. American economic review, 1999, 89: 77 – 106.

［142］LIU Y, WEI Z, XIEF. Do women directors improve firm performance in China? ［J］. Journal of corporate finance, 2014, 28: 169 – 184.

［143］LOCKE J L. An essay concerning human understanding ［M］. Oxford: Oxford University Press, 2008.

［144］LOUGHRAN T. The impact of firm location on equity issuance ［J］. Fi-nancial management, 2008, 37（1）: 1 – 21.

［145］LOW D C, ROBERTS H, WHITING R H. Board gender diversity and firm performance: empirical evidence from Hong Kong, South Korea, Malaysia and Singa-pore ［J］. Pacific – basin finance journal, 2015（35）: 281 – 401.

［146］LUO J H, XIANG Y G, ZHU R C. Military top executives and corporate philanthropy: evidence from China ［R］. Working Paper, Xiamen University, 2015.

［147］LUO X, DU S. Exploring the relationship between corporate social respon-sibility and firm innovation ［J］. Marketing letters, 20145（26）: 703 – 704.

［148］LUO Y. Industrialdynamics and managerial networking in an emerging market: the case of China ［J］. Strategic management journal, 2003, 24（13）: 1315.

［149］MALMENDIER U, TATE G. CEO overconfidence and corporate invest-ment ［J］. Journal of finance, 2005, 60（6）: 2261 – 2700.

［150］MALMENDIER U, NAGEL S. Depression babies: do macroeconomic experi-ences affect risk – taking ［J］? Quarterly journal of economics, 2011（1）: 373 – 416.

［151］MANSO G. Motivating innovation ［J］. Journal of finance, 2011, 66,

(5): 1823 - 1860.

[152] MARIAN M G, FERDAOUS Z, MARCO T G. Diversity is strategy: the effect of R&D team diversity on innovative performance [J]. R&D management, 2017, 47 (2): 311 - 329.

[153] MARQUIS C, TILCSIK A. Imprinting: toward a multilevel theory [J]. The academy of management annals, 2013, 7 (1): 195 - 245.

[154] MC GUINNESS P B, VIEITO J P, WANG M. The role of board gender and foreign ownership in the CSR performance of Chinese listed firms [J]. Journal of corporate finance, 2017 (42): 75 - 99.

[155] MEHRAN H. Executive compensation structure, ownership, and firm performance [J]. Journal of financial economics, 1995, 38 (2): 163 - 184.

[156] METHA P H, JONES A C, JOSEPHS R A. The social endocrinology of dominance: basal testosterone predicts cortisol changes and behavior of following victory and defeat [J]. Journal of personality and social psychology, 2008, 94 (6): 1078 - 1093.

[157] MORCK R, SHLEIFER A, VISHNY R W. Management ownership and market valuation: an empirical analysis [J]. Journal of financial economics, 1988, 20 (88): 293 - 315.

[158] MORGESON F P, AGUINIS H, WALDMAN D A, et al. Extending corporate social responsibility research to the human resource management and organizational behavior domains: a look to the future [J]. Personnel psychology, 2013, 66 (4): 805 - 824.

[159] MORRIS S A, BARTKUS B R, GLASSMAN M, et al. Philanthropy and corporate reputation: an empirical investigation [J]. Corporate reputation review, 2013, 16 (4): 2.

[160] MOSSION J. Aspects of rational insurance purchasing [J]. Journal of political economics, 1968, 76 (4): 553 - 568.

[161] NELSON, JULIE A. Are women really more risk - averse than men? A re - analysis of the literature using expanded methods [J]. Journal of economic surveys, 2015, 29 (3): 566 - 585.

[162] NG E S, SEARS G J. The glass ceiling in context: the influence of CEO gender, recruitment practices and firm internationalisation on the representation of women in management [J]. Human resource management journal, 2017, 27 (1): 133 - 151.

[163] NGUYEN T, LOCKE S, REDDY K. Does boardroom gender diversity mat-

ter? Evidence from a transitional economy [J]. International review of economics and finance, 2015, 37: 182 – 202.

[164] O'KEEFE B. Battle – tested: How a decade of war has created a new generation of elite business family business leaders [J]. Human resource management international digest, 2010, 18 (6): 108 – 116.

[165] OAKLEY J G. Gender – based barriers to senior managenient positions: understanding the scarcity of female CEOs [J]. Journal of business ethics, 2000, 27: 321 – 334.

[166] OYER P, SCHAEFER S. Why do some firms give stock options to all employees? An empirical examination of alternative theories [J]. Journal of financial economics, 2005, 76 (1): 99 – 133.

[167] ÖZLEN M K. Successful skill transfer: military service experience and companyperformance [J]. European researcher, 2014, 79 (7 – 2): 1357 – 1366.

[168] PAGE T B. CEO attributes, compensation, and firm value: evidence from a structural estimation [J]. Journal of financial economics, 2018, 128 (2): 378 – 401.

[169] PELOZA J, HASSAY D N, HUDSON S. Branding corporate philanthropy [C]. Marketing, Technology and Customer Commitment in the New Economy, 2015.

[170] PERRYMAN A A, FERNANDO G D, TRIPATHY A. Do gender differences persist? An examination of gender diversity on firm performance, risk, and executive compensation [J]. Journal of business research, 2016, 69 (2): 579 – 586.

[171] PFAJFAR G, SHOHAM A, MAŁECKA A, ZALAZNIK M. Value of corporate social responsibility for multiple stakeholders and social impact—Relationship marketing perspective [J]. Journal of business research, 2022, 143: 46 – 61.

[172] PFEFFER J, SALANCIK G R. The external control of organizations: a resource dependence perspective [J]. The economic journal, 1979, 89 (356): 969 – 970.

[173] PIELOU E C. Shannon's formula as a measure of specific diversity: its use and misuse [J]. The American naturalist, 1966, 100 (914): 463 – 365.

[174] PITTIGLIO R, SICA E, VILLA S. Innovation and internationalization: the case of Italy [J]. The journal of technology transfer, 2009, 34 (6): 588 – 602.

[175] PORTER M E, CLAAS V D L. Toward a new conception of the environment – competitiveness relationship [J]. Journal of economic perspectives, 1995, 9 (4): 97 – 118.

[176] POST C, BYRON K. Women on boards and firm financial performance: a meta – analysis [J]. Academy of management journal, 2015, 58 (5): 1546 – 1571.

[177] RAJAN R G, ZINGALES L. Financial dependence and growth [J].

American economic review, 1998, 88 (3): 559 - 586.

[178] RAJAN R G, WULF J. Are perks purely managerial excess? [J]. Journal of financial economics, 2006, 79 (1): 1 - 33.

[179] RAJAN R G. Insiders and outsiders: the choice between informed and arm's-length debt [J]. The journal of finance, 1992, 47 (4).

[180] REGUERA - ALVARADO N, FUENTES P D, LAFFARGA J. Does board gender diversity influence financial performance? Evidence from Spain [J]. Journal of business ethics, 2015, 141 (2): 337 - 350.

[181] ROLL R. The hubris hypothesis of corporate takeovers [J]. Journal of business, 1986, 59 (2): 197 - 216.

[182] ROMER P M. Endogenous technological change [J]. Journal of political economy, 1990, 98 (5): 71 - 102.

[183] ROSE C. Does female board representation influence firm performance? The danish evidence [J]. Corporate governance: an international review, 2007, 15 (2): 404 - 413.

[184] ROSENBAUM P, RUBIN D. The central role of the propensity score in observational studies for causal effects [J]. Biometrika, 1983, 70 (1): 41 - 55.

[185] RUI GONG, ZEYU YAN. Charitable giving, marketability, and R&D investment [J]. Academic journal of business & management, 2021, 3 (12).

[186] RUIZ - JIM J M, FUENTES - FUENTES M M. Management capabilities, innovation, and gender diversity in the top management team: an empirical analysis in technology - based SMEs [J]. Business research quarterly, 2016, 19 (2): 107 - 121.

[187] SABATIER M. A women's boom in the boardroom: effects on performance? [J]. Journal of applied economics, 2015, 47 (26): 2717 - 2727.

[188] SAEED A, SAMEER M. Impact of board gender diversity on dividend payments: evidence from some emerging economies [J]. International business review, 2017, 26 (6): 1100 - 1113.

[189] SAIIA D H, CARROLL A B, BUCHHOLTZ A K. Philanthropy as strategy: when corporate charity begins at home [J]. Business and society, 2003, 42 (2): 169 - 201.

[190] SAXTON G D, GOMEZ L, NGOH Z, et al. Do CSR messages resonate? Examining public reactions to firms' CSR efforts on social media [J]. Journal of business ethics, 2019, 155 (2): 359 - 377.

[191] SCHEIN V E. The relationship between sex role stereotypes and requisite

management characteristics [J]. Journal of applied psychology, 1973, 57 (2): 95 – 100.

[192] SCHOAR A, ZUO L. Shaped by booms and busts: how the economy impacts CEO careers and management styles [J]. The review of financial studies, 2017, 30 (5): 1425 – 1456.

[193] SILA V, GONZALEZ A, HAGENDORFF J. Women on board: does boardroom gender diversity affect firm risk? [J]. Journal of coporate finance, 2016, 36 (6): 26 – 53.

[194] SIMONA M, THANASET C. Customer financing, bargaining power and trade credit uptake [J]. International review of financial analysis, 2018, 59 (10): 147 – 162.

[195] SINGH V, TERJESEN S, VINNICOMBE S. Newly appointed directors in the boardroom: how do women and men differ? [J]. European management journal, 2008, 26 (1): 48 – 58.

[196] SOETERS J L. Value orientations in military academies: a thirteen country study [J]. Armed Forces & society, 1997, 24 (1): 7 – 32.

[197] SU J, HE J. Does giving lead to getting? Evidence from Chinese private enterprises [J]. Journal of business ethics, 2010, 93 (1): 73 – 90.

[198] SUNDER J, SUNDER S V, ZHANG J. Pilot CEOs and corporate innovation [J]. Journal of finance economics, 2017, 123 (1): 209 – 224.

[199] TORCHIA M, CALABÒ A, GABALDON P, et al. Women directors contribution to organizational innovation: a behavioral approach [J]. Scandinavian journal of management, 2018, 34 (2): 215 – 224.

[200] TORCHIA M, CALABRÒ A, HUSE M. Women directors on corporate boards: from tokenism to critical mass [J]. Journal of business ethics, 2011, 102 (2): 299 – 317.

[201] WANSINK B, PAYNE C, VAN ITTERSUM K. Profiling the heroic leader: empirical lessons from combat – decorated veterans of World War II [J]. Leadership quarterly, 2008, 19 (5): 547 – 555.

[202] WEI L, QIAO W, SONG H Q, et al. Doing good again? a multilevel institutional perspective on corporate environmental responsibility and philanthropic strategy [J]. International journal of environmental research and public health, 2017, 14 (10) : 1283.

[203] WHITED T M, WU G. Financial constraints risk [J]. Review of financial studies, 2006, 19 (2): 531 – 559.

[204] WIERSEMA M F, BANTEL K A. Top management team demography and corporate strategic change [J]. The academy of management journal, 1992, 35 (1): 91 – 121.

[205] WRIGHT P, AWASTHI V. The impact of corporate insider, blockholder, and institutional equity ownership on firm risk – taking [J]. Academy of management journal, 1996, 39 (2): 441 – 463.

[206] WU B, JIN C F, MONFORT A, et al. Generous charity to preserve green image? Exploring linkage between strategic donations and environmental misconduct [J]. Journal of business research, 2021, 131 (C): 839 – 850.

[207] WU J, TU R. CEO stock option pay and R&D spending: a behavioral agency explanation [J]. Journal of business research, 2007, 60 (5): 482 – 492.

[208] XU N, LI X, YUAN Q, et al. Excess perks and stock price crash risk: evidence from China [J]. Journal of corporate finance, 2014, 25 (2): 419 – 434.

[209] XUE Y. Make or buy new technology: the role of CEO compensation contract in a firm's route to innovation [J]. Review of accounting studies, 2007, 12 (4): 659 – 690.

[210] YANG J. Innovation capability and corporate growth: an empirical investigation in China [J]. Journal of engineering and technology management, 2012, 29 (1): 34 – 46.

[211] YERMACK D. Flights of fancy: corporate jets, CEO perquisites, and inferior shareholder returns [J]. Journal of financial economics, 2006, 80 (1): 211 – 242.

[212] ZAHRA S A, COVIN J G. Business strategy, technology policy and firm performance [J]. Strategic management journal, 1993, 14 (6): 451 – 478.

[213] ZHANG R, ZHU R J. Corporate philanthropic disaster response and ownership type: evidence from Chinese firms response to the Sichuan earthquake [J]. Journal of business ethics, 2010, 91 (1): 51 – 63.

[214] ZHANG Y, QU H Y. The impact of CEO succession with gender change on firm performance and successor early departure: evidence from China's publicly listed companies in 1997 – 2010 [J]. Academy of management journal, 2016, 59 (5): 1845 – 1868.

[215] ZWAN P V D, VERHEUL I, THURIK A R. The entrepreneurial ladder, gender, and regional development [J]. Small business economics, 2012, 39 (3): 627 – 643.